瑞吉欧幼儿教育精选译丛
SELECTED TRANSLATION
ON REGGIO EMILIA APPROACH

"十二五"江苏省重点出版规划项目

瑞吉欧幼儿教育精选译丛
SELECTED TRANSLATION
ON REGGIO EMILIA APPROACH

丛书主编 李 薇

In Dialogue
with Reggio Emilia:
Listening, Researching and Learning

对话瑞吉欧·艾米利亚
倾听、研究与学习

[意]卡丽娜·里纳尔迪 著
周 菁 译
李 薇 审校

南京师范大学出版社

图书在版编目(CIP)数据

对话瑞吉欧·艾米利亚：倾听、研究与学习/（意）里纳尔迪著；周菁译. —南京：南京师范大学出版社，2014.12（2023.2重印）
（瑞吉欧幼儿教育精选译丛/李薇主编）
ISBN 978-7-5651-1622-3

Ⅰ.①对… Ⅱ.①里… ②周… Ⅲ.①幼儿教育学 Ⅳ.①G610

中国版本图书馆 CIP 数据核字（2013）第 292168 号

In Dialogue with Reggio Emilia: Listening, Researching and Learning 1st Edition/ by Carlina Rinaldi/ ISNB: 978-0-415-34504-0
Copyright© 2006 by Routledge
Authorised translation from the English language edition published by Routledge, a member of the Taylor & Francis Group. All Rights Reserved. 本书原版由 Taylor & Francis 出版集团旗下，Routledge 出版公司出版，并经其授权翻译出版。版权所有，侵权必究。
Nanjing Normal University Press is authorized to publish and distribute exclusively the **Chinese（Simplified Characters）** language edition. This edition is authorized for sale throughout **Mainland of China**. No part of the publication may be reproduced or distributed by any means, or stored in a database or retrieval system, without the prior written permission of the publisher. 本书中文简体翻译版授权由南京师范大学出版社独家出版并仅限在中国大陆地区销售。未经出版者书面许可，不得以任何方式复制或发行本书的任何部分。
Copies of this book sold without a Taylor & Francis sticker on the cover are unauthorized and illegal. 本书封面贴有 Taylor & Francis 公司防伪标签，无标签者不得销售。
著作权登记号 图字：10-2021-30 号
说明：封面图片来自中国孩子的画
Images on cover are all original drawings from Chinese children around age 3 to 6.

丛 书 名	瑞吉欧幼儿教育精选译丛
书 　 名	对话瑞吉欧·艾米利亚：倾听、研究与学习
作 　 者	[意]卡丽娜·里纳尔迪
丛书主编	李 薇
翻 　 译	周 菁
审 　 校	李 薇
策划编辑	万 斌　张泽芳
责任编辑	匡 理
封面图片	贾玉倩
出版发行	南京师范大学出版社
地 　 址	江苏省南京市玄武区后宰门西村 9 号（邮编：210016）
电 　 话	（025）83598919（总编办）　83598412（营销部）　83598312（邮购部）
网 　 址	http://press.njnu.edu.cn
电子信箱	nspzbb@njnu.edu.cn
照 　 排	南京凯建文化发展有限公司
印 　 刷	江苏扬中印刷有限公司
开 　 本	787 毫米×960 毫米　1/16
印 　 张	15.75
字 　 数	243 千
版 　 次	2014 年 12 月第 1 版　2023 年 2 月第 7 次印刷
书 　 号	ISBN 978-7-5651-1622-3
定 　 价	38.00 元
出 版 人	张 鹏

南京师大版图书若有印装问题请与销售商调换

版权所有　　侵犯必究

总　序

瑞吉欧幼儿教育（Reggio Emilia Approach）对中国的幼儿教育工作者来说已经不陌生。现在您拿着的这本书是南京师范大学出版社从众多的有关瑞吉欧幼儿教育的出版物中为大家精选的瑞吉欧幼儿教育丛书之一。这个精选系列为什么要选这几本书？它们有什么特色？中国的读者可以从中得到什么？归根结底，瑞吉欧幼儿教育对中国的教育和教育工作者有什么意义？在此我试图以这几个问题为线索，把我们在筛选和翻译这个系列时的一些思考和心得呈现给读者，以此作为和幼儿教育同行进行阅读前的一次交流。

本套精选译丛为什么要选这几本书？它们有什么特色？

瑞吉欧幼儿教育的思考和实践起始于第二次世界大战后意大利中北部罗马那·艾米利亚省的瑞吉欧·艾米利亚市。自从1991年美国《新闻周刊》把戴安娜学校作为瑞吉欧·艾米利亚市幼儿教育的代表来介绍世界上一些他们认为是最好的幼儿教育时起，即在全球范围内掀起了对瑞吉欧幼儿教育极大的关注。尤其是瑞吉欧教育实践支持和允许儿童通过多种认知"语言"来表达他们的想法、理解、兴趣，而这些"语言"的记录包含了多种直观的视觉映像，当人们初次和它们相遇时，这些丰富生动的视觉映像往往先声夺人。其实瑞吉欧的幼儿教育在那之前已经开始引起外界的注意。

这套精选译丛试图通过不同的角度，用瑞吉欧教育家们自己的话语，从纵向（历史的）和横向（政策指南、理论、实践）的维度为读者全方位地了解瑞吉欧幼儿教育提供一个机会和资源。

《瑞吉欧·艾米利亚市属幼儿园和婴幼园①指南》是该市公办幼儿教育（市立婴幼园和幼儿园）的指导性文件。这份文件是2010年颁布的。这本小册子不仅说明和界定了市属幼儿园和婴幼园的身份和目标、运营的基本要素和教育的原则，它同时也是瑞吉欧市立幼儿教育数十年发展过程，包括理念、管理方法和管理过程的一个简洁而清晰的总结。除了对教育原则的简明扼要的说明以外，这份文件也专门用一个章节来说明幼儿园和婴幼园运营的方式，强调整个社会中与幼儿教育相关的各方权利人的参与。即便是文件本身的产生也是在同一理念和过程中进行的，以实现文件内容与整个社会的衔接和共享。文件中界定的数个不同层次的"委员会"和"协调组"对教育理念、实践和政策的审视、回顾、更新是一个开放且持续的过程。因此，决策、管理和发展是一个开放和循环的过程，而非简单的行政决定。"指南的目的都在于重视儿童、家长和教师的权利并给予其话语权。这是为了达到一种高质量、参与性的教育，推动并深化一种意识，即幼儿园和婴幼园的角色在于产生出一种教育的文化，而非仅仅提供教育的服务。"

为了帮助读者把这份文件（以及瑞吉欧幼儿教育）放在历史的框架中来更好地了解其发展的来龙去脉，承蒙瑞吉欧儿童组织对本译丛的支持并提供了《瑞吉欧幼儿园和婴幼园：历史和现状》的内容，我们将其附录于这个文件之后以飨读者。通过这个附录，读者可以一窥瑞吉欧幼儿教育产生和发展的历史、文化、政治和社会背景。这样的视角不仅是有益的，也是必要的。

在这里不能不指出的是，因为本书的性质（指导文件），它关于教育原则和理念的第二部分只是简练的叙述，而没有深入的展开和阐述。读者可以参照本译丛的《对话瑞吉欧·艾米利亚：倾听、研究与学习》，以获得对瑞吉欧幼儿教育的深入理解。

在这个丛书的翻译过程中，恰逢中国教育部在2011年颁布了《3—6岁儿童学习与发展指南》。在对比阅读中读者可以看到产生于两个不同文化的文件的异同。相信这种对比阅读对加深两个文本的理解都会是有益的。

《对话瑞吉欧·艾米利亚：倾听、研究与学习》这本书收集了卡丽娜·里

---

① 婴幼园（Infant-Toddler Centres）亦译作婴幼中心，特指瑞吉欧为3个月至3岁婴幼儿办的市立机构。

纳尔迪（Carlina Rinaldi）从1984年到2004年的20年间一些重要的著述、演说和访谈。里纳尔迪曾和瑞吉欧创始人劳瑞兹·马拉古奇（Loris Malagozzi）在工作中有多年的亲密合作和学习经历。1994年马拉古奇突然去世后，里纳尔迪接替了马拉古奇对瑞吉欧市立幼儿园和婴幼园的领导工作。本书的跨度正好是马拉古奇在世的最后十年以及"后马拉古奇"时代的头十年。它反映了里纳尔迪自己对瑞吉欧幼儿教育的阐释、理解和发展。它是瑞吉欧教育家们自己对幼儿及幼儿教育的价值、伦理、学习的理论和概念、教学方式的为数不多的重要著述。作者在2006年将这些内容结集出版时对多篇演讲、论文和访谈加了历史背景的注解，这是理解正文不可或缺的信息。本书章节多采用演讲和访谈的形式，相信从事幼教理论工作的同行会在此书中发现其理论价值。

《除了蚂蚁，什么东西都有影子》是瑞吉欧出版物中的一本经典之作。这本图文并茂的书是在马拉古奇亲自参与下编辑、出版的。它从瑞吉欧教师对幼儿的学习过程的连续的、常规的记录档案中汇集了不同年龄幼儿在不同的时间和空间对影子表现出的好奇、惊讶、疑问、研究、表征、认知、概念、理论……它的丰富性揭示了儿童与生俱来的对世间事物的学习能力，也反映了瑞吉欧教师对儿童这种能力的信念和认真研究的过程和态度。这本瑞吉欧最早的出版物也反映了瑞吉欧的教师在验证、丰富他们对儿童的理论假设——"儿童的形象"所做的深入翔实的研究。这样的记录是不可能从任何事先设计和完全由成人主导的教学中产生的。这本书已经被多国翻译，深受幼儿教育工作者的欢迎。

《我们都是探索者：在城市环境中运用瑞吉欧原则开展教学》是这个丛书中唯一一本不是瑞吉欧出版的书。它记录了美国芝加哥市公共协会这所位于城市中为来自贫穷家庭幼儿提供教育的机构，在十年的时间里如何在瑞吉欧教育理念和原则的启发下，在他们特定的文化和社会环境中创建他们理想中的幼儿教育的过程。它诚实地记载了他们把瑞吉欧幼儿教育的种子栽培在自己的土壤里所经历的教训、反思、心得和收获。这样的历程犹如探险——有理想，有目标，但是没有现成的路径。它告诉那些被瑞吉欧的理想和实践所激励的人们：发生在瑞吉欧的瑞吉欧幼儿教育是不可复制的，但是当人们理解了她的真谛，形成了自己的理想，是可以再创造的。公共协会的教师说:"瑞吉欧并非是你应当按照一种固定的方式去做的事情。它是一种思考方式以及一种与儿童一起开展工作的方式。一旦你改变了你思考儿童的方式,你就会开始运用瑞吉欧幼儿教育思想来同他们一起开展工作。"①难能可贵的是,这本书对大量儿童的学习记录档案和教师的学习记录档案进行分析整理,用许多课堂中儿童学习的实例结合教师的反思和归纳来与读者分享他们的心理路程和能力的发展。他们不仅把探险的过程与大家分享,而且也把探险所得的"宝藏"与大家分享,鼓励和支持那些有志于"探险"的后来者。这对于生活于瑞吉欧·艾米利亚以外的幼儿教育工作者们来说有着特殊的价值和启示。

除了上述每一本书的特色之外,这套精选丛书还有两个值得介绍的特色。

第一是这套丛书为大家编译了一个贯穿始终的"瑞吉欧幼儿教育精选译丛常用专业词汇解释"。瑞吉欧幼儿教育在实践和思考的过程中发展了来源于民主理念、进步(主义)哲学和社会文化建构主义心理学的,既有传承又有创新的教育实践和概念。有一些相关的词汇之前也已有翻译。为了更精准地用中文语言文字来表达一个词汇的内涵而不仅仅是字面的翻译,我们这个翻译团队通过讨论,修订和选取了对一些常用词汇的翻译,并撰写了简短的说明。

第二是这套丛书还包括了不可多得的、来自瑞吉欧·艾米利亚的音像资料。在出版社的多方努力之下,有两张由瑞吉欧儿童独立出版的光盘得以和这套丛书配套出版。这两张光盘都来自瑞吉欧儿童所出版的"学习的奇迹"系列。《每一天的"乌托邦":瑞吉欧市立婴幼园和幼儿园里的一天》真实地记录了儿童在园一天的活动,这张光盘作为《瑞吉欧·艾米利亚市属幼儿园和婴幼园指南》一书的一部分,为读者在了解政策、历史的同时提供了生动鲜活的资料和信息。《影子的故事:一次诗意的相遇》将配套在《除了蚂蚁,什么东西都有影子》这本书中。与书相比,这是一个发生在"后马拉古奇"时代的一次项目学习过程的记录。除了内容本身展示了儿童对

---

① 见本丛书《我们都是探索者:在城市环境中运用瑞吉欧原则开展教学》第239页。

影子的发现和研究过程，它还显示了瑞吉欧幼儿教育的强大的生命力。在数十年的过程中孩子们在不断地创造着学习的奇迹。

从编译丛书所想到的

虽然瑞吉欧幼儿教育仍然继续得到来自全球幼儿教育同行的关注而不是昙花一现的时尚，但瑞吉欧人自己却总是强调他们的探索没有终结，他们还在朝着他们心目中的"瑞吉欧"理想行进。他们愿意对话和交流，但无意来"教授"他人。充其量，他们的经验也许可以作为镜子那样来帮助人们反思，更清晰地看到自己，以了解自己的理想。我想这是一条非常重要的信息。如果人们只停留在简单模仿所看到的一些具体的课程记录，而不是真正理解瑞吉欧的教育理念以及它的实践是如何在理念的指导下形成发展的，这样的做法正好从本质上就有悖于瑞吉欧一贯倡导的教育原则。在结束这篇总序之前，编者还有一点思考和中国广大的幼教同行分享。

改革开放三十多年以来，中国一直以开放的心态，吸收国外，主要是西方的幼教理论和实践。在了解瑞吉欧幼儿教育以及所有外来的信息，并使之能对中国的幼教（或者你这个城市/地区、你这个幼儿园）有所助益时，我觉得有一个根本的问题必须回答："中国的幼儿教育为什么要学习西方的（或者外国的）东西？"和本丛书相关的问题也就是："我们为什么要学习瑞吉欧？"要回答这个问题，我们不能不对中国（或者你的城市/地区，你的幼儿园）的教育教学现状作反思和审视。首先要了解自己。

在看完了整套丛书之后，我相信读者会对两个方面印象深刻。一是瑞吉欧幼教人总是开宗明义，第一件事就是陈述他们的"儿童的形象"。这也就是他们的儿童观，他们所做的一切，从政策的制定，园舍的设计，对儿童教学过程的设计、记录和呈现，家长/社区的参与，到教师、厨师和教辅人员的身份角色确认，等等，所有的理论和实践都是在这个价值取向的指引下发展生成的。二是在开拓他们理念鲜明的儿童教育体系的同时，这个开拓和建树也是与幼儿园/婴幼园、家庭、社区乃至整个城市一起发展切合他们理念的一种"童年的文化"密不可分的，因为在意大利这个信奉天主教的国度里，即使在20世纪40年代后期儿童和妇女的权利也没有得到他们应有的承认和地位。这两个方面，正如他们的教育一样，仍然保持着动态发展，与时俱进。

很多人最初接触到瑞吉欧幼儿教育时常常感到这种教育好是好,但是不现实,犹如幼儿教育的乌托邦。针对乌托邦的提法,卡丽娜·里纳尔迪认为他们更愿意把自己的理想当作是梦想而不是乌托邦。在访谈中,彼得·莫斯(Peter Moss)问她当瑞吉欧以外的人们说自己的工作是受了瑞吉欧的启发,她如何看待这个现象,她说:"瑞吉欧是一个有喻意的和象征性的地方。和瑞吉欧的联系让人们看到希望,相信改变是有可能的。它让你拥有梦想,而不是成为一个乌托邦。因为乌托邦是很好的东西,但是它是完美的,而梦想却是你可以拥有一个晚上的东西。"①

幼儿教育是复杂而富于挑战的职业。我们的工作不可以没有梦想。梦想是美好的。正因其美好,才使得我们对每天充满挑战的工作保持热情;使我们面对天生充满活力的学习者——儿童保持不懈的好奇和赞叹,对和他们一起进行人生最初也是最重要的学习和成长充满信心和向往。我认为,这套丛书的一个重要的作用,就是帮助我们廓清自己的梦想并朝着这个梦想走下去。

这套丛书的翻译工作有赖于我们这个跨三大洲、三个国家和五个不同居所的团队。团队的同仁在自己繁重的博士留学生涯以严谨的治学态度,高质量地完成了这一项十分有意义的工程。他们是周菁(新西兰)、屠筱青和戴俊毅(美国)、沈尹婧(美国)。来自美国内布拉斯加大学的《儿童的一百种语言》编著者之一卡罗琳·爱德华兹(Carolyn P. Edwards)教授在选书过程中提供反馈和分享了当时仍在排版中的第3版《儿童的一百种语言》词汇表。瑞吉欧儿童中心的弗朗西斯卡·马拉斯托尼女士在整个过程中一直热情提供各种咨询和沟通的支持。《我们都是探索者》作者之一凯伦·黑格(Karen M. Haigh)教授曾对书中一些背景给予说明。当然,没有南京师范大学出版社最初的推动,这项有意义的工作也不可能发生。在此一并鸣谢。

李薇,2014 年元月
帕沙迪纳(Pasadena),美国

---

① 见本丛书《对话瑞吉欧·艾米利亚:倾听、研究与学习》第182页。

对话瑞吉欧·艾米利亚

瑞吉欧幼儿教育(意大利),被认为是一个优秀的教育体系,并饱受赞誉。卡丽娜·里纳尔迪,瑞吉欧市立学校的前任负责人,劳瑞兹·马拉古奇的继任者(二十世纪主要教育思想家之一),在幼儿教育领域她拥有一定的国际声望,并在全世界范围内就瑞吉欧幼儿教育这个主题做了很多演讲。

这本书选择了里纳尔迪从1984年至今的一些最重要的文章、演讲和访谈,以及与每一篇文章相关的背景介绍。我们所选的大部分内容以前从来没有用英语出版过,它们关注了以下一些问题:

- 为什么倾听教学、教学纪录、参与和研究在瑞吉欧·艾米利亚是那么的重要?它们是如何在日常教学中被实践的?
- 教育者可以如何更有效地使用艺术和创造力?
- 瑞吉欧·艾米利亚的特别之处在哪里?

《对话瑞吉欧·艾米利亚》一书以《质疑幼儿教育》系列丛书的编者彼得·莫斯和冈尼拉·达尔伯格与里纳尔迪的访谈作为结语。在访谈中,卡丽娜谈到了她近期的工作和她对瑞吉欧的过去、现在和未来的思考。

本书不仅是那些学习和进行幼儿教育的人们的基本阅读材料。任何关心那些与学习、童年和民主社会中学校定位相关问题的人们都会发现本书的深远意义。

卡丽娜·里纳尔迪是"瑞吉欧儿童"的执行顾问,摩德纳和瑞吉欧大学的教授,瑞吉欧·艾米利亚市政府的议员。

鸣　谢

　　我想要感谢许多在"瑞吉欧儿童"工作的同事,这么多年来以及在准备出版这本书的过程中,她们给了我很大的支持和帮助,其中包括宝拉·里科(Paola Riccó)、埃马努埃拉·维切利(Emanuela Vercalli)、克劳迪娅·朱迪奇(Claudia Giudici)、弗朗西斯卡·马拉斯托尼(Francesca Marastoni)和安娜玛利亚·穆基(Annamaria Mucchi)、莱斯利·莫罗(Leslie Morrow)、简·麦考尔(Jane McCall)和其他所有参与翻译工作的人员,她们提供了如此精准的英文翻译;也感谢所有的老师们、教学协调员们、艺术教师们以及瑞吉欧市立学校里的其他同事们,多年来,她们启发了、分享了、指正了我的思想和著作;感谢我所有的朋友们,在瑞吉欧和世界各地的朋友们,她们陪伴了也促进了我作为一个人和一个专业人员的成长;最后,我想要感谢冈尼拉·达尔伯格和彼得·莫斯,感谢他们对我的尊重和信任。

专用词语注释

在本书中，我们使用了意大利语来表述在瑞吉欧·艾米利亚和整个意大利的两种幼儿教育服务机构：nido（婴幼园，复数为 nidi）是为三个月到三岁儿童提供的全日制保/教中心；scuola dell'infanzia（幼儿园，复数为 scuole dell'infanzia）是为三岁到六岁儿童提供的全日制保/教中心。在瑞吉欧，人们所说的"市立学校"指的是由当地政府主管的三十三所为儿童提供服务的保/教中心，这些婴幼园和幼儿园或是由瑞吉欧市政府直接管理的，或是由瑞吉欧市政府授权的公司或非盈利组织管理；"市立学校"一词在本书中也指这一服务网络。然而，"学校"一词（未经当地政府认证）通常涵盖所有教育场所，不论它们是为0~6岁儿童还是为青少年提供服务。

在婴幼园和幼儿园里直接和儿童一起工作的员工被称为"教师/老师"或者"教育者"，即便在婴幼园工作的教师通常只接受了较低水平的职前培训。

瑞吉欧的市立学校里还有其他一些发挥着重要作用的员工群体。除了在本书中某些章节提到的辅助工作人员（如厨师和保洁员），市立学校里还有教学协调员和艺术教师。教学协调员通常持有较高的心理学或教育学学位，每位教学协调员和几所市立学校合作，通过建立课程档案（本书会对此方法进行较为详细的论述）等途径帮助老师增强对学习过程和教学工作的理解。艺术教师，一般都有学习视觉艺术的背景，和瑞吉欧市立学校的教师们一起工作。他们往往常驻某一婴幼园或幼儿园的艺术工作室,在那里支持儿童及成人视觉语言的发展,作为知识建构复杂过程的一部分。

另外一个关于专用词语的问题也需要在本书的开始部分加以关注:区分意大利语单词 programmazione(预设式教学)和 progettazione(持续性的项目设计式教学)。在意大利语中,动词 progettare 有若干意思:设计、计划、策划和规划(工程技术领域的含义)。然而,瑞吉欧老师所用的作为名词的 progettazione 有特别的含义。在瑞吉欧,它的用法与含有预设课程、方案、阶段等意思的单词 programmazione 相反。Progettazione 这一概念意指一个更宏观灵活的方法,最初做出的教学设想通常与班级工作有关(也可以和员工的发展、家长的关系有关),但在实际操作过程中它会被修改和改变方向:项目的"发展有很多不同的方向,并不遵循一个统一规定的原则,它向知识的获取是一个直线形的进程这一主流观点提出挑战,可以用树状图来比喻"(序言第7页)。

想在英文中找到一个词语准确描述在瑞吉欧体验到的学习过程并不容易。有些作者使用了"emergent curriculum(生成课程或译'呼应课程')"、"project curriculum(方案课程)"或"integrated curriculum(整合课程)"来描述瑞吉欧老师们制定计划,以及和儿童、同事和家长一起工作的总体方法。但是这些词语并不恰当(相信读者也会发现),因为它们来源于一些在其他地方开发和使用的模式或方法。使用这些词语将很难把瑞吉欧幼儿教育与其他教育区分开,也会放弃瑞吉欧幼儿教育的独特性。因此,我们选择保留意大利语单词 progettazione(持续性的项目设计式教学)。

目　录
CONTENTS

总序 ………………………………………………………………… 001

对话瑞吉欧·艾米利亚 …………………………………………… 001

鸣谢 ………………………………………………………………… 001

专用词语注释 ……………………………………………………… 001

序言：我们的瑞吉欧·艾米利亚　冈尼拉·达尔伯格、彼得·莫斯 …… 001

卡丽娜·里纳尔迪：著述、演讲、访谈录，1984 年—2004 年 ………… 001

第 1 章　在孩子身边：教师的知识（1984 年）……………………… 003

第 2 章　参与即沟通（1984 年）…………………………………… 023

第 3 章　马拉古奇和教师们（1996 年）…………………………… 030

第 4 章　纪录和评价：它们之间是什么关系？（1995 年 8 月）……… 039

第 5 章　对话 ………………………………………………………… 053

第 6 章　童年的空间(1998 年) …………………………………… 057

第 7 章　今日教育的问题(1998 年) ……………………………… 069

第 8 章　纪录和研究(1999 年) …………………………………… 078

第 9 章　儿童服务机构间的连续性(1999 年) …………………… 084

第 10 章　创造力是思维的一种品质(2000 年) ………………… 094

第 11 章　建构教育项目:卡丽娜·里纳尔迪专访(2000 年) …… 104

第 12 章　教师即研究者:教育过程中的个人成长和专业发展(2001 年)

　　　　　………………………………………………………… 120

第 13 章　组织和方法:与卡丽娜·里纳尔迪的谈话(1998 年) ……… 126

第 14 章　跨越边界:对劳瑞兹·马拉古奇和瑞吉欧·艾米利亚的反思

　　　　　(2004 年) ………………………………………………… 152

第 15 章　对话卡丽娜·里纳尔迪:卡丽娜·里纳尔迪、冈尼拉·达尔伯格、

　　　　　彼得·莫斯之间的讨论 ………………………………… 163

附录　瑞吉欧幼儿教育精选译丛常用专业词汇解释 ……………… 195

参考文献 ……………………………………………………………… 199

序 言
我们的瑞吉欧·艾米利亚

冈尼拉·达尔伯格 彼得·莫斯

> 对话,是至关重要的。对话,不是简单的交换看法,而是一个你可能对最后结果失去绝对控制的转变过程。对话,会天马行空,让人迷失。你知道吗,对现代人来说,特别是女性,"迷失"既是风险也是可能。
>
> 卡丽娜·里纳尔迪
(Carlina Rinaldi:170 页)

本书从一位瑞吉欧幼儿教育主要阐释者的视角讲述一段不同寻常的经历。卡丽娜·里纳尔迪(Carlina Rinaldi)从 1970 年开始在瑞吉欧工作,最初是教学协调员,随后担任市立幼儿教育机构的教学指导主任。1999 年退休以后,她担任"瑞吉欧儿童中心"(Reggio Children)的顾问。"瑞吉欧儿童中心"是一个由瑞吉欧·艾米利亚市政府设立的处理瑞吉欧市立学校和世界其他国家间关系的组织。在担任不同职务期间,卡丽娜发表了许多演讲,接受了许多访问,也撰写了许多文章。而本书精心挑选了其中的一部分呈现给读者。通过这些文字,我们可以了解瑞吉欧·艾米利亚的经验是如何在四十多年的时间里发展起来的,以及它与特定的哲学和理论观点,更广泛的社会、文化和政治背景之间的关系。

瑞吉欧·艾米利亚是什么?它是一个坐落于意大利北部、兴旺富足、历史悠久的城市,有大约 15 万人口。在最近几年里,越来越多不同族裔的人们来到这里,正在创建一个"新瑞吉欧"(Piccinin,2004)。一位著名的外国访客,也是这座城市的密友,并且在1998年被授予荣誉市民称号的美国心理学家杰罗姆·布鲁纳(Jerome Brunner)指出,"如果你不能从本质上读懂这座城市,你就无法理解她的市立学校"。对于瑞吉欧·艾米利亚这座城市,他说,"既不是大得让人迷失,也不是小得令人窒息,它热爱想象、充满活力、推崇社区精神……在瑞吉欧,你会体验到一种罕见的礼貌,和一种难能可贵的相互尊重"。

"瑞吉欧"也指三十三所服务于几个月到六岁的婴、幼儿的市立学校。这些市立学校或是由当地政府直接开办的,或是由政府授权给指定公司开办的。不过,这一切最重要的也许是,瑞吉欧是一套关于如何和儿童以及他们的家长一起工作的独特理论和实践体系,这个体系是在一个特定的历史、文化和政治环境下形成的。本书的主题正是这套理论和实践体系,以及它所处的环境。

作为《质疑幼儿教育》(Contesting Early Childhood)丛书的编者,和丛书中《幼儿教育中的伦理和政治》(Ethics and Politics in Early Childhood Education)一书的作者,我们发现瑞吉欧市立学校的经验,以及卡丽娜·里纳尔迪对这些经验的阐释极其重要。因为在我们看来,我们生活的这个时代往往忽视了幼儿教育中的伦理和政治,以及与之相伴的论辩。一个对每个儿童都负责的民主社会和作为这个社会一部分的学校都应有一个共识,那就是,教育要面向所有儿童,包括很小的孩子们,可这一观点正在逐渐被其他观点替代。教育,越来越被视作独立的商品,学校也从一个人们集会的地方或公共场所变成了生意场所,一个在市场竞争中出售自己生产的教育和保育产品的生意场所。家长成为自主计算着的消费者,一些管理上的概念,如供货、质量、卓越和成果,支持着每个家长的计算过程。学校缩小成了一个进行技术操作的场所,对它的评估建立于它复制知识和身份的能力,以及实现统一且一贯标准的能力上。学校已成为实现标准化的一种技术手段。

就是在这样一种特定的历史背景下,探究瑞吉欧·艾米利亚市立学校在教育和文化上的独特经验就变得尤为重要和紧迫。这些学校并没有摒除技术性的操作,也没有忽视体制和组织结构上的问题。不过,他们对这些问题有自己的看法：他们认为这些只是支持教育事业的手段，学校，首要的也是最重要的价值是，一个进行伦理性和政治性实践活动的公共场所——可以让男女老少相互碰撞和联系、互动和对话，以及共同生活的地方。我们从未忘记，瑞吉欧的卡丽娜说，在"每一个组织和每一个解决方案，也就是说每一个学校背后，都存在价值和道德的选择"。

对我们来说，瑞吉欧·艾米利亚是一种包含信仰的经验，用法国哲学家吉尔·德勒兹（Gilles Deleuze）的话来说，它是"一种世界观"，并为复兴幼儿教育的文化和让学校重新成为民主社会中至关重要的公共场所带来了希望。在下面的序言中，我们将就此论点展开充分论述。但在这样做的同时，我们也认识到，我们所呈现的是我们的瑞吉欧，是我们（指序言作者——译者注）对它独特经验的阐释。它是二十多年来，我们通过阅读、参观以及与老师及其他相关人士讨论等途径，对瑞吉欧教学实践进行追踪的结果。我们有勇气这样做，是因为我们觉得卡丽娜和她在瑞吉欧的同事们会说，对世界的阐释是不可避免的（事实上，在本书的最后一章里，卡丽娜指出，"瑞吉欧本身就是对'瑞吉欧'的一种阐释"，见183页），而且，新的知识是在将阐释融入对话，并围绕阐释内容进行争辩的过程中创造出来的。

一个关于教育实验的故事

瑞吉欧的教学经验是一个跨越了四十年的故事。它可以被描述成一个由整个社会共同参与的教育实验。这样的教育实验非常独特，据我们所知是前所未有的。换一个角度来说，约翰·杜威（John Dewey）唯一的一所实验学校仅仅持续了四年。美国心理学家霍华德·加德纳（Howard Gardner）总结了瑞吉欧的一些成就，同时反思了瑞吉欧·艾米利亚的经验以及进步主义教育在美国的发展历史。像在其他许多国家那样，在美国，理想中的进步主义教育事实上很难实现：

作为一个美国教育工作者，我对一些悖论深有感触。在美国，我们以关注儿童而自豪，但是我们并不太关注我们是如何做的。我们要求孩子进行合作学习，但是老师和管理者之间却很少进行持久的合作。我们提倡艺术活动，但是却很少思考如何改变环境，使它能真正地支持儿童并给他们带来灵感。我们期待家长参与,但是却不喜欢和家长分享权利、责任和荣誉。我们认识到社会的重要性,但是我们常常很快地将它具体到不同的利益集团。我们为探究式学习欢呼,但是我们却没有信心放手让孩子们凭借他们自己的辨识力和直觉去探究。我们呼吁辩论,但又常常很轻易地摒弃它。我们呼唤倾听,却更愿意诉说;我们很富裕,却不能很好地维护资源,让我们能继续使用它们并造福他人。在这些方面,瑞吉欧的经验很有启发性。当我们热衷于引用各种口号时,瑞吉欧的教育工作者们正在努力不懈地解决这些极其重要的,从根本上而言也是很难解决的问题。

(Gardner, 1994)

瑞吉欧幼儿教育得以长久并保持活力的一个重要原因是,在无止境的好奇心和对新观点、新视角无限渴望的驱动下,他们敢于跨越学科研究的边界。瑞吉欧的教育工作者借鉴了许多来自不同领域的理论和概念,不仅是教育学,还包括哲学、建筑学、科学、文学和视觉沟通。他们将他们的工作与分析广阔世界及其持续变化的过程联系起来。劳瑞兹·马拉古奇(Loris Malaguzzi),瑞吉欧市立学校的第一位教学指导者、上世纪一位伟大的教育思想家和实践家,写道:

奇怪的是(但并非没有道理),认为教育理念和实践只能来自于官方认可的模式或成熟的理论这一观念是多么的有活力……可是,对教育(包括幼儿教育)的讨论不能仅局限于相关文献。关于教育的讨论,也是充满政治性的,必然要持续关注重大的社会变化,以及经济、科学、艺术、人际关系和风俗的转变。所有这些强大的势力影响着人们,甚至是小朋友们,影响着他们"解读"和应对现实生活的方式。在宏观和微观的层面上,这些强大的势力都决定着新的教育方法、教育内容和教育实践的产生,当然还有新的难题和需要深思的问题。

(Malaguzzi, 1994)

不过,瑞吉欧的教育工作者并不是简单地把其他的理论和概念拿来就用。事实上,他们会对这些理论和概念进行反思、进行实验,然后提出他们自己的理解以及对教学实践的启示。

同时,他们也会批判和质疑。举例来说,批判性的分析会冲淡疯狂追逐最新科学研究成果的欲望,并让他们坚信单靠科学并不能解决与价值观有关的问题,诸如"我们认为的儿童和其他公民的美好生活是什么样的,或者我们想要孩子成为什么样的人"这类的问题。他们认识到,科学不仅仅带来各种好处,也可能带来压迫和剥削。正如智利生物学家温贝托·马图拉纳(Humberto Maturana)所观察到的:

> 科学和成为科学家所需要的训练并不能为我们带来智慧。现代科学是在一个重视占有和财富的文化中出现的,它视知识为力量的源泉,一种崇尚增长和控制的力量,注重等级和统治,重视表象和成就,可它忽视智慧,也不知道怎样培养它。我们科学家在努力地做我们最喜欢的事,即科学研究,常常向热情、欲望、文化目标祈祷,认为科学的扩展可以对一切事物做出解释,渐渐地对智慧和智慧是如何获得的越来越熟视无睹。智慧孕育于对其他人或事物的尊重中,在于认识到权利是在服从和失去尊严中产生的,在于认识到爱是构成社会共存、诚实和信赖的情感,也在于认识到我们生活的这个世界向来不可避免地是我们的责任。如果科学和科学知识不能为我们带来智慧,至少他们亦不能否认[智慧]。

(Maturana, 1991)

好奇、开放和"越界"让瑞吉欧一次又一次地处于领先地位。现今,理论和哲学越来越多地被运用在教育讨论中,但是在教学实践中还没有得到体现,可它们却一直在瑞吉欧教学实践中很明显地体现出来了。像70年代其他激进主义教育实践一样,瑞吉欧·艾米利亚的老师们从皮亚杰的思想中得到灵感,尤其是皮亚杰的认识论,和他关于教学是为学习提供条件的这一观点。但是他们也认识到,教育者们,尤其那些只简单注重认知的教育者,常常试着选取连皮亚杰都认为在教育中并不可用的一些心理学知识。

在初期,[瑞吉欧的教育者们]就已经开始意识到皮亚杰理论的既定弱点,包括皮亚杰的建构主义如何脱离了环境并孤立地看待儿童,那些被现代建构主义学者纠正了的东西。因此,瑞吉欧的老师们开始更批判性地解读皮亚杰的理论,包括:

在促进认知发展过程中低估成人的作用;很少关注社会交往和记忆(相对推理而言);思维和语言间的距离;建构主义的固化的直线型发展观,

将认知、情感和道德发展看成独立的平行的轨迹;太过重视结构化的阶段、"自我中心主义"和各种技能;对正在形成中的能力缺乏认识,逻辑数学能力被赋予压倒一切的地位;和过多的使用了来自于生物学和物理学的一些范例。

(Malaguzzi,1994)

逾越皮亚杰脱离环境的观点,意味着瑞吉欧从70年代开始尝试用另一种观点来指导实践,即儿童的学习置身于社会文化环境中,并发生于各种互联的关系中。这种学习需要建构一个"能允许(儿童)最大程度地活动、相互依存和互动"的环境。正因为此,瑞吉欧接纳了社会建构主义者的视角,认为知识是在情境中、在理解的过程中、在不断和他人与周围世界的互动中建构的。儿童和老师被视为知识和文化的共同建构者。

这个视角让瑞吉欧的老师们接触到了俄国心理学家维果斯基极有价值的理论。从那以后,这些理论在他们的教学实践中有着非常重要的地位,例如维果斯基非常重视思维和语言间的关系,以及文化工具和符号是如何影响行为的。在共同建构的过程中,瑞吉欧的老师有意识地利用小组中其他儿童互相影响这一策略,这与维果斯基的"最近发展区"理论也有共同之处。

另一个重要的灵感来源是约翰·杜威,包括他提出的学习是一个主动的过程,而不是传授预先设置的知识这一观点。杜威认为,知识是在儿童的活动中,在实际操作和自由的实验和参与中建构的。他还跨越了一些概念之间二元论的界限,如,内容和方法、过程和结果、身体和心灵、科学和艺术、理论和时间:"人类习惯用极端对立的方式来思考。对观点的阐述非此即彼,没有中间的可能性。"(Dewey,1938)

需要特别指出的是:瑞吉欧的老师们通常会从不同理论和学者那里得到灵感,但并没有因此被束缚。他们利用他人的理论来建构自己的看法,而不是复制他人的理论。例如,马拉古齐曾说,他们对玛利亚·蒙台梭利的工作成果进行了深思,这样做是为了能超越她:"蒙台梭利是我们的母亲,但是像所有孩子那样,我们必须让我们自己独立于我们的母亲。"正如我们之前提到的,同样的"超越"也发生在他们与皮亚杰间的关系。如果说维果斯基和其他符号学家强调言语和口头语言,瑞吉欧的老师们则将语言这一概念扩展为他们所说的"儿童的一百种语言",在本书中卡丽娜称之为"了不起的理论"(见178页)。认识到语言的多样性表现在他们在学校中引入了许多新的工具作为符号媒介,如录相机、数码相机和电脑。

另一个能说明瑞吉欧幼儿教育先进性的例子与知识有关。想要理解瑞吉欧幼儿教育思想和实践,例如对于项目学习的探究,我们需要重新思考关于知识的一些主流观点。什么是学科?什么是在学校里学习的科目?在不断厘清这两个概念的过程中,我们不仅要对什么是学科持续地提出疑问,还需要自问我们为什么以某种特定的方式来对知识加以抽象(概念化)和组织。

瑞吉欧的教育工作者经历了质疑和反思。在一次演讲中,路易斯·马拉古奇谈到,他们视知识为"一团互相缠绕着的意大利面"。卡丽娜有类似的观点,她说,"学习的进程不是直线型的,不是由渐进的可预见的阶段所确定和可以预先决定的,而是根据当时当下的发展情况,在停顿和迂回中建构的,它可以朝着很多方向发展"(115页)。透过这样的定义,我们可以理解为什么瑞吉欧的项目探究有很多发展方向,而没有一个统一规定的原则,它挑战了知识的习得是直线型的进程这一主流观点,它可以用"一棵树"来比喻——而这个比喻显然和"一团互相缠绕着的意大利面"这样的比喻截然不同。瑞吉欧的项目探究过程就像是一个个小故事,这些小故事很难通过简单的叠加和累积组合在一起。

瑞吉欧有关知识的描述,在我们看来,与用"根状茎"(rhizome)来描述知识非常相似。作为超越某些概念的手段,如(事物的)普遍性、提问和回答模式、简单的判断、识别和修整观点,法国哲学家吉尔·德勒兹(Gilles Deleuze)和费力克斯·伽塔利(Felix Guattari)(1999;也见德勒兹和帕内特/Parnet, 1987)提出并描绘了"根状茎"这一比喻和概念。"根状茎"①,它没有递进式的由根、主干、枝梢组成的结构。它不像需要你按部就班一步步往上迈的阶梯。用"阶梯"来比喻知识和用"树"来比喻知识是非常相似的,而

---

① "根状茎"是德勒兹和伽塔利提出的哲学概念。它是根据植物学概念作出的"思维的象征"来比喻对事物非线性的多重理解。中译者注。

这样的比喻在教育学中依然占有突出的地位。

我们觉得对于德勒兹和伽塔利,或者瑞吉欧来说,思想和概念是不同意见相互碰撞的结果。他们认为"根状茎"没有起点和终点,向四处发散,又总是在相互交错,并指向其他任意方向和地方。这是一个多重的构造,因为它有很多连接点,具有异质性。认知的多重性不是外力给予的,而是建构的。于是思想,实际上就成了一个关乎试验和设问的过程——就像是一条飞行航线,以及对它的形成所进行的探究,这和卡丽娜的观点"'形成'的过程是真正的教育的基础"(61页)不谋而合。

瑞吉欧老师们的教学和他们对于试验的热爱是如何让这座小城和它的市立学校一直站在新思想和新实践的第一线的呢?我们和大家分享一段个人经历。二十世纪九十年代后期,我们和加拿大同行艾伦·潘斯(Alan Pence)一起写了一本从后现代主义哲学视角看幼儿教育的书。但是,我们越深入地从这个视角看教育,就越意识到瑞吉欧幼儿教育许多方面的教学思想和实践都可以被称为是后现代主义的,而且它们已经存在好长一段时间了,例如:

选择采纳社会建构主义的方法;挑战和解构主流观点;意识到这些观点决定和统治我们思想和行为等的能力;拒绝规则、目标、方法和标准化的指引,不规避不确定性和复杂性;有勇气自己思考以建构新的观点;在教育中大胆地将儿童看作是丰富的儿童,有无限能量的儿童、生来就拥有一百种语言的儿童;创建新的教学方式的事业,注重关系和冲突、对话和协商、反思和批判性思维;跨越不同学科和视角,用开放性思维来替代非此即彼的思维模式;认识到教学实践是和环境紧密联系的,是不断变化和充满活力的,它挑战了课程是可以转让的(即普适性——译者注)这一观点。

(Dahlberg et al., 1999)

复兴激进主义政治的希望

我们认为,瑞吉欧幼儿教育不仅展现了儿童的各种潜力,它也为在后共产主义世界里复兴民主实践和激进主义政治指出了一些方向。瑞吉欧幼儿教育的源头来自在有凝聚力社会里集体生活这一悠久传统,以及由此产生的互惠、信任的行为规范和全民参与的社会关系网,即普特南(Putnam,1993)所说的"社会资本"。在这片肥沃的土壤里,充满活力的左翼政治思想渐渐发展并越来越活跃。正如卡丽娜在本书的最后部分所说,"我们的教育经验起源于十九世纪末二十世纪初影响了我们这个地区的社会主义思想"(164页)。类似的政治思想也让意大利北部和中部地区幼儿教育的一些创新经验得以发展。卡丽娜承认,瑞吉欧只是"众多展现了活力、繁荣、优质的意大利教育研究……和勇敢地为幼儿教育投资的地区中的一个"(84页)。不过,卡丽娜也认为,虽然有很多交流和分享,不同地方的经验中还是有很多显著差异的。这些差异使各地的经验具有了各自的特色。

不过,左翼政治思想并不是造就瑞吉欧幼儿教育的唯一因素。瑞吉欧幼儿教育也是一个关于妇女的故事,这是妇女在主动参与为争取自己和儿童应有权利的斗争中书写的故事;它是一个决心不让法西斯主义重新崛起并渴望打破天主教会对幼儿教育垄断的故事。瑞吉欧显然已经做好了与教会建立新型的合作关系以及批判世俗教育的准备。马拉古齐(1994)对国家推行的学校教育提出了严厉的批评,认为它"对待儿童,坚持着愚蠢又无法忍受的漠不关心;对待权势,坚持着机会主义而且显出低三下四的殷勤;坚持着自私的小聪明,推动预先包装好的知识"。相反,马拉古齐和他的同事想要承认每个儿童都有成为主角的权利,最大限度支持每个孩子自发的好奇心;创设一个亲切的环境,在那里儿童、家庭和老师会感到安乐——"让一个人有尊严地、文明地生存"。

瑞吉欧幼儿教育通过两种形式对复兴激进主义政治做出了贡献。首先,它在个体和集体、差异和团结一致之间缔造了一种新型的相互依赖关系。我们各不相同,我们都是独立的个体,但是我们都同等重要,这的确是至关重要的,"因为人类的未来关乎个体与他人,自己和他人之间的关系"(122页)。在瑞吉欧,人们永远不会想当然地认为具有自由外表的个人就是有自主能力的个体;完整的主体意识的获得是一个独特且不可复制的个体的建构,而这个独特个体的建构必须来自于他或她与他人之间的关系:"因为你的存在让我发现了自己的个体特性。谢谢你!正因如此,我们又是相互依存的。"(173页)由于重视关系,瑞吉欧幼儿教育引导我们在"一个鼓励个体进行竞争的社会和一个建立在个体间共同建构互相需要的社会之间"做出选择,"这是一个关于政治的和经济的选择,它可以影响整个教育体系和社会体系"(123页)。

第二,他们挑战了新自由主义精于计算以及将管理、市场和投资思想应用于对公共服务事业的改革的理性观点。他们认为,这些"经济思想"有悖于他们所珍视的价值观,特别是有悖于不仅存在于人与人之间,还存在于将各个市立学校联系在一起的社会关系网络间的"对话"和合作关系。他们认为公共服务中各种政策的选择是至关重要的。这些选择是在与他人的相互关系中做出的政治性和伦理性的决策,而不是由消费者个人做出的决定。

教育方法,和学校一样,并不是中立的。它有倾向性,它以一种深入而又重要的方式参与了对这个事业的定义,这个事业的中心课题不是人类,而是人和世界的关系,个人在这个世界里存在的意义,个人与他人之间相互依存的感觉。因此,教育方法意味着选择和决定……它意味着有勇气面对我们的疑惑和不确定,它意味着参与那些我们需要负责任的事情。

(155页)

首要的也是最根本的选择是建立在回答"在我们眼中儿童是怎么样的一个形象"这个问题上的——将在后面详述。

瑞吉欧·艾米利亚的幼儿教育服务机构强调,把公共服务看成集体责任是很重要的,这让我们认识到学校首先是一个公共场所,一个进行伦理性和政治性实践的场所,一个市民们邂逅、互动、交往的地方,一个将人与人之间的关系与对差异性的尊重和对他人负责的意识结合在一起的地方,一个人与人之间相互依存的地方。在工作中,瑞吉欧的老师们一直在努力实现用民主的方式解放人的潜能。他们给每个儿童提供成为积极主动的公民的机会,以及在民主社会创造美好生活的可能。

激进主义政治就这样完全卷入了民主主义政治中。儿童、家长、老师、广大的社区居民的参与,是教育中不可或缺的核心价值:参与,并不意味着"教育家长",让他们接受一套官方推崇的观点以达到更有效的管理,而是在实现教育项目和对其意义的建构中"主动、直接和显性的参与"(5页)——卡丽娜在谈论主角这个词时多次提到了这个观点,这个词是用来描述瑞吉欧教育中所有参与者的。通过参与,市立学校为民主政治提供了一个新的场所,同时将政治延伸到了一个全新的领域。

他们的社会建构主义方法意味着瑞吉欧·艾米利亚参与到了我们所说的认识论政治中。他们驳斥了知识客观地反映了一个真实的世界这一现代的知识论观点。他们赞同知识是"对不断变化的现实世界的阐释"(109页),认为知识是我们每个人在与其他人的互动和社会关系中建构的。卡丽娜和她的同事说:

学习并不是在传授和复制中发生的。它是一个建构的过程,在这个过程中,每个人都为自己寻找原因,理由,以及事物、他人、自然、事件、现实和生活的意义。学习的过程当然是独立的,但是因为推理、解读、阐释、他人的意义在知识建构过程中是密不可分的,所以学习又是关联性的,是一个社会化的建构过程。因此,我们认为知识是一个建构的过程,由个体在与他人的互动中建构的,是一种真正的共同建构的行为。

(108 页)

这就是说,他们认为预先制定目标是有问题的,相反地,他们开始探索非主流的和边缘化的思维方式和世界观,认识到主观、惊喜、困惑、怀疑都是非常重要的。在这里,我们认为不能忽略贝特森(Bateson)在论述持续和交互变化过程中自我调节系统时提出的有关控制的理论(Bateson,1972);杜威认为的学习是一个主动的过程,而不是传授预先包装好的知识;和智利生物学家马图拉纳(Maturana)和维埃拉(Varela)(1992)提出的关于"语言表达"的一些观点。

和现象学家及其他学者一样,马图拉纳和维埃拉质疑客观性。他们提出,我们在和世界建立联系时是有可能做到客观的,但是同时,我们还要意识到我们永远不可能做到完全客观。当一个人在解读他的经验时,他如何使用语言并不是与他所做的事情无关的。你一直是环境的一部分,是你所观察和阐释的系统里的一个参与者,不可避免地,我们生活的这个世界也是我们创造的。我们通过语言不断完善,也就是说我们的生活离不开语言:"生命,经验,我们生活的世界,就在我们对它们进行解读的时候发生了。"(Maturana,1991)他们认为需要改变将语言理解成一个抽象的东西这一看法，而是视语言为具体行为，一个动词。语言带来了一个世界，一个我们在和他人共存的状态中创造的世界，也成就了人类；人的每一个行为都有道德意义，因为它构成了人类世界："道德这一概念，涉及到我们对自己行为后果的关注，关注我们的行为对与我们和平共处的他人生活的影响。"

瑞吉欧幼儿教育一贯的质疑，引出了"教育和学习的政治"这一观点。卡丽娜经常提到它，也在本书后面的论述中谈到了它。瑞吉欧幼儿教育采用一种"倾听教学法"，这挑战了认为教育即传授和复制这一主流观点；同时，对教与学进行记录的过程，则为儿童民主地参与谈论和评估教学实践提供了一种方法，它在卡丽娜的很多著作中也经常出现并有深入的讨论。

瑞吉欧的"教育和学习的政治"让我们认识到对学校意义的讨论也需从民主的角度加以关注。卡丽娜指出，学校是一个既传授又创造文化和价值观的地方。它是一个视儿童为公民的地方。它是一个充满可能性的地方。在这里，知识和个性是共同建构的，学习的过程会得到研究。这一切都是在人与人之间的相互关联中进行的——一个人们集会的公共场所，一个人们相遇（和相处）的地方，一个工地，一个工作坊，和一个永久的实验室。这些都是卡丽娜经常用来比喻学校的说法。学校本身就是一个小社会，同时它又是大社会中的一个重要组成部分：一所瑞吉欧学校，布鲁纳说到，"是一个非常特别的地方，它邀请小朋友们在与大社会的归属感中发展心智和情感……它是一个学习的共同体，在这里人们分享认知和情感。这是一个人们一起认知现实世界和想象世界的地方"（1998）。

最后要谈的是一个简单而又掷地有声的，然而却给我们带来了"童年期政治"这一概念的问题，那就是，我们前面提到过的瑞吉欧幼儿教育的标志性问题——你眼中儿童的形象是怎样的？瑞吉欧的老师们认为，"童年期"（即如何看待童年中的个体以及相关的社会关系——译者注）这个概念是受价值观影响的，他们非常重视这个观点，并认为此概念的建立为人的童年时期提供新的可能性。卡丽娜也说到，"'童年期'并不是抽象存在的。是我们在特定的社会中把它作为一个公共课题创造出来的这个特定概念，因此它是社会、政治和历史的产物"。这让我们想起了米修·福柯的研究，他论述了在某个社会里，占主导地位的话语中知识和权势是如何纠缠在一起的,它们如何一个使另一个合法化,以及瑞吉欧的教育工作者是如何识别、正视和解构这种关系的(更多的讨论见 Dahlberg et al., 1999)。

在瑞吉欧的教育工作者对前述标志性问题的回答中,他们眼中的儿童是"丰富的儿童"。这个形象的基础是他们认识到所有儿童都是聪慧的,所有儿童都在认识世界,在不断的建构知识、个性和价值观。在这些社会建构主义观点的指引下,他们努力让每个儿童表现自己的潜力,给每个儿童他们应有的民主权利,如倾听儿童的声音和视他们为大社会中的公民。这是一个很有影响力的信息,是对现有主流观念的一个"挑衅"。因为儿童和他们的生活在公共舆论中还没有被真正理解;儿童通常被看作"可怜的""弱小的"或"纯洁的"。他们被形容为不足的、不成熟的、脆弱的或好玩的,从而在社会中被边缘化和轻视。

换个选择,采纳"丰富的儿童"这一形象,坚持认为所有儿童都是有竞争力的和聪慧的也是极富政治性的决定:这不但强调了要让儿童受到更好的待遇,而且强调了从另一个视角来理解儿童、改写与之相关的一系列问题并提出重新定义与儿童有关的关键性问题的需要。瑞吉欧幼儿教育的"童年期政治"挑战了有关儿童的主流观点和一些想当然的假设,例如,不同学派的发展心理学束缚了我们如何看待一个儿童,以及他可以和应该是什么样的。这种思维实际上是在试图用科学理论替代政治。

瑞吉欧幼儿教育是在可以被称作为传统政治的体系里形成的。这是因为,市立学校和他们的教学工作还是由当地政府创建和支持的;而且它是由瑞吉欧的成年公民决定的。这个范例显示了在创新试验中政治仍然可以发挥重要作用。但是,在二十世纪后期也可以看到其他政治形态的发展,如梅鲁西(Melucci, 1989)称之为公共领域的新社会运动。一些众所周知的运动包括和平运动、妇女运动、环境运动和反对新自由主义运动。

这些运动扩大了民主在后现代时代的内涵——呼吁人们参与集体行为并增加公共场所和集会地点,总之,是在倡议一种新的政治文化。这些运动,常常跨越国界,为新政治话题和政治议题的产生做出贡献,并挑战已有的政治活动和组织。他们质疑一些概念在我们这个时代里的含义,如政治和民主。从这些视角来看,瑞吉欧幼儿教育可以被称为关注童年、让学校成为进行民主实践的新型公共场所的社会运动。

学校作为道德实践的场所

正如我们在前文中提到的,瑞吉欧反复强调学校首先是一个进行政治和伦理实践的地方。我们讨论它的政治性,那它的伦理性又是怎么体现的呢?很大程度上学校的伦理性体现在对价值观的重视。在瑞吉欧,学校被认为是一个建构价值观的地方,比如,友谊、团结、对差异的尊重、对话、情感和爱。

想要理解伦理在瑞吉欧幼儿教育的地位,我们必须问一个重要的问题——什么是伦理?对我们来说,瑞吉欧的"倾听教学法"为回答这个问题提供了一个重要的线索。在先期出版的我们为本丛书撰写的书中,我们认为瑞吉欧的老师们积极主动倾听孩子们的意见和见解即说明了一种特定的道德实践方法:伊曼纽尔·列维纳斯(Emmanuel Levinas)的"相遇伦理理论"。列维纳斯认为,传统的西方哲学将认知放在首要位置。在认知的目的之下,我们了解他人和事并将之同一化(即抹杀差异性——译者注)。一个很好的例子就是某些概念和分类,例如"发展阶段"这个概念和分类,给了老师和研究者去拥有和"充分理解"儿童的机会。但在人们试图充分了解儿童的过程中,差异性消失了,独特性和新奇性被排除了,它们被"崇尚同一性的极权主义"所替代了。相遇伦理理论尝试着用尊重"他人"(不同于自己的个体——译者注)的固有差异性来反对这种认知和了解方法。

倾听,还将瑞吉欧幼儿教育与比尔·雷丁斯(Bill Readings)非常有影响力的伦理愿景联系在一起。在雷丁斯最后的著作《废墟中的大学》(*The University of Ruins*)里,他描绘了大学或者其他教育机构如何有可能成为"责任的所在"和"伦理实践的场所",而不是"传授科学知识的地方"。因为,雷丁斯说,

教学实践的条件是"对他人无尽的关注"……(和)通过教育获取思想中的差异性……(它是)对思想的倾听……给思想以应有的重视,倾听和我们交谈的人,这意味着试图听到那些呼之欲出的语言背后的声音……这需要我们除了从对方和自己的角度思考,还要探索一个(在对话中)开放式的

共同负责的网络,以便让与意义有关的问题能成为辩论的核心且对所有人开放。

(Readings,1996)

"倾听教学法"——对思想的倾听——为我们提供了以欢迎和热情的态度对待他人以践行相遇伦理的范例,对他人的差异性及其成因秉持开放态度。这包括对他人持开放态度的伦理关系;从他人的角度和经验来倾听他人的声音,而不是想当然地把他人的经验看作和自己的一样。这个理论的出现给教育界带来了一场地震。

在倾听教学中实践上述相遇伦理思想,要求老师认识到自己对他人(学生)的理解是有限的,这对教学法提出了全面的挑战。倾听教学法也就是对思想的倾听,亦即儿童和成人的想法和理论、问题和答案;它意味着用尊重的态度认真对待思想;它意味着努力理解他人所说的,而不是用先入为主的观念来评判什么是正确的和适宜的。倾听教学法认为知识是建构的、多视角的和暂时的,而不是传授一套旨在让所有人具有同一性的那种知识。面对每个问题时,每个人都要对差异持开放态度,对陌生的人表示欢迎,这意味着用肯定,用是的、是的、是的,来对待他人和陌生人。更广泛地说,对存在的差异性要给予肯定(Derrida,1999)。

在倾听教学中,瑞吉欧的市立学校一直在努力实现他们创始人的愿望。他们的创始人有着来自受法西斯主义统治的经历,"教他们认识到让人们顺从和服从是很危险的,在建设新的社会时记住和吸取这个教训是非常必要的,而且要视儿童为有独立思想和行为的人"(Dahlberg *et al.*,1999)。因此,政治和伦理通过一个教学法结合在了一起,它反对用控制手段将儿童发展规律与被认为是传授知识和标准化目标的教育结合在一起,它强调差异、不同、联系和关系的重要性。

课程档案①的力量

贯穿瑞吉欧幼儿教育的是课程档案的建立和实践操作,它也贯穿在以

---

① 有时亦译作"课程记录"。中译者注。

后的章节中。简单地说,课程档案就是让教学工作(或其他工作)成为看得见的过程,它取决于阐释、对话、冲突(争论)和理解。它体现了重视主观性的价值观,认为没有任何客观的立场可以让观察成为中性的;但是同时,它又坚持严谨的主观性,将不同视角进行详细的阐述,供大家进行辩论。这些都是在与他人,与孩子、家长、教育工作者和其他公民之间的关系中进行的记录:记录是促进不同观点间的碰撞和争论,而不是友好地寻求共识的过程,它是一种在集体中获得主体性的方法。重视主观性意味着主体必须为自己的观点负责;而不是躲在假定的客观科学观点和由专家提出一些标准后面。

正如卡丽娜所谈到的,课程档案是一种多用途的工具。它形象地呈现了儿童的学习过程,他们对于世界的探究,和他们对于知识的建构。它使理论和实践在一日生活中得以结合。它是促进老师专业发展的一个手段,瑞吉欧幼儿教育非常重视老师的专业发展,尤其是把老师当成研究者和学习者来对待和理解。它推广让学校成为一个践行民主政治的场所这一理念,让所有公民,包括大人和孩子,能参与和讨论重要的议题:童年、保育、教育、知识等。课程档案也是一种在文明社会开放公共场所和研讨的手段,在那里,主流思潮,和我们在主流思潮影响下进行的自我建构——能自控的自我,是可见的和能被质疑的。

课程档案,也是一种测评和评估的手段,(是)"一种极强的'抗体',以对抗那些越来越无个性特征、脱离情境的、看似客观和民主的评价/评估工具的散播"(41页)。参照着同一套标准制定的等级量表和其他规范性工具被认为是可靠的、统一的,以及客观地反映了一种"评估语言"(关于质量和卓越的语言)。课程档案,呈现了另一种语言(我们在其他著作中称之为"意义建构"的语言)(Dahlberg *et al.*, 1999):它认为我们必须在正视实践的基础上为自己的判断负责,努力去阐释和理解我们所见的,并和我们认为重要的价值观相联系,同时它又是作为负责任的集体中的一员、作为真正的民主行为的一部分,一直存在于与他人的关系中、与我们身边的公民对话中的。

差异①、分歧和挑衅

总的说来,瑞吉欧幼儿教育的重要性在于它的不同、它的差异、它的可变性。这并不是说它和世界是互不关联的。正如我们所看到的,它的理念和实践的发展总是和广阔的世界相联系,和来自于其他学科、地域的人们共同建构他们自己的知识、个性和价值观。但是,这种共同建构的结果又是独特的,具有非凡的活跃性。进一步说,我们认为瑞吉欧是一座充满分歧的小岛,它对那些越来越占主宰地位的、令人窒息的有关幼儿教育和教育的言论进行挑衅。这些言论主要来自英语语系且具高度指导性。它们认为学校是运用技术手段对儿童进行管理以达到预先制定的标准化目标的地方。如此一来,瑞吉欧提供了一个强有力的、显示集体智慧的批判性思维的实例,正如尼古拉斯·罗斯(Nikolas Rose)描述的,它"提出了用批判的态度来看待那些呈现在我们经验中的、被视为永恒的、自然的、毋庸置疑的事物:(抵制)被动接受(他人的)智慧……批判性思维使人们在把个人经验上升为认知的过程中增加了批判性的思考,从而使之不再是顺畅和自然的过程(Rose, 1999:20)。

瑞吉欧幼儿教育通过它的存在、它的挑衅和它的批判性思维提醒我们,教育、学习、知识、童年、老师、评估和其他一些事物,每一个都拥有多重意义。我们面对的是政治性的选择而非技术上的。我们必须思考并承担责任——我们不能等待专家来告诉我们"什么是可行的"。

瑞吉欧的理论是丰富的、(对当前的主流思想)具有挑衅性的,它并不仅仅是倾听教学法和一百种语言。但同时,瑞吉欧又挑战了"那种傲慢的将理论和实践分开的思想"(81页),它认为二者是密不可分的——一个离开了另一个是不可思议的事。如此一来,瑞吉欧重新赋予实践工作者价值,并质疑了这个特定的词语,因为它暗示人们可以也必须将从事实践工作的人和从事理论工作的人区分开来。此外,因为相信视老师为研究者这一观点的重要性,瑞吉欧弱化了另一种差异,即在班里从事实际教学的教师和在

---

① 原文是"Otherness",强调他人不同于己的特性。中译者注。

大学里的研究者。他们认为,研究可以也应该由老师在班里进行,这和"学者"在大学里进行研究一样重要:"从这个意义上说,'研究'一词告别了——更贴切地说是走出了实验室,因此不再把它视作是某些人(在大学或其他特定场所里)的特权,而变成了让老师们自己去不断发现生活真谛的立场和态度。"

不仅在这本书里,在其他任何地方,瑞吉欧都反对二元化思维。例如,"是应该更专注过程还是结果"这个老掉牙的问题在瑞吉欧幼儿教育思想里变得非常荒谬。我们能这样划分我们的生活吗?难道事物不总是处于变化和形成的过程中?难道除了人为地把它们割裂我们就无法对事物进行识别?

在结束这部分内容的论述之前,我们想提出另外两个对我们很有吸引力的具有挑衅性的思想,这些思想是我们在与卡丽娜的对话中领会到的。这些对话收录在本书的最后一章中。首先,在创造新思想和新视角的过程中,开放的思维和倾听是必要条件,而对固有的思维提出怀疑、抱有不确定感和危机感则是重要的资源和品质。这种思维的另一面,则是"反对任何旨在对结果进行预测的教育学,这种教育学是一种能预先决定结果的预测,它会变成一种禁锢儿童和教师甚至人类的牢笼"(166页)。当今的幼儿教育研究和政策试图通过技术的应用而获得预设的目的,排除教育过程中一切其他的可能性。这样的教育不能把我们引向未来。

其二,人们认识到,瑞吉欧幼儿教育对时间提出了要求,不仅在时间的数量上要求"不被时间控制"(教育过程),还在于对时间的质性理解,如不把时间看作是"生产时间"。实证主义研究者可能会试着去证明儿童参加幼儿教育机构中多长时间可以达到最佳的标准化的教育成果;相关政策就会对依据"生产时间"这一概念所做的研究成果做出呼应。不过,时间在瑞吉欧是另一种"东西"。它是一个创造关系的必要因素,也是学校必须提供的:"给儿童时间,给老师时间,给他们在一起的时间。在学校里,还需要各种可能性,任何种类的、任何群体中的可能性,以创造连接,并与差异和冲突共处。"(192页)

瑞吉欧：渴望、希望、乌托邦、梦想

瑞吉欧幼儿教育既是一个极具地方色彩的教育经验,一个社区着力进行长期社会实验的榜样,也是一个全球化的现象。每一年,成千上万的人们参观这座城市,学习他们的经验。从 1981 年开始,瑞吉欧幼儿教育展览——《儿童的一百种语言》——走遍了全世界,当然还有那些来自瑞吉欧的演讲者们;在这段时间里,瑞吉欧幼儿教育展览在二十多个国家进行了展出。"瑞吉欧幼儿教育网络"在 13 个国家中建立了起来,包括澳大利亚、美国、韩国、英国、德国、荷兰和全部五个北欧国家。它为什么这么有吸引力呢？我们怎么来理解这个"全球化的"范例,一个对全世界都有吸引力的极具地方色彩的经验呢？未来又会怎样呢？

这种吸引力,至少一部分是来自于瑞吉欧幼儿教育的另类特质,和它对传统教育的挑衅。我们认为全世界对瑞吉欧幼儿教育的兴趣折射出了大家对我们前面所谈到的那些越来越占主宰地位的有关幼儿教育的主流思想的一种反弹。这些主流思想被打上了高度工具化和计量化的新自由主义价值观、假设和管理手段的印记。这些思想将幼儿教育机构看作是运用"人类技术"来生产预期的标准化结果的地方,以更好地控制儿童让他们成为救赎者,把我们从不确定的不公平的世界中拯救出来——一种技术性的解决方法,可以避免让我们卷入对政治和伦理问题的对抗,而这些问题正在摧毁我们这个世界和人。

瑞吉欧幼儿教育说出了像我们这样渴望另一种教育的人的心声,另一种归属。通过展现不同价值观、不同关系、不同生活方式存在的可能性,它给"与众不同"带来了安慰和希望。例如,参观过瑞吉欧·艾米利亚的人们大多会深切地感受到儿童、家长和政治家是真正地参与到了学校生活中,瑞吉欧很成功地让他们融入,并创造了参与的兴趣和机制。课程档案是一个极好的创造这种兴趣的媒介和工具。在瑞吉欧,学校成了民主社会中非常重要的场所,它抵制对公共事务的冷漠和毫无兴趣,这通常是人们长期不被倾听和不被重视带来的后果——"我做什么都没用。重要的事物不管怎样总是由别人来决定的。"

瑞吉欧幼儿教育给那些渴望另一种价值观、关系和生活方式的人们带来归属感。同时它冲击了，即使是在很小的程度上，主流思想的自信。它的批判性让主流思想中关于自然规律和绝对真理的那些自以为是的叙述变得不再流畅了。就这样，它带给我们一些非常珍贵的、当今世界缺乏的东西——希望。

对很多人来说，未来是无法想象的，是灾难的或者是令人沮丧的。能指引我们、能让我们为之奋斗的乌托邦思想和能量没有了。未来其实既不是对现在的延续也不是灾难。缺少了对未来的憧憬，政治被简化成了关于用最佳的方式来管理现状的争论。相反，乌托邦思想激发了同时也让激进主义对现状的批评成为了可能。它能指出未来变化的方向，并通过探索、通过想象各种可能的人类世界的新模式来帮助我们再创未来。它是对现状的解构和对未来的重新建构。通过从不同的角度和模式想问题，它挑战了政治和伦理现状，因此，使我们能建构有关各种可能性的新视野和未来变化的新方向。

不过，仅靠乌托邦思想并不能带来彻底的变化。这还需要空间，那种能够产生思想的空间和采取行动的愿望。这个空间应该能支持实验、研究以及不断的反思、批判和辩论——这一切都需要超越固有的禁锢和界限。这样的话，鉴于经验、学习和对话，乌托邦思想和行动也因此可以经常被修正。但是，这样的空间并不需要是规模宏大的，它们也可以是局部的。

在我们看来，瑞吉欧·艾米利亚是一个局部空间。在这个空间展开了在乌托邦理想下"创造童年期文化"的实践。而且这个立足于当地的文化实践跨越了地理疆界，成为了一个全球的网络——用卡丽娜的话来说，它建构了"一个新的文化布局"。这个网络为探索人类世界新模式打开了一扇门。

在本书的最后部分卡丽娜和我们的对话中，卡丽娜更愿意把瑞吉欧幼儿园说成是一个梦想，而不是一个乌托邦，因为，"乌托邦是好的但太完美，而梦想则是你可以拥有一个晚上的东西"（182页）。这是一个警告，是针对如果把乌托邦变成一成不变和毋庸置疑的东西后可能会带来的危害，以及视任何事物为"最终解决方案"可能会带来的危险而提出的。我们认为,乌托邦思想和实际行动之间需要建立永恒不变的关系。这种关系让乌托邦思想保持"警醒",并根据经验、学习和对话进行修正。这样也许可以视乌托邦为一个短暂的梦想。

瑞吉欧幼儿教育并不是一个榜样、一个方案、一个"最优方法"或参照物(尤其是如果说"瑞吉欧只是对瑞吉欧理想的一种解读"的话)。市立学校和他们的教学实践是在特定的背景、特定的历史和特定的政治和伦理选择中形成的。正因如此,瑞吉欧和其他地方的关系并不是一个因为它拥有一个可输出的产品而形成的商业的关系。就像我们所描绘的,它是一个充满希望的关系,一个乌托邦或者梦想或者两者皆是。它给予那些寻找不同价值观的人归属感和长期的激励,也给他们身边的人提供了不同的思维方式。

但是,用卡丽娜的话来说,瑞吉欧"是一个相会和对话的地方,并不只是和瑞吉欧,也是和许多有相似理想的主角们相会和对话。因此,瑞吉欧为人们的对话创造了空间,也为人们的对话提供了理由"(182页)。通过对话,人们进入一个学习过程,一个共同建构他们自己的知识、价值观和个性的过程;这个过程建立在和瑞吉欧的关系中,在这个关系中,和瑞吉欧对话的主角们有可能保持他们各自的独特性,瑞吉欧并不会试图去掌控他们,同化他们;此外,正如本章节开头所引用的语录提醒我们的,这也是一个预示着转变、有迷失危险(或产生可能性)和对事态变化失去控制的过程。

我们的问题是,和瑞吉欧对话的人们中是否有一些人并无意真正去全面理解瑞吉欧幼儿教育。卡丽娜在谈论课程时也多次提到这个问题。如果人们不实践瑞吉欧的倾听教学和相遇伦理,他们也就抹杀了瑞吉欧的与众不同之处。他们可能通过把瑞吉欧纳入自己单一的经验体系和价值观中使其变为一种令这些人可理解的东西——"哦,对了。这和我们的做法差不多,只是他们做得更好一些。""如何证明你们[课程的]的结果?""你们使用何种课程?"

现今,在物质环境的全球化趋势面前我们受到了前所未有的威胁。人们越来越意识到我们需要保持和增加物种的多样性。同样,我们也需要社会—文化的多样性,既是因为这很重要,也是出于自身利益以确保我们未来的发展。瑞吉欧是展示这种需要被保护的社会—文化多样性的实例,我们需要保护这种多样性不受它的敌人——新自由主义的理性的和管理实践的倡导者以及一些溺爱它的朋友们的伤害。我们需要更多的瑞吉欧,这不意味着去克隆瑞吉欧,而是去发展更多愿意在本地形成、发展"童年期文化"的社区,那些愿意将乌托邦思想和实际行动结合在一起,愿意去梦想未来,愿意去憧憬一个更加美好的世界的共同体。

后面的文章是什么?

本书其余的部分留给了卡丽娜·里纳尔迪。卡丽娜在她近二十年来所做的关于瑞吉欧的介绍中选择了一部分内容收入本书——一些是她的著作,更多的是她的演讲。本书还收录了三次访谈,本书结束部分的第三个访谈是和我们两个进行的,卡丽娜坚持(从她的角度)要称之为对话。有一些文章已经用英语发表过了,但是大部分还没有正式发表过。

卡丽娜说,在她以往的著作中选出一些文章对她来说是一种奖励,但有的时候也很困难:"因为对我来说,当我在重新阅读以前写的东西时不进行改动是非常困难的,我常常感到不满意和不完整。"(个人的交谈)不过,对于我们编者来说,这些未作修改的文章是过去的痕迹,是很重要的,因为它让我们深入了解在一段时期里卡丽娜的思想,包括变化了的重点以及一些反复出现的主题和价值观。她还专门为本书撰写了能帮助读者了解每篇文章、演讲和访谈特定背景的简介。

读者们需要记住的是,卡丽娜的母语是意大利语。本书中的某些文章最初是卡丽娜用英语做的讲演,其他的则是从意大利语翻译成英语的。无论哪种方式,卡丽娜在撰稿时都是使用意大利语进行工作和思考的。在某些情况下,这带来了一些特定的翻译问题,因为某些词汇并不能很好地在不同语言中进行变换。但是,语言和文化又是密不可分的,不同的文化有不同的思维方式和对世界的认知。读者们可能需要做好在某些地方会觉得陌生和不好理解的准备,并且不要总是试图去将它等同于某些我们熟悉的东西。①

　　《对话瑞吉欧·艾米利亚》是本书的书名,对话是一种关系也是价值观,就像"阿德涅的线"(Ariadne's thread)那样,贯穿于本书后面的章节,也贯穿于瑞吉欧市立学校的教学实践。我们希望本书能为更广泛和深入地与瑞吉欧进行对话带来启示。这种对话为向新社会、文化和政治环境转变打开大门,让我们能找到关于童年和亲子关系、教育和学校、家庭和社区的各种可能性——而且,正如卡丽娜所说,这既是风险也是可能。

---

① 对于中译本的读者也如此。中译者注。

卡丽娜·里纳尔迪

著述、演讲、访谈录

1984 年—2004 年

第 1 章

在孩子身边

教师的知识

（1984 年）

　　这篇讲稿是为 1984 年在威尼斯召开的国家婴幼园集团（Gruppo Nazionale Nidi）全国会议所写。为了使读者更好地理解这次和后面收录的那次演讲的原因，尤其是两次演讲中与关系、沟通和参与等主题有关的内容，先介绍一下当时的背景资料是非常必要的。

　　那一年，是国家 1044 法案通过的第十二个年头，这个法案旨在推进在全意大利为 3 个月到 3 岁的儿童建设婴幼园并投入资金。依据这个法案，在最初的五年里，全国需要建设 2500 个婴幼园。但是，截止到 1984 年，仅仅建造了几百个婴幼园，而且大部分建在了意大利中部和北部地区。

　　也就是说，这个法案并没有得到很好的执行，国家政府为执行这个法案制造了越来越多的障碍,特别是经济上的。仅有一些市政府继续在用它们的地方资源投资建设婴幼园,以弥补国家投入的不足。在它们的政治取向引导下,这些市政府认识到婴幼园的重要性:那个时期,这些市政府由左派政党执政,大部分位于艾米利亚·罗马涅、托斯卡尼、伦巴第、拉齐奥和威尼托地区。它们的任务是,既要拓展婴幼园服务网络(发展地区福利),又要为了儿童、家庭和老师的权益而保证这个婴幼园服务网络的品质。为了支持对高品质的追求和协调在婴幼园老师工作中日益凸显的由政治因素造成的挣扎,国家婴幼园集团(现更名为国家婴幼园和幼儿园集团)在瑞吉欧·艾米利亚成立了。

当时,国家婴幼园集团的一大目的,是扩充婴幼园以及巩固一个在当时具有文化创新性的观点:儿童有进入高品质学校学习的权利。在劳瑞兹·马拉古奇(教育家,也是瑞吉欧·艾米利亚市立学校教学方法和经验的创始人)的倡议下,国家婴幼园集团促进了(并一直在努力不懈地促进)全国会议的召开,并举办地方研讨会,以支持教师的专业发展。这些会议也是在幼儿服务机构工作的人们进行经验交流、分享反思以及建构文化和政治意识的机会。

这是1984年国家婴幼园集团全国会议的背景。这次会议是和威尼斯公社合办的。对于为什么选择这样的演讲主题,我和劳瑞兹·马拉古奇以及主办者的想法一致。那就是,对"参与"和"组织"这两个主题展开讨论在当时是非常迫切的,也非常有必要,因为在当时(现在还是)的很多地方,人们很难理解家庭(对幼儿教育)的参与并不是一个[可有可无的]选择,而是婴幼园一个特性,是儿童的权利也是家长的权利。

保护和扩充婴幼园取决于家庭的理解、团结和支持,这些需要靠家长们将各自的育儿经验带到婴幼园来实现,而不是让他们到婴幼园来接受如何做家长教育。这样,家长们可以视婴幼园为一个能体现他们价值的地方,他们也能赋予童年价值,这些价值可以作为社会和文化的遗产。

在社区中打造教育事业

1044法案通过12年了,这也是国家婴幼园集团第五次全国会议了。

在这些会议上(以及其他一些地方和场合),我们经常会讨论在婴幼园中家长的重要性和他们的作用。我会首先回顾一下我们的一些成绩,至少是在理论上的成绩,并将它们整合在一起。在第二部分,我会将眼光放远,试图更全面地理解和更准确地解释我们的思想和行动,这样我们可以发现未来需要发展的领域并为之不懈努力,从而得到集体推动力并实现新目标;尽管我们也需要认识到,新的观念,特别是当它们提出的是新的文化和政治观点时,比如家庭参与教育机构管理这个新生事物,在我们国家推广时总是需要很长的时间。

以下是一些我认为值得记住的成就(一些"历史性的"、集体的、回忆的,以此来提高我们反思的水平):

1. 在这个世纪,家长—儿童间关系的品质第一次被作为理论命题(尽管在实践中被篡改)和一个公众话题及问题提出,即它的社会和文化属性。具体来说,这是一个公共教育机构(即婴幼园)第一次在规划其教育事业时寻求家长们主动、直接和显性的参与。[在编辑本书时,卡丽娜·里纳尔迪补充写道:通常我们期待家长将责任交给老师,家长们很少讨论那些已做的决定,因为他们害怕会因质疑老师的决定而让他们的孩子受到影响。对我们来说,我们需要尽一切努力来避免这种情况。]

2. 尽管针对 1044 法案的一些局限性和模棱两可的地方有诸多指责,尽管这些地方也急需改进,该法案还是迈出了即使是在今日也可以说是非常先进的一步,至少就参与和社会管理而言。说它先进,是因为它支持一个为健康儿童(不仅仅是为残疾孩子或病童)服务的公共机构,也是因为它让市政府成为了社会教育机构的主要管理者。但最重要的是,它强调婴幼园的中心不仅在于老师和儿童的关系,还在于家庭环境和婴幼园环境间的相互影响。这不是通过虚幻简化的教育连续性理论来做到的,而是突出了关系的对话性和持久辩证品质来实现的。[在编辑本书时,卡丽娜·里纳尔迪补充写道:在这里,我强调,婴幼园不是把儿童和老师间的关系作为核心,而是把儿童、老师和家长间的关系放在中心位置。婴幼园的意义在于这些主体间的相互影响,在于促进这些关系。婴幼园是一个关系丰富和交流通畅的地方,一个建构一种教学方法和文化的地方。]

3. 因此,婴幼园是一个和广泛的社会体系结合在一起的沟通系统:一个沟通的、社会化、个性化的系统[在编辑本书时,卡丽娜·里纳尔迪补充写道:我的意思是要重视每个人——儿童和成人的主体性],一个相互影响的系统。这个系统中的三个主要的有利害关系的主体受到教育过程的影响,即儿童、老师和家庭。这三个主体是不可分割、相互融合的;为了完成它的主要任务,婴幼园需要关注并让员工、家长和儿童幸福。正因为这个关系体系是这样结合在一起的,所以三个主角各自的健康幸福或不幸不仅相互关联,又和其他两个相互依存。

4. 主体的健康幸福和以下要素的数量和质量密切相关:(a)各类人士之间的沟通,(b)各类人士对于他们共同的需要和兴趣的认知和认识,(c)在持久的关系体系中产生的会面和聚会的机会。

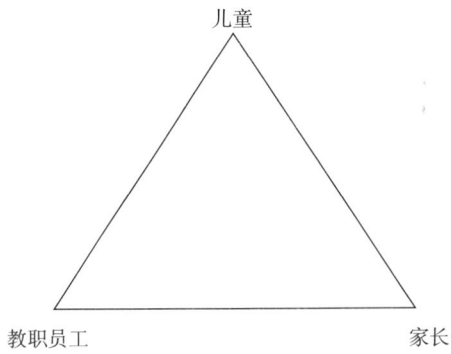

5. 婴幼园的特性与这个关系—沟通体系紧密连接,在这个体系中,家长的参与(社会活动和管理)被视为教育经验里不可缺少的组成部分。

6. 正如我们常说的,如果要让这些想法超越纯概念化和抽象的定义,就需要在组织、运作、方法和政治层面上保有坚定的、将它们付诸实践的信念——这取决于不断的评估和调整。其他事物就会由此自然而然地发展,如,婴幼园的建筑风格(空间和家具),沟通的方式和时间,教职员工的工作时间,权利共享和教育自由的定义,以及专业发展的意义和内容。在同各个家庭的交流和对话中,与"参与"和"婴幼园"有关的各种新概念随即产生。[在编辑本书时,卡丽娜·里纳尔迪补充写道:参与型的婴幼园是一个学习倾听的地方,一个让每一个人(儿童和成人)展现自己才能并被人欣赏的地方,一个相对于预设式教学,更喜欢进行持续性的项目设计式教学的地方(详细介绍参见专用词语注释),一个认为民主不是基于看谁得到大多数人的支持,而是在于寻求许可、共识和多方一致意见的地方。]

7. 最后,大家似乎已经接受这样一个观点,那就是在组织、设想和建设"关系—沟通"的体系的过程时,特别是建设"教职员工—家长—社区"的关系时,需要有灵活性、技巧和决心,就像我们在建立和儿童间的关系、与他们进行沟通和互动时所做的那样。

经过这些年的发展、讨论、比较和丰富,这些理论上的假设成了很多人的信仰,却只是少数人的实际行动。这不仅是因为这些主张在概念和文化层面的复杂性(因为他们分解和颠覆了那些已经被广泛接受的信仰和态度);也因为一系列带有政治的、经济的、文化的和社会特性的事件和现象妨碍了它们的可行性,并且质疑它们的有效性。

我想说说其中一部分凸显本世纪特点的事件和现象:

- 这个历史时期的一大特点是,我们的生活是变化的、运动的和不断形成的。在意大利,这导致了大规模和意义深远的经济、技术—社会—机构—伦理特性和政治的变化。反之,这也制造了许多、有时候甚至是戏剧性的问题,对这些问题的管理让政治势力的注意力远离了教育问题,尤其是学校(在那里改革从来没有完成过)。总体说来,意大利的学校在应对变化和新的需求方面严重落后于其他国家,它们正在经历一个寻找新角色和新特性的痛苦历程。
- 福利国家政策在很多场合遭到了言语和行为(经济)层面的大量抨击,总体上,权力下放和参与的政策,受到了批判。其中一部分是有事实依据的,部分是偏见性的批判。这导致了对权利核心地位的肯定以及对以任何形式进行权力下放的反对。在实践中,这严重削弱了经济、文化、社会和政治层面的各种服务。
- 诸多的机构谈论参与,但它们并没有让人们真正承担责任,让参与成为可能。它们正处在一个危机时期。有时,它们会太过于强调参与,而没有有效关注参与的内容和过程;参与的主体不仅没有经过全面分析,还常常在寻求共识和权利集中之间做出重大牺牲。

婴幼园(和幼儿园)——当然不是所有的——可能是一个罕见的例外,它们试图在实践中把参与理论作为一种打造、促进和组织教育项目的方法来运用。

不应该忘记的是,参与(不仅就教职员工—家长间的关系而言,还指一个更广义的能创造真正关系的网络,包括教职员工—家长,家长—家长,教职员工—儿童以及家长—儿童的关系,当然还有儿童—教职员工—家长—社区机构—当地政府的关系等)不是一个独立的变量或是一个不知道能否被采纳的选项。正如我们在开头所说,它是对重要价值观的表达,它实质上从属于婴幼园这一概念,它和这些处于特定年龄的儿童有着内在的联系,它决定和确立婴幼园(也不仅仅是婴幼园)的教育理念。这就是为什么婴幼园不能只抱怨越来越少人参与,它也无法承受放弃参与的代价,特别是和家庭、家长、社区的对话:因为放弃和轻视将使它的存在和生存受到损害。

因而,我们不仅要大力重申我前面所提到的一些成就,并在文化和政治层面确认它们的正当性和有效性,还要不断前进。通过分析事实、方法和行动,去做一些我们以前从来没有做过的事情。同时我们也清楚地认识到,现今所有的事情都比以前更为复杂——可能只是不同——也需要更多的智慧和全新的阐释体系,保护和实践参与(我们会在后面的论述中解释这一概念)也就是保护婴幼园自身的生存。它意味着重新评估和重新确立婴幼园在社会里的角色和意义。这个社会至少在表面上似乎已经不再对婴幼园感兴趣。它也意味着要让政治家们、管理者和社团、工会和公民关注婴幼园。

对于我们身边的事实、事件和环境,我们需要一个更好的解读。我们必须分析和理解婴幼园的新主体(家长,教职员工,儿童),这些主体还和以前一样,但事实上,在每一个不同情况下他们又总是不尽相同的。我们需要避免那些包揽一切的概括性的声明、口号、词汇(如"家庭的需要""培养关系""沟通"等),而是努力将这些声明、口号、词汇结合在一起,并掌握它们多层面的意义。这就意味着要去理解新的(和旧的)需求以构建新的答案,当然还需要充分认识到世上并不存在什么终极答案。

想要做到这些需要付出巨大的努力,但这又是必须去尝试的。我的努力是从我的自我反思开始的,也仰仗我的那些在瑞吉欧·艾米利亚从事这项持久探究工作的同事们的支持。就这样,连同你们的贡献,在这次会议结束时,我们希望不仅能收获更多的知识、思考和问题,还有思考和运用的策略。重要的是,我们不但需要理解这些主体,还要理解他们的行为、他们之间的连接点、他们互动的方式、他们身处的环境、让他们在一起或分离的动机和他们的不断的变化和转型。

家庭和社会环境

如果要运用我们应有的思维方式来更好地理解那些体现现代家庭特点的新现象的话,我们需要从家庭所生活的环境(场景)开始考量,即社会,然后再去研究那些似乎可供我们反思的有趣"指标"。

我们的社会通常被称为"支离破碎的社会",因为它在向完全不同和多重维度的情境和机制转变。如此多元的情境和机制也让人想起了另一个词"模糊的社会",在这样的社会里发现重要的差异是不可能的:例如,在就业(每年都有数百万人进入和离开就业市场)、集团和社会阶层的结构(正在日益分化)、消费模式(我们听说过消费者崇拜)、时间的使用(重获夜间时间)及闲暇时间和管理权等方面。

另一个可以帮助我们定义这个时代的词语是"分割的社会",即主体间由于他们各自不同的经验而日益分化,这些经验界定和刻画了主体的特性。这让分类和归纳越来越难,每一次的"交流"(无论是否基于沟通)都不是一件简单的事情。我们花费越来越多的时间来"仲裁"和处理有关交流的事宜,特别是口头交流。在这个号称是沟通的时代,人和人之间的沟通却似乎变得越来越困难。

不可避免的后果就是,在社会环境中,在选择信息、选择服务、计划和使用闲暇时间这些方面,人们向往自主和个性化的个人经验。于是,市场(特别是被这种欲望占有并无限放大了这种欲望的私有化市场)提供了大量的机会使人们能够做出最好的选择。公共服务(包括婴幼园)也不例外;它们必须尽力避免做出标准化的反应以至不够关注特别需要和个人偏好的。

家庭表现出了非凡的承受和适应社会巨变的能力,并能通过灵活调整家庭结构来应对。然而，用任何形式来对家庭进行归纳都是不可能的，因为现今比以往任何时候都更需要我们去谈论各种家庭，而不是一种家庭，这是因为家庭结构的日益复杂化。以下是一些需要考量的因素以帮助我们理解复杂的家庭结构：

- 家庭的多元化：日益增多的一个人（年轻人或老人）的家庭；"后核心家庭"，即家庭由一个家长和孩子组成（在分居和离婚之后）；成年孩子与中年家长生活在一起的家庭（特别是因为住房困难）；
- 新型贫困：尤其是在意大利的大城市里和其他一些地区，因为贫困原因（移民、失业等）和需求不同，它会让这些家庭成员表现出深层的心理问题和不安，这些状况会被一些人用一些先入为主的观念（如"未婚妈妈"等）很浅薄地来解读；
- 祖父母：要解读他们在经济和现代家庭与社会管理中的角色，我们需要抛弃一些传统老套的观念，比如视祖父母为"可爱的小老太太和颤颤巍巍的小老头"。还要认清一些现实，特别是在意大利中、北部和一些城市里。许多祖父母还年轻，他们大部分还在工作，或是在退休后偶尔出去工作，或者去旅行和参加很多活动。在宠爱他们的孙儿们的同时，他们又保持经济上的独立，在可能的情况下，还有生活上的独立；尽管他们愿意帮助他们的孩子，他们也还有自己的兴趣和他们想要追求的事物。

还有许多其他与家庭相关的现象和差异，这要看我们是否谈论这些现象和差异。例如，一对年轻夫妻或者一段持续了很长时间的婚姻；北部、中部或南部，小镇、农村或大城市。

不过，把我们的视线真正聚焦在家庭身上，而不是进行简单化归纳的话，我们或多或少可以描绘出参加婴幼园家庭的典型形象（依据官方统计数据），尤其是在意大利中、北部的家庭：

- 高水平的家长教育；
- 家长不再是很年轻的，通常都有一个具有专业性质的工作，都能在高度合作和融合的基础上参与家庭生活，当然他们也是有差异的；
- 在成为父母之前，他们有段巩固夫妻关系的时间；

- 第一个孩子的到来通常都是"计划内"的,而且越来越多的家庭成了独生子女家庭。[英译本编者按:在很长一段时间里,意大利是欧洲生育率最低的国家之一,当然在世界上也是较低的。2000年,它的生育率在15个欧盟国家中排名倒数第二(Eurostat,2003)。]

第一个孩子的到来和为人父母给家庭带来了很多变化,这个新的家庭成员不仅改变了现有沟通模式和生活方式——把大家的注意力吸引到他/她身上,造成了家庭中的"三角关系"(如果我们可以使用这个词语的话)——而且迫使家长改变(或者说牺牲)他们从前的生活和关系。这个新生儿强行地并从根本上改变了家庭体制和家庭成员们。这绝不是件容易的事,并不是所有人都能成功应对的。

通常,当一对夫妻正在经历危机时(正如我们常说的),孩子的到来会让情况变得更糟,而不会改善夫妻关系。在孩子出生后的几年里,我们常常会听到家长们提到那种强烈的孤独感和想要与其他人沟通的愿望:正因为孤独,所以需要互动式的沟通,需要了解如何对待这个他们还"不太认识"的孩子,至少在刚开始的时候,对于那些想要给孩子最好的,但又害怕没有能力很好照顾孩子的家长们来说是这样的。孤独感和不安全感不仅在年轻夫妻中蔓延,在许多父母特别是母亲们中间也普遍存在。

我们将简单讨论一下现在同时成为妈妈和职业女性是否容易这个话题,同时,还要看看如何让这些已经取得的成就不被浪费或烟消云散,因为,撇开其他因素,严峻的经济形势正在迫使妇女们回归家庭。这是一个需要我们加强关注的文化和政治问题,因为婴幼园为这种深受妇女喜欢的新形象和高品质的生活做出了巨大的贡献,如果这个缓慢但是不可避免的转型过程不能更加放慢速度的话,或者更严重地说,被中断的话,这些已有的进步可能会面临重重危机。在这里,我们只需要记住,从历史和文化的角度看,工作给了妇女们前所未有的权利,允许她们以一种全新的方式体验母亲这一角色以及她们与自己配偶的关系。她们更多地体验到了自我实现和成就感,并能够和其他家庭成员之间保持一种平等的关系。

同时,妇女们还必须应对大量的、常常是相互冲突的需求,以及很深的不安和内疚感。她们害怕工作会使她们的孩子被忽视,漂泊并面临严重的危险。和这些孩子一起工作的人们不能忽略这些基本的心理活动。婴幼园需要让这些职业女性们放心,并向她们保证婴幼园能在数量上和质量上满足她们孩子的需要,教职员工有点像她——但又不是很像,因为她可能会害怕自己对孩子的感情被替代了,这是一个有待解决的(很大的文化性的、行为学的、和心理学的)课题。

分析和解读有小孩子的家庭这一现象是一个庞大而有趣的活动。不过,我们只是简单的邀请包括教职员工、管理者和政治家们在内的每个人去深入分析这一现象,给他们工具自己去收集数据和经验,并开始理解在今日成为父母到底意味着什么。更准确地说,做父亲或者做母亲、做养育有一个小孩子又有工作的父亲或母亲到底意味着什么;在一个被我们定义为破碎的社会、以需要自我认证(即每个人保证各自的真实性)和争取最大成就的权利为特征的社会中,成为父亲、母亲、男人和女人意味着什么。

我们还需要全面理解他们,认识到他们既是独立的人,也是某某的父亲或某某的母亲。在今日做父母意味着,除了高度的情感投入外,还承担着一大堆责任,这些责任与他们对教育的一般认识相关。这要求一个真正的社会化的环境、公民的共同责任和社会的团结。家长们最不需要的是被评判,特别是预评判(pre-judgements)①。[英文译者注:一个文字游戏,因为在意大利语中,预评判(pre-judgements)其实是偏见(prejudice)的意思。]

在我看来,并没有什么好父母或坏父母之分,只有不一样的做父母的方式,尽管我们并不一定能理解或解读他们。一个家长每天都会问孩子在婴幼园做了什么,和谁一起玩了,但这并不说明他就比一个两年来只关心孩子吃了什么或拉了没有的家长强。这只能说,我们和第一个家长的关系要比和第二个家长的关系更近一些,仅此而已。我们的评价并不能超越这个结论,因为我们没有合适的评价工具。另一方面,我们必须记住,成为出色的或者是可怕的家长都是有可能的,更准确地说,一个刚刚"及格"的一两岁孩子的家长,有可能在这个孩子青春期的时候成为出色的家长(例如,因为这个家长所经历的某些事件而带来的个人变化,如他/她的工作或者他/她

---

① 在中文中比较贴切的说法就是对人抱以"先入为主"的偏见。中译者注。

与配偶的关系)。为人父母不是一个既定的存在状态,而是一个演变的过程。应该说,对于教育者来说也是如此。

因此,我们需要避免在与家长的沟通中有刻板印象和浅薄的直接评判,这会让我们冒着破坏和家长之间良好关系的危险,继而影响我们和孩子间的关系。那些挥之不去的预评判事实上更加危险,因为在它的影响下,我们与家长间沟通的质量和我们对家长的看法,有时候会以一种"不好的"方式投射到孩子身上。我们要避免根据我们对家长的期待和我们所希望的家长的样子来"衡量家长品质",这些期待通常反映出了我们希望自己成为一个什么样的父母,或者我们希望自己的父母在和我们相处时是什么样子。

我们在前面提到,平均说来,今日的父母比过去的父母具有更广泛的文化水平。一方面,这可能让他们更敏锐地意识到和了解到教育孩子所需要的技巧,但另一方面,它也让家长更清楚地认识到自己在"和孩子相处"时的不足之处。这给了家长对话的"倾向"以及进行沟通和不同的人交换看法的"需要"。此外,影响我们生存状态的社会和人类的分裂与瓦解程度导致了另一种需要的产生,确切来说是对一种新乐趣的追求,那就是人们想要聚在一起,相处在一起,这不仅仅是为了孩子。

总的来说,所谓的特定意义上的家长是不存在的。家长,更确切地说,身为家长的人们,对孩子的教育很敏感且关注孩子,尽管有时候这些并没有被表达出来或者可能是因为我们没有发现。我们需要学习去发现家长的显性和隐性的需求,并用全新且有效的答案来回应他们。

教 职 员 工

此刻,在我们讨论教师和家长关系的时候,我们不可避免地要谈到老师,即使只是很简短地谈谈那些赋予今日教师特点的新的(和旧的)现象。

教育者,绝大多数是女性,很多自己也身为家长,也会经历我们前面提到的那些问题,她们年龄不同,尽管大多数还很年轻,她们持有多种类型的学历。在教师队伍中,大学生的数量越来越多,她们最终可能会成为"心存不满的"毕业生中的一员。这种情况的出现,通常是因为教师们缺乏在中学就职的机会,这让她们的挫败感越来越强烈,迫使她们在婴幼园等机构找工作(有时甚至是作为辅助工作人员)。这一切,让婴幼园的教育者们体验到了最为综合、复杂而又有趣的职业生涯,同时又在不同层面上承载了一些模棱两可的东西,包括:

- 政治—管理上的模棱两可:婴幼园是一个以满足个别需要为前提的服务机构,就这一特点而言,它和屠宰场以及殡葬服务相似;[在编辑本书时,卡丽娜·里纳尔迪写道:在意大利,定性为"满足个别需要"的服务机构是为了那些需要它服务的人而设立的,这和为满足整个社会的需要而存在的社会服务机构是不同的。因此,使用它服务的人们承担费用,所需的费用可能会比较高,这也就阻碍了人们去使用这些服务。如果这样定义婴幼园的话,多年努力所取得的成就和社会进步将受到损害。]关于婴幼园教职员工的专业素养问题,认为她们不需要很高的教育水平;一个不允许有代课老师的体制,这体制暗示着员工的缺席并未被认为是一个很严重的问题;员工有可能有也可能没有(在职)专业发展的课程,可能会也可能不会参加管理委员会;对那些常常被政治家、管理者、工会放在一边的教职员工来说,以上各种情况对在她们所从事的、需要紧密团结和大量资源的复杂工作中界定她们的专业能力、她们的专业类型和职业道德是于事无补的。

- 社会—文化上的模棱两可:尽管婴幼园在过去承受了屈辱和磨难,它们在意大利的社会文化生活中所扮演的角色仍给我们带来一种非常积极的整体上的平衡,这要感谢它们在社会风俗、文化、社会服务和研究方面给人留下的印象。不过,婴幼园的教职员工常常无法看到和体会到她们在社会文化方面所做的贡献,因为她们大多数时候是在孤立的和单独的情况下工作,没有评估自己工作质量的有效手段,并且不能通过研究在那些呈现重要差距的领域里给她们提供指引,也没有人鼓励她们自己进行研究。能证明她们工作成就的事例通常不太明显,只能在孩子的进步中,从她们的感情中,和/或从家长的言谈中找到。但是,教师们并不能总是发现这些信号和证据,因此她们可能不会意识到自己的成就,以及家长对她们工作的感激。婴幼园的实际工作很少与更广泛的社区以及那些不参加婴幼园的家庭有联系,可是这些不参加婴幼园的家庭有着与参加婴幼园的家庭相似的需求。婴幼园的益处——它的文化发展——常常只有一部分人群享受到。

- 心理—专业上的模棱两可：母性的和以家为基石的工作之间的重叠有时候会让婴幼园面临它与家之间的界限不太清晰这一风险，它们的专业性会受到消极的影响。此外，一些教师（因为她们很年轻）的工作在婴幼园里没有空间或没有得到回应。婴幼园的教师于是会感到她们的职业水准受到双重阻碍：

——关于孩子的，由于教师们所接受的教育告诉她们，口头语言是唯一可以用来和孩子沟通的语言，可是孩子们正相反，他们拥有大量非口语的沟通表达方式；

——关于家长的，家长是教师工作的重要内容，可是越来越明显的是，教师们缺少最基本的与家长相关的专业培训，与同事，尤其是家长和其他合作者之间对话和相互沟通的水平低下。

因此，我们需要重申，教职员工的技能和知识应被视为一个过程，而不是一个事实。知识和技能是在同儿童、同事和家长共同工作中逐渐丰富和积聚的；在参与过程中，教职员工越来越能胜任她们的工作。事实上，我认为以下是一个基本的概念：教职员工不仅是一个"管理者"，还是参与管理的受益者。他/她不是以"懂教育的人"的身份去指导"不懂的人们"（家长们），而是作为建议者，让他/她能与做教育者和做人相关的技能在一定体系里循环，并与家长们的知识进行比较。因而，婴幼园的知识不是教师的知识，也不是家长或儿童的知识：它是通过不同知识的互相渗透而产生的，它是共享的，也要和婴幼园外更广泛的文化进行比较。

教育者—家长（或教育者们—家长们）的关系是一个非常动态的关系，它必须根据每一次具体情况和参与其中的人的情况进行区别和调适，这是因为每个人的需求和可能性都不尽相同。于是，教育者—家长的关系必定是多样化的，这取决于家庭情况、社会—文化环境，以及一个孩子和他/她的家庭在婴幼园的时间长短。孩子刚入园的家长所表现出来的参与婴幼园活动的形式与孩子已经入园几个月的家长是不同的。我们和很少来婴幼园的家长们谈话时的结构和流程，与那些每天早上都送孩子来婴幼园、经常与之交谈的家长们是不一样的。

但是，这些认识还不够，我们还需要有以下的认识：

1. 我们需要更多、更好地反思我们与他人的沟通，理解我们从与别人的交谈中，无论是与家长还是与孩子交谈中收集到的信息，而这些信息并不一定是我们有意识收集到的，尽可能地掌控我们的手势和姿态、笑容和脸色表达的信息；

2. 因此，理解我们与家庭之间的沟通需要新内容、新工具和新手段：

a. 新内容，即不要过多地专注于用一般的眼光来认识某个孩子，而要关注他/她的进步、过程和解决问题的方法。通过不断发现孩子的特别才能，新内容不仅会让我们满意，也会让我们感到不安、惊喜和讶异。它不应该排除任何内容，也不应该局限于家长们想听的内容。不管是个别或集体的会议，会议结束时，这些信息应该帮助我们更好地理解儿童和发现问题而不是做出肤浅的定论，这些信息应该帮助我们关注过程而不是结果。这些信息来自于那些不仅在教育儿童同时也在被儿童"教育"的成人们的共同解读。这些内容应该帮我们解读儿童为我们的教育事业做出的(能做的，如果我们倾听他/她的声音)重要贡献；

b. 新工具。很明显，我们前面谈到的内容和遭遇需要不同的语言和工具。在那些使用影像和痕迹(照片、幻灯片、胶片，如果可能的话还有录像)有效的地方，它们就应该被充分使用(和儿童的作品、标记一起)，甚至可以取代口头语言。这些影像和痕迹不仅应该在会议上使用，还应该每天都在婴幼园的墙面上进行展示——这不仅仅是为了让家长们看到，更是为了让孩子们在看到和认出自己的影像和痕迹时感到喜悦，成人展示这些影像和痕迹，也就表示他们认可了孩子们的价值。还有其他的一些工具，包括座谈小组，用以收集一些普通的和特别的信息[在编辑本书时，卡丽娜·里纳尔迪写道：我指的是和孩子一起在墙面上展示有关学习的项目和其他作品]，或者是一些填写必要信息的标准化表格(孩子吃了没有，喝了没有，等等)，这能让家长把沟通的注意力转移到其他主题上，如果他们有这些需要的话；

c. 新手段。想要开发新的见面的方式，用不同的方式来代表家长、教职员工和孩子的声音，我们就需要打破旧模式。应该有"一系列"的机会让会面、相互联系和对话不仅是一种必要,更是愉悦的和内涵丰富的。传统观念里那种在预定的时间召开教职员工讲话别人听的班级会议,不再是婴幼园建议家长和员工采用的方式。正如我们在前面提到好多次,家长和员工都是被多媒体信息引导的,并且存在差异。我们不能用与文化大环境相脱节的方式和家长沟通。

作为教职员工,我们尤其应该认识到,我们与家庭的关系可以给我们的专业发展和信心带来巨大优势,这样的交流是一种克服孤独感、挫折感和迷失感的方式,而这些感觉往往令我们的工作变得困难重重。

在我们看来,这样的参与,这样的家长和教育者在婴幼园相处的经验,很显著地改变了婴幼园的"形象"和在婴幼园里的"存在方式"。所有的事务都随之改变:空间的构建,家具的构想,特别是知识的建构、反思以及通过广泛的互动式沟通而描绘的形象,这些都能够丰富我们与孩子相处以及一起工作的方式。除了接收到更多和更丰富的刺激,这样的参与尤其改变了孩子在婴幼园的存在形式,安全感,愉悦和健康。参与(同家庭共同分享和承担建构及管理婴幼园的责任)对于孩子尤为重要,对婴幼园自身也是如此,因为几乎是出于生理的需求,儿童需要在一个充满沟通的网络中生活以和他人建立联系并从中受益。所有这些从根本上来看都是极其重要的。

不过,我们不能忘记,实施这样的教育项目会受到一定程度阻碍的:

1. 来自于教职员工:

——缺乏自信,有时来自于很低的自尊心,另一些时候来自于这样的教学实践对她们在专业程度上的要求。跟家长保持高度沟通可能会让老师封闭,减少交流,因为他们会认为这是对家庭生活的评判。与之相反,和家长低度的沟通,或者仅限于每日的常规性的对话,会让老师们放弃将对话转移到其他话题的意愿;

——感到困难的领域,有时预先就会拒绝那些会给(教职工)个人生活带来不方便却给儿童家庭带来方便的工作日程安排;

——管理行为,不能有效清晰地理解婴幼园教育者的身份,例如将她们和小学老师做比较,或者更多的是,和清洁工做比较,因为和孩子在一起的工作通常被人们认为是很容易的,也不需要付出很大的努力或准备——只需拥有常识和母性。

2. 来自于家长:

——"组织上的"困难。有些时候,当家长想要参加会议时,很难找到看护孩子的人,尤其是当两个家长都想参加的时候;

——政治—文化态度。在很多案例中,我们发现家长不太相信他们的参与有那么重要,这是因为他们受了以往经验或是他人看法的影响,但是,更具体来说是出于怀疑,认为这样做并不能带来任何的改变和不同;

——心理上的困难。分享和让大家知道个人历史的片段、个人问题和信仰并不是一件容易的事情,但是要想让这种关系有效,分享这些内容又是非常必要的。人们还是不太习惯与他人对话,有时候也会害怕别人的评判。

3. 来自于管理层和工会:

——未能或者不想理解理论概念(如权力下放和参与)其实需要实际行动,未能认识到只改变婴幼园的某一个部分或者某一个主题而不引起其他方面的变化是不可能的。婴幼园是不可分割的;每一次行动,不管是不是发生,都会对整个婴幼园以及市政府的其他管理部门带来反响;

——拉大管理层和工会自身与婴幼园之间的距离,以及随之带来的问题,因为这些问题很复杂,需要大胆地进行定位和决策;

——对婴幼园曾经并且仍然代表的巨大机会认识不足,即形成政治文化的新方法,和重新发挥地方政府重要作用方面的巨大机会。

我们需要克服这些和其他一些因为不同原因而造成的阻碍,最大限度地用连贯的、及时的方式来克服它们。我们需要管理者、工会和教职员工做一些关于组织和计划以及参与和管理内容的基本决定,包括:

- 最大可能地保持教育者的稳定性;
- 在孩子在婴幼园的三年时间里保持教职员工、儿童群体和家长群体间关系的连续性;

- 在一整个学年中不介绍新成员,也不改变儿童群体;
- 认可和预留时间用于发展和家长的关系,以及专业培训;
- 会面的时间不仅要便于教师也要便于家长参加;
- 保证一部分记录、书写、复制和展示的工具被分配到婴幼园,另一部分被分配到行政管理办公室;
- 提供场地以供家校会面、收集材料、留存归档集体回忆和婴幼园历史。

真正的参与

条件具备的话,我们可以用一种新型的真实的方式和家长互动和沟通,比如:

- 在家长为孩子申请婴幼园入学时,与家长会面,讨论婴幼园选择的标准(如果申请入学人数很多的话);
- 在6月份与所有9月份将要入学的家庭会面,带他们参观婴幼园,通过最初的信息交流,认识老师和班级其他家长;
- 在孩子正式入园前,教师和家长,最好两个家长一起,在婴幼园或者在孩子家里进行细致又慎重的会谈;
- 在孩子正式入园前几天,与家长会谈,讨论和说明一些情况,告知家长他们需要了解的情况,让他们安心,并就孩子入学第一天时成人们的行为的策略和方法达成共识;
- 在孩子最初适应婴幼园生活的时候,家长留在婴幼园里陪伴。这需要所有人同意,共同管理,在考虑了各方(即孩子、他们的家庭和教职员工)的需要后针对不同家庭区别对待;
- 集体或班级会议,首要议题为集体情况、教学工作设想、展示教学方法(使用影像和小型展览)。会议将在事先共同商定的晚上举行,并且尽最大可能方便每个家庭参加;
- 一部分家长和教职员工参加的会议,讨论某个她们都感兴趣的主题(如爸爸在一个小婴儿生命中的角色),这些会议可以由各个教职员工或任意班级里的家长召集。在会上,大家会频繁地交换意见和倾听,每个人都会对所关注主题的分析和解决做出贡献。这种会议的一个变型

- 就是"深入的学习小组",包括用好几个晚上开会讨论;
- 单独的会谈,由家长或教职员工要求举行,讨论与孩子有关的家庭关注的具体主题,或提供大量的更密切的对话机会以讨论某个孩子个性的发展;
- 与"专家"之间的开放性会议,自我管理的会议和工作会议等等。[在编辑本书时,卡丽娜·里纳尔迪写道:"自我管理会议"是由家长决定主题并主持召开的会议,尽管老师也会被邀请。"工作会议"是在晚上开的会,在发现了一个特定的需要后,家长和老师(也可能是祖父母、叔叔、阿姨、朋友)一起为了一个项目而工作(常常是做一个家具或布置婴幼园的一个区域)。]
- "工作坊"可以帮助我们学习如何使用某些东西,例如:颜色、纸、木偶、影子和照相机。"厨房之夜"是另一个很典型的例子,由厨师、新入园的孩子和他们的家长准备婴幼园菜单上提供的美食。最后,当大家一起享受美食的时候,真是一个非常美妙的相互交流和沟通的时刻;
- 整个婴幼园一起参加的大派对,所有人都被邀请参加和主动参与,包括孩子、家长、教职员工、祖父母和朋友。整个社区也投入到了活动的计划和组织中。还有其他一些机会,包括小规模的派对,一种更亲密的、更个性化的活动,满足个别孩子和家长需求,每个人带一些饮料或美食并一起分享一个愉悦的下午时光;或者爷爷奶奶(外公外婆)的派对,让爷爷奶奶成为婴幼园的主人,在里面玩,孩子们可以帮助爷爷奶奶了解婴幼园的一草一木,到最后,即便是最不放心的爷爷奶奶们的疑虑也都会烟消云散;
- 一日游或者郊游(孩子、家长和教职员工一起在海边或山上度过几天美好的时光,住在当地政府提供的宾馆或招待所),参观孩子的家,以及家长们在婴幼园度过的那些日子(事先商量好的)。

总的说来,婴幼园要创造一系列真正多姿多彩的机会和一个"关系的网络"供婴幼园的使用者、成人和孩子们参与。

就组织工作而言,我还是要重申组织和计划对于参与的重要性。精确地说,这是以家长为主要成员的管理委员会的目标。这些管理委员会促进并组织各个家庭来参与,在积极参与互动的人们之间建立有质有量又有意义的人际关系。作为一个沟通的系统,管理委员会的首要议题不应该只是关于学费和入园,而是有关婴幼园的整体运作。为了能承担这个重任,管理委员会需要能用一种便于和婴幼园各个部门以及当地社区交流的方式来组织和划分职责。于是,它会分成一些工作小组或委员会(教学委员会、环境委员会、派对委员会,等等),它们或是永久的,或是临时的以应对特定需求,它们由一个四至五名成员(员工和家长)组成的秘书小组来管理。[在编辑本书时,卡丽娜·里纳尔迪写道:管理委员会由家长、老师和市民组成,每三年进行一次公开选举,由其他家长、老师和市民选出。管理委员会的职责就是促进其他家庭参与,协助老师做决定和运作有关项目,发展和当地其他领域以及同一城市里其他婴幼园、幼儿园的关系。]

这些机构和运作流程需要得到许多的尊重和支持,以及进行研究需要的工具,例如研究使用者的档案,他们是如何一年一年变化的,每个家庭的需要、担心和希望,以及他们参与的意愿。这样才可能去发现婴幼园、孩子和教职员工的需要,主要的追求目标,用以保证所做的决定能及时有效地转化成具体行动的方法、工具、时间表和人员,以让所有关心婴幼园的人都能得到最大程度的乐趣和利益。

这样的话,婴幼园不用花费更多的钱就能充分发挥它的潜力。它也可以与孩子不在婴幼园就学的家庭进行对话。这些家庭和孩子,因为种种原因没有选择婴幼园的所有服务,但还是可以从婴幼园其他活动中受益,如节日、工作会议、与专家会谈以及其他为了增进家庭参与度的活动。

因此,婴幼园可以真正成为一个为了所有家庭和所有公民而存在的强有力的文化主角。在一些场合,它可以向一些不使用它服务的人们开放,和当地其他机构、协会和集团互动,并逐渐融入街坊四邻中。它不仅能为婴幼园的教育事业和文化进步做出贡献,更能为整个童年时代做出贡献。

我们需要共同面对的最大的敌人是分离和孤立;需要实现的最大价值是信息和沟通。正如我们在很多场合都说过的那样,这是一种内容丰富的、逐渐形成的、具有包容特性的沟通,因此,没有人会被排斥在外,大家共同寻找新的解决问题的方法。这是一种充分尊重差异的沟通,这种沟通也反过来促进了沟通的质量和数量。这是一种被所有主动参与者追求和喜欢的沟通和关系(孩子—教育者—家长—公民),但是它的首要的、最重要的受益者始终是孩子,他们将会在这样的对话氛围中获得最大的收益。

第 2 章
参与即沟通
（1984 年）

我认为我们在谈论婴幼园、家庭、社会服务等词汇时，必须将它们"历史化"，也就是说，必须结合时代背景和地域环境来谈论它们。人们口中的"婴幼园"和"家庭"在十年前和今日是截然不同的，意大利中部、北部或南部的婴幼园和家庭也存在差异。家庭和婴幼园在变化的过程中既是主体也是受体。它们的变化与大环境中经济、文化和政治的变化趋势是同步的。

当我们试图阐释一些事件并理解它们的缘由时，我们不但要进行长期的研究，还需要进行跨领域的研究，以找出真相和事件间的关系，即便是那些看似最不可能相互关联的真相和事件。如果是为了理解某个特定事件并根据我们对此事件的理解来改变（教学）方法，就把事件从所处的关系—链接网络中"隔离"出来的话，我们就会犯非常严重的错误，因为事件和关系—链接网络是相互影响的。如果我们孤立地看某一事件的话，我们将改变这一事件的本质。也就是说，我们不能脱离组织的空间、时间表、教学计划、教职员工工作时间、专业发展活动、持续的政治和文化辩论以及经济问题来谈论婴幼园和参与。这些不仅仅是针对工作方法提出的建议，这更是一种心态，是一种我们不太习惯的思维方式。这样说是因为我们大多数人都是某个教育体系的幸存者，而这种体系说好听的是忽视了人与人之间的关系和链接，说不好听的则是禁止了这种关系—链接的存在。在这样的教育体系中，学校内和学校外发生的事情是互不相关的，历史和地理课所学的东西亦是如此，以此类推。

我想我有必要澄清一些事情。我这样做，一方面是因为我想要回应那些将不明确的和肤浅的知识捆绑在一起，然后用普遍性的观点来评判意大利婴幼园的人。另一方面是因为我想将"社会管理"这一个概念作为促进婴幼园教职员工、婴幼园服务的家庭以及管理委员会之间的深刻关系和沟通来介绍。

在婴幼园，社会管理意味着组织、促进家庭和教职员工之间的关系。这是一个客观的起点，但是，这种关系还需要通过不断加强和越来越明确的沟通来巩固。于是，沟通就成了社会管理中最具价值的一环，它是社会管理的终点和手段，也是能让教职员工、儿童、家庭、管理委员会和整个机构无一例外地参与社会管理的策略和目标。如果想要更全面地理解我的这个观点以及它的现实意义的话，我们就需要分析沟通的主体，它们包括：

- 家庭。我们认为，用过于绝对的语言去定义一个主体是有风险的，现代家庭的特性似乎是由多个常见的因素决定的。有五岁以下儿童的家庭数量逐渐减少；男人和女人生育第一胎的平均年龄在增加，而且孩子们大多数是独生子女。家长的平均文化水平提高了，特别是妇女的文化水平，妇女成了近几年来很多社会和家庭变化的主角，尽管她们也常常要为逐渐凸显的一些矛盾付出代价。

  我们想要说，在很多家庭问题中，有一个尤为突出的问题，那就是许多有小孩子的家庭普遍会感受到孤独和孤立无援。孤独是当今社会最普遍的疾病之一，它的出现是因为孩子的出生迫使家长们放弃了他们以前的一些习惯和朋友。新手爸爸妈妈们不知道应该去哪里寻求帮助以满足小孩子的一些需要，至少是在刚开始的阶段，小孩子对于爸爸妈妈来说是"未知的"（祖父母通常不在爸爸妈妈身边，即便在，他们所知道的育儿知识也被视为是"过时"的，于是，在很多情况下，医生或者邻居就成了唯一可以给爸爸妈妈提出建议和提供支持的人了）。此外，孩子的出生有时候也会破坏夫妻关系。因此，家长们非常渴望和别人聚在一起，但是要用一种新的方式将他们聚在一起。

- 教职员工。婴幼园的教职员工大多数是妇女和母亲，大多来自于前文描述的家庭类型中的一个。在专业层面，在日常繁忙又辛苦的工作中遇到的各种问题加剧了今日的教师对自我职业身份认同的危机。相较于从前，现在的教师意识到，学校和大学通常不能为自己所做的工作提供足够的培训，真正的专业培训始于正规教育结束时。我认为，对教师来说，接受专业性的教育，以及拥有一份被别人了解和认可的、可以与人分享的、公开的和参与性的，因而是有意义的工作是非常必要的。

- 儿童。与其他主体相比，儿童所感到的不安全和不稳定是更能决定我们现状的因素。由于儿童年龄小，他们比任何人都更需要融入与他人的关系中以及充满支持和沟通的环境中，因而这也是他们得以生存的一个非常重要的因素。[在编辑本书时，卡丽娜里·纳尔迪写道：我的意思是，生理性的需要是第一重要的，但是婴幼园和家庭间的良好沟通也是非常重要的，因为沟通是唯一一种可以保证让儿童身处一个了解他们特性、需要和希望的环境中的方式。]这意味着，我们必须保证成人间的沟通，以及儿童和婴幼园里的成人、同伴、空间和家具间的沟通，这样做的目的是促进儿童个性和自信心的发展。

- 管理委员会，更广义地说是参与。从过去到现在，我们会经常提到参与过程中的危机。十年来，参与和社会管理在学校教育和其他领域的投入产出比明显不尽如人意。让人们感到不满，并对参与和社会管理的发展丧失信心的原因是多方面的和多样的。其中一个重要原因是有些人对于公共管理持久而强烈的攻击，那种阴暗的想法认为参与的过程会让系统变得缓慢和超负荷,同时,当人们发现民主团体被撇开了或者被一些没有资质的集团"幕后"操纵了的时候,人们就会对民主体制丧失信心。当婴幼园发生参与程度低这样的现象时,这些因素可以帮助我们理解为什么;但是这些还远远不够。

也许还有其他一些细微但又具有决定性的因素。例如,很多时候,婴幼园所采用的参与模式亦步亦趋地追随着幼儿园采用的参与模式,更糟的情况是去跟从政府法令里提出的模式。很多时候,管理委员会成员间内部的权利失衡扼杀了所有的发展可能性。我认为,发展和沟通几乎是婴幼园的生理特性,他们存在于婴幼园的所有活动中。不过,为了不让发展和沟通被埋没在千万条河流中,或者不让他们在萌芽之际夭折,我们必须想尽各种办法让他们鲜活生动起来,并运用多种工具让他们得以在各项议题中实现。

在我看来,婴幼园管理委员会强大而又重要的作用体现在促进、鼓励和增进所有婴幼园使用者的参与和沟通,这包括家长、儿童、教职员工、市民、管理人员和官员。这也就是为什么我们不能接受某些人观点的原因,他们在讨论婴幼园里的参与以及它的质量和重要性的时候,没有意识到他们所说的"婴幼园"是一个综合而又包容的实体。我们不能仅仅分析和批评参与的过程,而不去分析和批评婴幼园的整体情况。如果我们把这个基本原则作为我们工作的起点的话,家庭、儿童、教职员工和社会管理的价值、意义和角色就完全不同了。社会管理和参与就成了教育过程的一部分,他们是文化的内在特性,也是婴幼园的具体实践。

如果我们将管理——社会管理——视为渗透在教育过程中的一种现象,它就能渗透到学校的精神和本质中,而不再是为了符合一些规则或外在要求而存在的附加或过时的流程。这样的话,学校的整个管理方式就会发生实质性的变化。当社会管理渗透到婴幼园后,其他所有事情也会随之变化:

- 婴幼园建筑结构发生变化,如,重新组织和安排儿童及成人使用的空间、家具、沟通的方式、口头和书面信息,让它们发挥不一样的作用并拥有不一样的意义;
- 时间表发生变化,特别是教职员工和服务的时间表;

- 职业教育的意义发生变化,因为在专业发展课程中,参与这一概念必须被重新定义。

参与的各个方面、主题和组成部分与不参与的各个方面、主题和组成部分是相同的。在我们看来,"参与"这个词语有很深刻的含义,它可以回答和重新阐释一些问题,如教职员工的专业性、教育自由、职业教育、教育者的作用以及家庭和专业人员间不同权利和技能的分配。不过,我们认为"参与"最重要的功能就在于它重新定义了"能力"这个我们经常使用的词语。[在编辑本书时,卡丽娜·里纳尔迪写道:"教育自由"指的是教师能自由决定什么是适合在班里教的以及她所喜欢的教学方式。但是,很多时候,"教育自由"把孤立教师合法化了——使教师们没有机会与他人进行分享,也无法与朋友和同事亲密对话。"教育自由"和"职业教育"这两个概念往往会让人们认为在教学中持有某种基本的情绪("我喜欢孩子")就足够了,并且避免任何形式的专业发展。动机因素对于发展教师和儿童之间良好的关系显然是很重要的,但是,建构与儿童之间的良好关系必须贯穿在各种专业发展过程以及教师的整个职业生涯中。]

能力和默契

"能力"(competence)是一个经常出现的词语。人们普遍接受的有关"能力"的一个定义是与另一个词"职业化"(professionalism)联系在一起的。我们说"能力是职业化的基础",尽管,我们通常暗指的是在一劳永逸的学历教育中获得的一种稳定的才能。有些人声称,在有些婴幼园里"进行对话是很困难的",就是因为这些婴幼园变得太"有能力了",从而让人无法与之进行对话和理解家庭的需要。这就等于是在说,一个好的婴幼园会让家庭远离参与和对话。

我认为,产生这样一种严重的认识上的偏差的原因在于这些人对"能力"(competence)这一概念的理解,以及他们将"有能力"视为"参与"(participation)的对立面。"有能力"不是一种静止的状态或者是由外力赋予的。它是一种方法,一种愿意与人一起工作、相互交流和调整学习工具的态度;是开放的职业精神,认知的发展,以及对开展工作进行的设计和计划。最重要的是,"有能力"是一个开放的专业发展和个人发展的过程,是共同进步,也是人们互相合作和共同承担责任的意愿。

"参与",是一个逐步形成的沟通过程和状态,它要求我们对下列关键概念进行准确的定义:计划、组织、焦点和共识。这些概念对社会管理过程起着决定性作用。计划、组织、焦点和共识之间没有优先顺序,它们最理想的状态是通过它们之间自然和持久的互动来实现的。

我们需要对"共识"这个概念进行更详尽的说明。我们经常说,在很多委员会里会出现一个多数人和少数人的游戏,这个游戏的结果就是分裂,而这是很危险的。不过,管理委员会的工作以及婴幼园里的参与和民主并不是一个多数人和少数人的游戏;它必须让所有人在共同习得知识和技能的过程中共同成长。任何一种解决问题的办法都不能由大多数人来强加给所有人,所有的解决办法都应该是在能让所有人获益的分享和交流式的对话中产生的,它的终极目标就是实现共同发展和共同建构。

相应地,婴幼园教职员工——教师和辅助员工——的角色也需要转变,她们不应只是规划教育项目和进行社会管理,也应成为这些经验的受益者。教职员工应该是第一个感受到参与的乐趣的人,从会议中受益的人,并能在参与中寻找让自己变得更资深、更丰富、更专业的机会。因此,我们不能将教职员工排除在社会管理外,同时,让她们在现有的工作时间里安排社会管理时间也不再可行。

总的来说,参与和管理应被视为一个项目工程,它围绕着一个以沟通为中心的广义的教育事业。这个项目工程应该有三个主角,即儿童、家庭和教职员工,他们的命运是紧密相连的。我们的目标是让他们幸福,包含所有人的、互相关联的整体性的幸福:如果一部分人不幸福,其他人的幸福也会存在危机。这种幸福高度依赖各方之间高质量的沟通,对各方的需要和快乐经验的认知和觉察,和在一个整合的沟通系统里产生的让各方相遇并能逐步发展的机会。这个整合的沟通系统反对任何形式的分离,它认可每一个人的价值和独立性,并且寻找满足个体需要和认知的方法;它避免了家庭经验和机构经验间的分离,避免了个人、职务和空间之间等级制度的形成,以及任何形式的婴幼园和家庭间的隶属关系的产生。这个系统还抑制了各种形式上的情感和认知方面的脱节,并在儿童的问题以及家庭、教职员工和社会的问题之间建立了连接。

于是,寻找有效的组织方法就变得非常必要了,同时要将沟通作为这些组织方法的目标,这样才能让参与和社会管理变得长久又有价值。从这个意义上说,班级集体就非常重要了,因为它是第一个也是最主要的让儿童和家长相遇相处的集体。班级集体是促进家长与教育者以及其他家长之间进行沟通的基础。

所有这些经验:发现共同点,发现交谈和倾听的乐趣,发现一个人事实上知道的比我们想的要多,发现某个家长并不比其他家长更好或更差,以及发现某人主动参与了一个项目,都应该能促进各个主角的成长和对事件的分析。如果当地社区和机构也参与其中的话,这些经验就可以为巩固在我们国家还很脆弱的婴幼园文化和儿童文化做出实实在在的贡献。

第 3 章
马拉古奇和教师们
（1996 年）

今年是1996年。两年前，劳瑞兹·马拉古奇与世长辞了。从1963年给瑞吉欧·艾米利亚第一所市立学校的教学带来灵感开始，三十年来，马拉古奇一直引领着瑞吉欧的幼儿教育经验。他的突然离世给瑞吉欧幼儿教育界带来了巨大的空白和忧虑，瑞吉欧幼儿教育经验的特点似乎也将因他的离世而消失。我和马拉古奇并肩工作了二十四年。这些年来，我学到了很多，但是从来没有学过没有他在我身边时我该如何工作。不论是在个人层面还是在专业的层面，马拉古奇离世后的这些年对我们来说都是一段艰难的时光，但是我们走过来了。这要感谢我们心中的一个信念，那就是，这么多年来我们学到的知识和事情是马拉古奇留给我们的充满活力的遗产，是持久的研究,是我们每个人在日常工作中表达出来的生命力。这种连续性和生命力的第一作者就是教师,她们也一直是劳瑞兹·马拉古奇的教学思想以及瑞吉欧幼儿教育经验首要的和最重要的灵感激发者。

就是这些想法影响着我为 1996 年 2 月在米兰召开的会议所做的准备。这次大会的主题是"怀旧的未来"(Nostalgia del Futuro),这是马拉古奇所珍爱的一个概念,而这次大会也是一次向他致敬的会议。大会由米兰州立大学(Universita Statle di Milano)主办,我要特别提到的是苏珊娜·曼陀瓦尼教授,因为是她促成了这次会议的召开。多年来,苏珊娜不仅是一位大家公认的给瑞吉欧教育经验带来启发的学者,更是劳瑞兹·马拉古奇的朋友。这些年来,这种友情也变得越来越牢固,一部分的原因是因为他们共同参与了国家婴幼园集团的创立和发展,那时,劳瑞兹是主席,苏珊娜是副主席。这些都是苏珊娜促成这次会议的原因,这也是劳瑞兹·马拉古奇去世以后召开的第一个以他的教育思想为主题的会议。

这是一次充满感情,又让人全心投入的会议。会议涉及的内容范围也很广泛。在此次会议上进行演讲的人们来自欧洲和美国,他们都很仰慕劳瑞兹,与劳瑞兹之间的真挚情感和对他的钦佩使他们之间关系越来越密切。准备演讲的过程对我来说是个痛苦的过程。我写的所有东西似乎都太平庸,不太恰当。我觉得我需要讨论的是教师在我们的经验和我们的学校中的作用。选择这个主题是因为我要秉持学术上的诚实,因为我对教师心存感激,更因为我个人在与教师的对话中学到了很多很多。事实上,我认为教学协调员的专业性只能在与教师不断的交流过程中建构,当然还要与儿童以及他们的家庭进行交流。

我不知道我想要说的内容对正在听我演讲的人们有多大帮助,不过我还是想先跟大家分享我在撰写这篇演讲稿时所遇到的困难。我觉得我不仅仅是在写一篇演讲稿,更是在对我的一部分人生进行重新建构。我敢肯定,很多跟我一样能有幸与马拉古奇教授一起工作多年的人们——有很多这样的人——一定都会有相似的感受,那就是,我们无法恰如其分地表达马拉古奇丰富、深刻、全面的思想,尤其是他的教育经验。我的演讲的这种"不完全"性与其说是一个选择,不如说是一种局限,也就是说,我的演讲是必要的也是能被大家理解的,但准备起来却并不容易。每当我被邀请去谈谈马拉古奇或撰写与他相关的文章的时候,我都觉得我会遗漏一些非常重要的东西,我无法完整地表达出我们在与马拉古奇争论某个——即便是很小的——问题时的那种深度和气氛。

你们也许会想,为什么我要说这些,因为一个人通常不会——或者是不应该——谈论这些事情。或许我不应该谈论或者写下这些事情,因为它们太个人化了。然而,如果我不说清楚这些感受,我觉得我无法继续进行讲述或者撰写讲稿。我找不到能让我继续说下去的词语。或许是因为我的感情太过强烈了。但是,知识—建构的过程(特别是那些我们和马拉古奇一起分享的建构过程)也确实是一个充满情感的过程。

现在我们可以回到我的演讲主题了:马拉古奇和教师们,我还想加上一个副标题"阿德涅的线"。[原著编者注释:在神话故事中,克里特国王米诺斯的女儿阿德涅给了特修斯一根线,使他能够杀死牛头怪(每年人们都需要将年轻的雅典人献祭与他),并顺利逃出牛头怪所居住的迷宫。]我选择引用这个神话故事是因为,当《儿童的一百种语言》[原著编者注释:Edward,Gandini and Forman,1993]一书最初在美国出版时,马拉古奇本想用"阿德涅的线"来命名。"阿德涅的线"是对教师最主要和最根本角色的比喻——包括所有教师,尤其是瑞吉欧的教师;也是对教师基本任务的比喻——为学校和儿童的各种经验提供指引,赋予意义和价值(走出"迷宫"的一种方法)。教师是拿着线的人,她建构和组织错综复杂的关系网,并将它们转换成具有重大意义的互动和交流。不过,将"阿德涅的线"这个主题移植到不太了解这个神话和比喻的美国文化里似乎很难。于是才有了现在的书名《儿童的一百种语言》,而这个名字无法展现马拉古奇所描述的教师职业的根本特征,不过,我们在阅读《儿童的一百种语言》(和其他书籍)时会发现,这些根本特征在马拉古奇笔下变得越来越清晰了。

教师是一个重要的主角,也是受人尊重的。这种尊重是与做教师所需的能力和智慧相关的。于是,对教师专业特征的定义不应是抽象的描述,而是在环境中,在与同事、家长和儿童的关系中,并结合自己的个性特点、个人生活、教育背景和经验来定义。

当我们试图重新认识学习和教学,以及教育过程中教师和学生的角色时,马拉古奇总是让我们从孩子开始。他这么说:"我们必须充分相信孩子们所拥有的潜力和能力。我们必须相信,孩子和我们一样,拥有比我们自己认为的更强的能力,那是我们都有的能力——我们和孩子,拥有比我们自己认为的更强的潜力。现在,我们必须明白我们是如何在无意识的情况下只让我们每个人身上很小一部分的潜能在发挥作用。"马拉古奇指出,学校的问题(以及其他更多的问题)首先是和缺乏应有的认知,以及没有充分运用我们所拥有的智慧、能力、技能和知识有关。于是,这个问题成了我们共有的问题了——儿童、成人和教师。

马拉古奇批判道,"某种正被越来越多的人接受的信念和一些约定俗成的认知支持着一个观点,那就是认为学校里的每个成人完全有自顾自地去生活的自由,没有必要和她的同事融合、团结和合作——这会使得教师们无法共同计划和工作"。正因如此,用马拉古奇的话来说,我们必须"从因循守旧和消极被动中走出来,重新发现教师们对思考、共同计划和共同工作的渴望"。他还说道:

我们也许无法完全理解"设计"(pregettare)一词的意思,但是我们可以肯定,如果我们剥夺了儿童进行预测、探索的能力、可能性和乐趣的话,儿童就失去了活力。儿童失去活力,是因为我们夺走了他们在质疑、调查和探究时会感受到的乐趣。如果他体会不到成人与他们是足够亲近的,成人能够发现他的优势、他的能量、他的聪明才智、发明、能力和创造力的话,孩子就失去活力。孩子希望被看到、被关注以及被欣赏。[在编辑本书时,卡丽娜·里纳尔迪写道:马拉古奇的这些话语,以及我在上一段落里引用的他的言论,都来自我和马拉古奇之间进行的交谈。]

当儿童失去了活力的时候,教师也随之失去活力,因为教师和儿童的目标是一样的:寻找工作和存在的意义,发现自身的价值和重要性,避免成为角色模糊不清和没有特色的人,同时看到自己的工作和聪明才智所带来的令人满足的成果。教师的工作不能没有意义,教师必须是主角。她不能只是一个实施者——即使她们是很聪明的——实施由他人针对"其他"儿童和泛泛的情境而制定和创造出来的一些项目和课程。这样一种寻找意义的过程,其最大的价值和最深刻的意义在于成人和儿童(教师和学生)能够共同分享个中的感受和意义,不过我们还是要充分认识到每一个人不同的特性以及他们各不相同的角色。

在这样一个将每个人的目标融合在一起的共同的研究过程中(因为我们将成人和儿童都看作研究者),教师扮演着什么样的角色呢?怎样能让我们和儿童保持亲密的关系?这些问题的答案可以从马拉古奇的教育思想中去寻找。马拉古奇重新定义并超越了传统的将实践视为理论的结果这样一种理论和实践的关系。他把理论和实践在一种相互作用式的关系中进行了重新定位,在一定程度上,实践又优先于理论。实践可以超越逻辑思考这一论点可能令人难以接受,甚至会被某些人彻底反对,因为承认它可能就意味着放弃理性和理论至高无上的地位,并否认我们的预测能力。

然而,我们必须认识到,在一个机构里(学校就是一个机构),当我们能在已经发生的行为实践之间建立联系时,某些逻辑就会在我们的思想中变得越来越清晰。从另一方面说,如果理论的假设被认为就是结论,如果它们被反复使用在教学法里,那么,那些实施教育项目的人就没有进行反思、思考和创造的必要。过分强调理论的中心地位剥夺了教师在教育过程中的主角身份,让她们免于进行教学反思,事实上,也免去了她们身上所有的教育责任。

当我们说理论和实践是密不可分的时候,我们指的是一种开放的理论,这种理论的形成是通过将实践变得可见,对实践进行审视和阐释,并借助我们所做的纪录对实践进行探讨而实现的。纪录,不是一份总结报告,不是一份文件汇编,不是一份帮助我们回忆、评估和存档的卷宗;它是一套程序,可以把教育行为(教学)融入到教师与在学习的儿童进行的对话中。纪录,具有将成人和儿童的行动及时地交织在一起的力量,并让他们的行为变得可见。纪录,提高了沟通和互动的质量。纪录,是一个互惠式的学习过程。纪录,让教师拥有了持续支持儿童学习的可能,同时,教师也在儿童建构知识的过程中学习(学习如何教学)。因此,仅仅去观察是不够的,尽管教师的观察有可能是细致入微和有意识的。正如我们所说的,观察意味着阐释,我们需要让我们的观察留下踪迹——可进行阐释的踪迹。

于是,纪录,首先是留下踪迹,创建文档、书面说明、观察图表、日记和其他形式的叙述,但也包括录音、照片、幻灯片和录像资料,它们能让儿童的学习过程以及他们建构知识(也包括关系和情感的建构)的方式清楚可见,这些纪录文档就成为了教师有效观察的核心。我们所创建的这些文档只是我们发现的部分事实和我们的主观阐释,因此,它们必须被其他人重新阐释和讨论,尤其是在同事之间。

纪录,给教师创造了最重要的专业培训和成长的机会,这是源自于交流、比较、讨论和共治的真正意义上的培训。在这些分享的时刻(这并不容易,因为我们并不习惯于进行这样频繁的讨论和把自己放在这种情境中),诠释性的理论和假设生成了,它不仅促进了特定群体的认知水平,如果它能得到其他人的确认和支持的话,它也可以促进更具普遍意义的理论的发展和参照(从理论到实践的关系)。这样的话,纪录文档和所记录的事件就呈现出了多重的意义,它创造了历史,它将人们对事件的叙述视为"理性的叙述"。这是那些装饰了婴幼园和幼儿园墙面的纪录片段,录像资料和书籍,以及书面和图片纪录的起源。这些挂在墙上的画片成了儿童、教师和家长日常交流、反思、会议和互动的焦点。它成了反映我们已有知识的镜子,从中我们可以看到我们的想法和影像,也可以发现参与对话的其他人和对话过程中其他影像。

纪录,将小孩子们的学校变成了最独特最可贵的培养专业能力和建构知识的地方之一,它不仅属于教师,也属于研究者、学者和大学教授们。为小孩子而设的学校是一个充满学习机会和尊重的地方。在一次参观我们学校的过程中,杰罗姆·布鲁纳(Jerome Bruner)说:"我有一种感觉,我希望这种感觉不会让我的朋友们感到尴尬,那就是,当我和黛安娜学校(the Diana School)的孩子们或是和彩虹婴幼园(the Nido Arcobaleno)里年龄更小的孩子们在一起的时候,我就好像是身处大学的研究生部。那里的成人和孩子们都怀着和大学研究生部里的人们同样的敬意,交流着各自的所思所想。"

我们意识到,我们选用的记录和观察手段——换句话说,让观察到的经验可见和"可分享"的手段——只代表我们的部分观点,只有围着同一事件有多种纪录文件并/或由多名观察者使用了不同的手段对它进行了记录的时候,它们才能对教育教学有益(例如,录音、录像和幻灯片)。只有这样才能使讨论和对不同的想法进行比较成为可能,让我们有可能去分析并提出假设,从而巩固我们的认知。它是支持我们工作的基本结构。纪录文档的可视性(作为理性叙述的文档和纪录)再现了我们对知识建构过程的支持,以及教育经验中三大主角间的平等关系:教师、儿童和家长。

记录,给教师提供了一个独特的机会,让她可以对自己作为共同主角所参与的事件及其过程进行重新倾听、重新发现和重新审视("重新认知"),这些行动可以单独进行也可以与他人一起进行。这个重新审视的过程给了我们阐释多个文件的机会,让我们和我们的同事一起赋予某个事件意义,从而形成大家共享的认知和价值观。此外,由于计划从本质上来说包括了假设和预测与学习过程以及孩子的渴望相关的情境、工具和机会,记录就成为每个特定[学习]项目的核心并成就了它的独特性。我们并不总是能够进行非常详尽的记录,但当我们可以这么做时,记录就成了一个真正让每个参与其中的人进行创造和成长的过程。对于教师来说,它是真正的专业培训。

记录,也给儿童提供了非常有价值的进行重新审视、反思、阐释和重组知识的机会。记录是支持每个儿童对他们的想法和假设进行自我和集体评价的最基本手段。它鼓励不同想法间的比较和碰撞,以及哲学意义上的争论。记录,支持回忆,让儿童有机会重新阅读自己的学习过程,进行自我修正,并寻求认证和否认,尤其是与他人的学习过程进行比较。在记录中,儿童可以对自己形成新的认识,评价自己和听到别人对自己的评价——这能促使儿童在知识建构和自我认同方面发生重要转变。

记录,让家长不仅能了解到他们的孩子在做什么,还能知道孩子是如何及为何赋予他所做事情以意义,以及他和其他孩子的共同点。它让家长看到孩子没有被发现的那一面,从某种意义上说,让家长发现那个他们很少有机会看到的"隐形的"孩子。记录,还让家长与其他家长之间的比较、讨论和交流有价值,并不断加深家长对自身的角色和身份的认识。分享纪录,意味着家长们能在学校内和学校外参与到一个真正的民主行动中,支持童年期文化和对童年期的关注:民主的参与,或"参与型的民主",是交流和关注的产物。"儿童的一百种语言"展览给了我们同样的机会——一个交流、反思和讨论的机会。这是劳瑞兹·马拉古奇的远见卓识中最非凡的思想之一。

从这个意义上说,纪录处在成人和儿童的教育过程的中心地位,纪录把我们带进马拉古奇思想和著作中所描述的教育者(包括教师和艺术教师)所扮演的最主要的角色里。

马拉古奇从不隐瞒他对教师们的巨大期待和希望。认识他的人都会记得他的严格和苛刻(虽然他对自己是同样的严格和苛刻)。但是,我们也知道,这是他对老师们深深敬意和感激的具体表现;对她们的智慧、能力和可能性的尊重。

马拉古奇总是将他的这种敬意转换成具体的行为,共同的战斗,倾尽所有的激情和表达于公众,以及绝不妥协或放弃他的价值观。马拉古奇一贯坚持并请我们也要坚持的重要原则包括:物质环境和教学体系组织的根本任务;持续的专业发展、共治和参与的权利;与家庭进行对话的重要性。教育的价值,化解矛盾的愿望(教育和上层指令之间,想象和现实之间),以及认识到与教学相关的知识超越教育学和心理学的知识:这些是马拉古奇经常与教师们分享的价值观。他请我们坚持它们,将它们付诸行动,并对它们进行革新。马拉古奇也把同样的敬意延伸到了家庭和儿童,他对家庭和儿童充满了希望、信任和乐观精神。他希望他们有一个完满的未来。

我用马拉古奇教授在接待一个外国访问团时所说的一段话来结束这次演讲——这是他接待的许多访问团中的一个,他对这些访问团充满热情和责任感,因为他会说"他们是老师":

在维根斯坦(Wittgenstein)的著作中有一个特别的段落,在这个段落里他详细描述了他遇到的一个和他进行深入交谈的小女孩。一天,小女孩走近他并说到"你知道,我希望……"。这是她第一次在和他交谈时使用"希望"这个词,维根斯坦写道,这个经验困扰了他的余生。一个孩子第一次说出"我希望……"的深刻意义在于什么?什么时候希望才会像一道光那样照进孩子的生命,为什么?

也就是说,憧憬的权利和走向未来的权利永远都是儿童和成人的权利,是所有人的权利,也是劳瑞兹的朋友们想要共同捍卫的权利。

第 4 章

纪录和评价

它们之间是什么关系？

（1995 年 8 月）

想要充分理解这一章和下一章（"对话"）内容的重要性，我们就需要回到 1995 年。那一年，霍华德·加德纳教授提议要与我们共同进行研究。那时候，霍华德·加德纳教授诸多工作中的一项，就是担任"零点计划"（Project Zero）的负责人，这是哈佛大学教育研究学院里一个研究认知发展和学习过程的团队。加德纳教授以他对多元智能理论的详细论述而闻名于世。这个理论将科学研究和学校教育的重心转向了儿童以及成人拥有的多种不同智能（Gardner，1985）。这是一个在心理学、教育学和文化领域都有着深远影响的伟大理论。马拉古奇和我通过莱拉·甘迪尼（Lella Gandini）了解到了这个理论，莱拉也在我们与美国许多著名学者和文化界人士之间

"编织"了一张关系网。于是,加德纳和他的妻子艾伦·温娜(Ellen Winner)来到了瑞吉欧·艾米利亚,参观了我们的市立学校,并向马拉古奇和瑞吉欧的教育者们介绍了他的理论。这样的会面为我们开启了一份深厚的、相互尊重和欣赏的友谊。多年来,这份友谊的内涵也越来越丰富。多元智能理论和《儿童的一百种语言》之间存在的相似之处和差异让我们之间的对话内容越来越丰富,源源不断。

与瑞吉欧的教育者们之间建立起来的这份深厚友谊,或许是霍华德·加德纳在劳瑞兹·马拉古奇去世后提出要与瑞吉欧的教育者们共同进行研究的原因之一。他让我们这些当时在瑞吉欧工作的人们以及"零点计划"的同事们自己决定研究课题。因此,玛拉·克里彻维斯基(Mara Krechevsky)来到了瑞吉欧。几次会议之后,我们选定了一个对我们来说(特别是对我个人)具有重大意义的课题:纪录和评价/评估之间的关系。不过,在研究这个课题的时候,我们发现其他主题也浮现了出来,包括单独的学习,在小组里的学习和通过与学习小组一起进行的学习,以及对于整个记录过程的纪录。在很多情况下,纪录的核心地位都会显现出来。就这样,一段让所有参与研究的主角们都非常感兴趣的旅程开始了;主角们就是瑞吉欧学校[特别是黛安娜学校(Diana School)和维利塔学校(Villetta School)的教师们和教学协调员们]以及"零点计划"的同事们。这项研究历时三年,它的成果呈现在《让儿童的学习看得见》一书中[*Making Learning Visible* (Giudici, Krechevsky and Rinaldi, 2001)。(中译本2007年由华东师范大学出版社出版——中文译者注)一书中,本书这一章和下一章的内容也收录在《让儿童的学习看得见》中。]

《让儿童的学习看得见》中讨论了一些在研究过程中浮现出来的很有价值的元素,其中,我想特别指出的是:

- 在过程中记录的价值,即记录学习—教学在教室里实施的过程。纪录,因而成了首要也是最重要的教育工具,同时它也是一个很好的教育机会。
- 纪录作为评价/评估以及自我评价/自我评估工具的价值。纪录的这种价值是驱使我写这篇文章的原因,它也会让人感受到我们与"零点计划"共同进行的这个研究课题的进步性和丰富性。从我们的对话中引出的一些思考与那些我在其他场合经常谈到的纪录的要素是相辅相成的。

"对话"(Dialoghi)是下一章的名称,它描述了我们与"零点计划"之间内涵丰富的关系,对话并不容易,但却是颇有成效的。

我希望大家能看到瑞吉欧的教师们所做出的贡献,她们记录(即具体进行记录的过程)、分享的不仅是她们的想法、反思,还提出了能够支持教师们更为全面反思的假设和证据。我强调这个研究的价值,是因为这个研究课题似乎不仅在我的国家受到关注,在其他一些国家里也是如此。我认为,将纪录视作评价/评估的工具好似给我们注入了一种极强的"抗体",以对抗那些越来越无个性特征的、脱离情境的、看似客观和民主的评价/评估工具的散播。

在历史上,纪录,曾被定义为能够用来证实一个事实真相或一个观点的文档的汇编。这个定义与科学思想的萌芽和发展,以及将知识视为客观的和可被证实的实体有很大的关系。因此,它是与一个特定的历史时期和一些深层的文化、社会和政治因素有关,在此我不会对这些因素进行分析。相反,我想要强调的是,纪录,这个只是在最近才进入学术界,特别是教育—教学领域的概念,是如何发生重大变化的,而这种变化也部分地改变了它自身的定义。在这个背景下,纪录需要被解读,同时也需要被当做一种用于回忆的工具来使用;这样也就使反思成为了可能。

在一所学校里发生的教学路径和学习经验承载了所有参与其中的主体(教师和学生)的全部意义。在某种程度上,这些过程可以被恰当地回顾、重新审视、分析和重新建构。通过对活动进行深入记录,通过使用语言、图表和记录工具以及在学校里常用的视听手段,教育经验也就变得越来越具体可见。有关对纪录的使用,我想强调的一点是,我们在具体活动中收集的资料最终是需要被解读和阐释的。对记忆的解读和回顾,实际上是发生在具体事件发生之后。各种文档(录像和录音资料、书面材料)被收集起来,有时候会被分类,然后被用来对具体经验的重新解读、重新审视和重新建构。利用纪录文档对经验进行重新建构、阐释和重新阐释的过程,再现了在一段由教师事先定义的教育过程中所发生的那些重要时刻;这是一段有可能让具体经验的具体目标得以实现的过程。

简单说来,纪录的方式和时间决定了纪录(被记录下来的痕迹)是在事件发生之后才被使用的,而不是用在事件发生过程中。这些纪录(以及由此引出的教师和孩子的反思和阐释)不会对学习的方式和过程在进行状况下实施干预,从而无法对整个学习过程赋予意义并指出方向。这是一个(瑞吉欧幼儿教育与传统教育)本质上的区别。在瑞吉欧·艾米利亚,我们已经探索这种纪录方法许多年了。我们强调,纪录是整个教学过程内涵的一部分,它的目标是支持学习并调整学习和教学之间的关系。为了进一步阐明我的观点,我需要对一些假设做进一步的说明,大家一开始可能会觉得它们与主题相去甚远,但是我希望它们可以帮助大家理解,我们的选择和实践既不是随意的也不是无关紧要的。事实上,我认为纪录刻画了我们教育经验中一个重要目标:对意义的探究,即发现学校的意义,或者说建构学校的意义。那就是学校是一个在儿童和我们自己对意义进行探究(和共享的意义)的过程中起着重要作用的地方。从这个意义上说,作为教师和教育者,我们最先需要问自己的问题是:我们能如何帮助儿童体会到自己所做的、所遇到的和所体验到的经验的意义?同样的,我们能如何帮助自己体会到这些意义呢?这些是与意义和对意义进行探究的相关问题(是什么?为什么?怎么样?)。我认为这些是非常关键的问题,不管在校内还是校外,儿童总会不断地问自己这些问题。

探究意义是非常艰难的,也是一项很难完成的任务。特别是对于今日的孩子来说,在他们的日常生活中,有很多来自不同领域的信息可以参考:他们的家庭经验,电视内容,除家庭和学校外他们会经常去的其他场所。这个任务需要建立连接,对事件和一段时间内发生的各种经验赋予意义。儿童执着而又努力地探究着意义,有时会犯错,但是他们是自己在进行探究。我们的生活不能没有意义;否则,我们将无法体会到本体、希望和未来。儿童很清楚这些,他们从出生就开始了对意义的探究。他们了解这些,因为他们是人类社会中最年轻的成员,因为他们是独立的个体,因为他们是人。他们生来就要去探究生命的意义和自己在生命中的意义,这些意义也是儿童渴望体会到的。这就是为什么我们会说,儿童是有能力的、坚强的——是一个有权利去憧憬和有权利被重视的儿童,而不是一个被预先定义为脆弱的、贫乏的和没有能力的儿童。我们用的是一种与他人不同的思想和方法来看待儿童的,我们视儿童为和我们一起进行探究、积极的主体,他们每天都在试着理解某些事情,体会生活的意义和生命的片段。

对于我们来说,这些意义,这些解释性的理论,对于揭示儿童的思想,他们对于现实生活的质疑和阐释,以及他们与现实、与我们之间的关系,都是极其重要和强大的。

这也正是"关系和倾听教学"的起源,是体现瑞吉欧幼儿教育与众不同之处的众多特征中的一个。

对于成人和儿童来说,理解,意味着能够形成一种解释性的"理论",一种赋予事件和世间事物意义的陈述。我们的理论是临时性的。它提供的是一个可以被不断修正并不断地让人满意的解释;不过,它们所代表的不仅仅是一个想法或是一组想法。它们必须使我们满意和信服。它们是有用的,能满足我们智力上、情感上和艺术上的需要(美学的知识)。在我们再现世界的同时(理论),我们的理论也再现了我们是谁。

此外,我们的理论也必须能吸引他人并使他们满意。我们的理论需要让他人听到。向其他人讲述我们的理论,就意味着能将一个本就不属于我们个人的世界变成一个可以和大家共享的事物。分享我们的理论,是我们对教育中的不确定性做出的一个回应。

这也就是为什么任何理论,从最简单的到最精准的,都需要被表述、交流和倾听,使理论得以存在。正是基于这样的认知,我们发现了"倾听教学"的价值和基础。

倾 听 教 学

我们该如何定义"倾听"(listening)一词呢?

倾听,就是对将我们和他人联系在一起的模式保持敏感;抛弃自己固有的想法,并确信我们的认知和我们自己仅是将宇宙维系在一起的、广阔而又综合的知识体系中的一小部分。

倾听,就是对倾听他人和被他人倾听秉持开放和敏感态度——不仅是用我们的耳朵来听,还要用我们所有的感官(视觉、触觉、嗅觉、味觉和方向感)来听。

倾听成千上万种我们用来表达和进行沟通的语言、标识和代码,也就是倾听生命自身的表达,并将它们传达给善于倾听的人们。倾听就是时间,倾听的时间,物理时间以外的时间——一种充满沉默、长时间停顿的时间,一种内部时间。内部倾听,倾听我们自己内心的声音,是一种停顿和暂停,是一个能促使我们倾听他人声音的因素,反过来说,其他人倾听我们的声音也会引发我们的内部倾听。

倾听行为的背后,总会伴随着一种情绪,通常是好奇、渴望、怀疑、兴趣。倾听即情绪,它由情绪引发也刺激情绪。通过强烈、直接以及沟通主体间固有的互动过程,其他人的情绪对我们产生影响。倾听,就是用开放的态度对分歧表示欢迎,认识到他人的观点和阐释是有价值的。

倾听,是一个主动形式的动词,它包括阐释,赋予信息意义,以及重视提供信息的人。倾听,不会产生答案,但是会提出问题;倾听,是在怀疑、不确定中产生的,这不是没有安全感,相反,这就是安全感,是清楚地知道,只有当我们意识到它的局限性,以及它是有可能"被证明为假"的时候,每个真相才能成为人们所理解的那样。

倾听并不容易。它要求我们能清楚意识到并能暂时放弃自己的评判,尤其是我们的偏见;它要求我们用一种开放的态度来面对变化。它要求我们能很清楚地认识到未知的价值,以及在我们很确信的东西受到质疑时,我们有能力克服随之而来的迷茫和怀疑。

倾听,把个体带出匿名的状态,认可我们是合理正当的存在,让我们能被大家看见,也能让倾听者和讲述者更加充实(儿童是无法忍受被放置于匿名状态的)。

倾听,是所有学习关系的前提——学习,由"学习的主体"决定,通过具体行动和反思在他或她的脑海里成形,在再现和交流的过程中成为知识和技能。倾听,于是成了"一个倾听的环境",在这个环境里,人们学习倾听和叙述,每个人都感到自己有权利去阐明自己的理论,并能对特定问题提出自己的看法和见解。在阐明自己理论的时候,我们"重新认识"和"重新组织"自己的理论,让我们有可能通过行动、情感、表述和图像符号("一百种语言")来表现和发展我们的想象和直觉。在分享和对话过程中,理解和认知也随之生成了。

我们在脑海里描绘着这个世界,它是由我们对自己和他人如何诠释和再现这个世界的敏感性决定的。在这里,我要强调的是我们对倾听的敏感程度;从对它保持敏感开始,我们形成并传递我们对世界的描述,这些不仅是基于我们对事件的反应(自我建构),我们还从自己与他人的交流和沟通中学习如何认识这个世界。

转换的能力(从一种智能转换到其他智能,从一种语言转换到其他语言)不仅是个体所拥有的潜力,也是人与人之间进行思想转换(互动)的倾向。我们的知识变得越来越丰富,主体性越来越强,这要归功于一种能让我们乐于接受他人陈述和理论的品质——那就是,用开放的态度去倾听。

倾听的能力和彼此间的期望使沟通和对话成为可能,这也是一种心理和智力品质,尤其是对小孩子们来说。这种品质需要被理解和支持。从隐喻的角度看,儿童是我们所处的现实世界中最棒的倾听者。他们花时间去倾听,这些不仅是"用来"听的时间,还是纯净的、好奇的、延迟的、丰富的——充满等待和期待的时间。儿童倾听生命的所有内涵和精彩,倾听他人的声音(成人和同伴)。他们很快就觉察到倾听行为(观察、触摸、闻味、品尝和搜寻)对于沟通来说是至关重要的。儿童生来就要与人沟通,要在关系中存在,并在关系中生活。

倾听,似乎是从儿童一出生就陪伴着他们的一种内在品质,使他们拥有了一段适应世界的过程并得到发展。认为倾听是一种内在品质似乎是个悖论,但是,实际上,适应的过程必须包含内部动力和能力。新生儿来到这个世界上,带来的是一个快乐的,乐于表达、实验和探究的,使用实物,并与他人沟通的自己。从一开始,儿童就展示了非凡的活力、创造力和对周围世界的发明创造能力,以及自主的和连贯的意识。

在他们生命的初期，儿童就告诉我们他们有自己的声音，但最重要的是，他们知道如何倾听，也想要被倾听，社会性不是我们教给儿童的：他们本来就是社会里的人。我们的任务就是支持他们，和他们共同生活；这些任务是我们身处的文化所造就的社会性品质。小孩子们被我们的文化所制造的各种方式、语言（和编码）深深吸引，也被其他人（儿童和成人）吸引。

倾听，是一段艰难的路程，需要努力、活力、勤奋，有时甚至需要忍受，但它会带来惊奇、愉悦、热情和激情。这是一条需要花时间体验的路程，孩子有时间去体验，但成人们常常没有时间或者不愿意花时间来体验。学校应该首先具有一个倾听多种声音的环境。这个倾听多种声音的环境，是一个包括老师、儿童群体和每一个儿童在内的所有人都能倾听其他人和自己的声音的环境，它颠覆了传统的教学—学习的关系。这种颠覆将学习的焦点转移到关注儿童的个别学习，以及儿童和成人的共同学习。

当儿童把他们脑海里的影像呈现给他人时，他们也在表现自己，并发展更为敏锐的洞察力（倾听内心）。因此，从一种语言转换到另一种语言，从一种经验转换到另一种经验，反思这些转换以及其他一些转换，就能使儿童调整和丰富他们自己的理论和概念体系。不过，只有当儿童有机会在一个群体环境中——在他人中间并与他人一起——体验到这种转换的时候，当儿童有机会去倾听和被倾听，去表达自己的不同想法并接受他人的不同看法的时候，这些观点才有可能成立。教育者的任务不仅是要让儿童各自的想法能够得以表达，还要通过交流、比较、协商来支持他们的这些想法。我们讨论的是个体间的差异，也是语言（口头的、图表的、造型的、音乐的、姿态的）之间的差异，因为它是从一种到另一种语言的转换，也是各种语言彼此间的互动，这样的转换能让创造，以及整合概念和概念体系成为可能。

不但是每个儿童在学习如何学习，儿童所在的集体也越来越意识到自己是一个"教学的地方"。这是一个不仅让许多语言变得越来越丰富、多元、精炼和成形的地方，也是一个让许多语言互相碰撞、"污染"、进行杂交和更新的地方。

"鹰架"理论，刻画了老师的角色，还定义了一种新的教学方法和手段。它是一种环境，一张互相尊重的网（超越老师自身），支持着个人和群体的学习过程。除了提供支持和文化媒介(学科知识、工具等)之外,知道如何自主观察、记录和阐释儿童学习过程的教师会发现自己在这个环境中,在这样一个学习如何教学的过程中所拥有的最大的学习潜力。

纪录,因而可以被视为能被看见的倾听,是对[学习]痕迹的建构(通过笔记、幻灯片、录像等),它们不仅阐明了儿童学习的途径和过程,也让学习成为可能,因为它们是可见的。我们认为,它们能将各种关系更好地呈现出来,它们是建构知识所需要的一块块积木。

纪　录

纪录的首要任务之一是保证倾听和被倾听(通过制造痕迹/文件来阐明个体和群体的学习方式,并让它们可以被看得见),并且保证群体和每个儿童都有机会在学习时(学习过程中和发生后)从局外人的视角观察自己。

在过程中(在经验中)产生的和使用的大量纪录文件(录像、录音、书面材料等)能带来以下有利条件:

- 它让人能够看见每一个孩子学习过程的特性和他们各自使用的策略(不过它们只是部分地呈现了学习过程的特性和策略,因而它是"有倾向性的"),并且让主体和主体间的互动过程成为一份共同财产。
- 它置解读、审视和评价于特定时期和情境中,并让这些行为成为知识—建构过程中不可缺少的部分。

纪录,可以让我们站在认识论的视角来调整学习(让认识论的评价和自我评价成为可能,它引领学习过程并指明方向,它也是整个学习过程中的一部分)。它对于元认知和理解成人与儿童都非常重要。最近的研究也越来越强调回忆在学习和自我认知过程中的作用,结合这些研究,我们可以假设,影像(照片和录像)、声音和记号可以很明显地强化记忆。同样的,这些记忆—增强的材料也能促进自我认知(在运用研究成果过程中进行的"重新—认知"培养了它)、集中注意力和阐释的能力。这只是一个假设,但在我看来,它值得被正视和讨论。这种结合回忆的学习和认知活动是螺旋状的,因为它将观察、阐释和记录编织在一起,在这个过程中,我可以清晰地看到为什么不能简单地把观察、阐释和记录等行为从其他行为中分离或摆脱出来。任何分离都是人为的,只是为了说清道理。我更为关注的是成人在纪录中的支配地位,这包括成人的意识层面以及与之相应的行为。事实上,没有观察和阐释,就没有记录。

纪录,记录者的思考,或解读,让记忆变得具体可见了,那就是,让它们可以被触摸被阐释。笔记、录音、幻灯片和照片再现了记忆的片段,这让记忆似乎变得"客观"了。尽管每个片段都受到记录者的主观影响,但它提供了让其他人对它进行阐释的机会,以了解或进一步了解每个片段,进行创造和再创造,并让它成为一个集体的知识建构活动。

这样做的结果就是,许多人的贡献让知识变得很丰富。这些发生在过去的片段(影像、词语、标识和图画),既是过去,也是未来(比如说,如果这样的话,还会发生什么……)。

我们在寻找一种新的教学法:参与式的教学,教学就是程序和过程,也可以是沟通和分享。可见性、合理性和共享性是支持这种教学的核心,因为它们是有效沟通和教学的基础。因此,和传统教育学相比较,教学其实和传播学更为相似。

此时,纪录的一个特别的层面浮现出来了,它构建了教学—学习关系,它也在这种教学和学习情境中变得越来越清晰可见。在做记录时(观察和阐释),在记录的环境中,以及在经验(活动)发生时,评价也同时进入了我们的视线。在记录活动发生之前,任何为了确定什么是重要的——确定哪些学习过程是值得记录——而进行的抽象预测都是不充分的。当经验产生的时候,与具体行动和那些被揭示、被定义和被认为是真正重要的事件互动是必要的。我们要欣然并迅速地理解我们的预测与现实事件(事件本身的意义和儿童在行动中赋予它的意义)之间发生的任何差异。成人的期待不应是预设式的,而应是指引性的。疑惑和不确定性渗透在这个教学和学习环境中。它们是"记录情境"的一部分。它们的存在,取决于儿童和教师是否拥有真正的教学自由。它们还取决于可预见与不可预见之间是否存有空间,空间有多大,儿童和教师在学习过程中的交流和关系是否能在这个空间中得以建构。这是一个能进行提问、对话、与同事一起比较不同想法的空间,共同讨论"以后该怎么做"的会议和进行评价的过程(决定"哪些是有价值的")也在这个空间里发生。

问题是,我们要把儿童作为一个为他/她自己和其他人而存在的环境来考虑,还要视学习过程为"接受教育的主体"和"教育的客体"(这包括知识、社会性情感和以价值观主导的行为模式)之间进行互动的过程。这意味着,教育的客体不应被视为是客观的,而是"一个充满各种关系的地方"(a relational place)。我使用这个词组的目的是强调教师选择和计划知识建构过程的方式(基于教师所要承担的所有责任)。教师要去建构各种关系,各种因为主体和客体间互相感到好奇而生成的双向关系。某个刺激了主体和客体"相遇"的问题,激发了主体与客体对彼此的兴趣,表现出儿童知道什么(作为理论的理解和对知识的渴求)以及有关客体的文化特性的认知。这种特性指的不仅仅是那些可以被立即注意到的要素,还指围绕这种特性所产生的文化性论述,尤其是那些在这个新的知识—探究关系中可能会产生的东西。对客体的"重新认识"不仅仅是"历史性的",也就是说再造已经存在于文化中的知识(例如,在不同学科里对一棵树的认识:生物学的、建筑学的、诗歌等等)。对客体的"重新认识"也是一个有生命的有机体,因为"相遇"的活力、新鲜感和不可预见性给它带来了生命力。在这样的情境中,儿童也可以给客体重新定义,给它和自己创造一种新的关系。[儿童在学习中的再创造]既是比喻性的也是充满诗意的。

纪录,就是这样一个辩证的过程,一个建立在情感基础上的,诗意的过程;它不仅伴随着知识建构的过程,在一定程度上,它也充实了这个过程。

纪录,不但有助于阐释,它自身就是一种阐释。它是一种叙述形式,是一个人与自己和他人之间的沟通,因为它给记录者和阅读纪录的人们提供了一个反思和学习的机会。阅读者,可以是一个同事,一群同事,一个孩子,许多孩子,家长们,以及任何已经参与和想要参与这个过程的人们。记录材料是开放的,易拿取的,有用的,因而也是可以被解读的。在现实中,这些并不是总能做到的,尤其是这个过程既不会自动发生,也不容易发生。有效的纪录,要求记录者有丰富的阅读和撰写纪录的经验。

清 晰 易 读

纪录,是一种叙述形式。它的吸引力在于隐藏在收集到的资料背后的问题、怀疑和反思,以及它对其他人——同事和儿童——的影响。这些"作品"(writings)将不同语言编织在一起(图表的、视觉的、标识性的),它需要有自己的编码体系,有建构它和使用它的人们需要遵守的约定——这是为了保证人们之间的有效沟通,尽管它也只能部分地保证有效沟通。这些"作品"必须是清晰易读的,能和当时不在场的人进行有效沟通的,它们还需要体现记录者发现的在记录过程中"生成的主题"。这些"作品"需要体现三大维度,这不是为了让事件变得更客观,而是为了表现个体为探寻意义所付出的努力;那就是,赋予意义,反映出每个作者理解到的这些纪录的显著特征,以及他和她在特定事件中产生的质疑和觉察到的问题。这些作品与作者个人的经历有关,因此,我们要意识到它们可能存在偏见,但也要发现它有价值的一面。

记录者从个人角度审视事件,目的是让自己能对事件有更深的认识,同时,又要追求沟通的清晰度。当我们给纪录注入一丝不完整性,并对它有所期待时,这些才有可能实现(尽管这看起来自相矛盾)。当我们在叙述"客体"时,这本身是一个过程,一条通向研究的路径。在叙述中,我们向他人展示自身知识的局限,而不是告诉他们我们知道什么,由此对纪录不完整性的感知和想要更好地理解它的愿望因此浮现出来了。

评价:一个能赋予事件价值的视角

我们为儿童的学习过程和步骤提供的,以及让儿童和成人可以共同实践的,是一个能赋予事物价值的视角。发现价值,意味着赋予某个环境价值,也意味着人们会认为某些元素是有价值的。

我认为,这是评价的起源,因为它允许记录者将引导自己记录的价值观(指标)清晰、可视地呈现出来,并与人分享。评价,是纪录密不可分的一部分,也是整个持续性的项目设计式教学(在专用词语注释中有具体讨论)的一部分。这种教学，遵循的不是预设式的和预先定义的教学程序。在整个过程中浮现出来的价值观引领着学习进程。

对于儿童来说，纪录显得尤为重要，因为他们能在对自己所做事情的叙述中看到自己的行为，并了解教师从他们所做的事情中发现的意义。在孩子眼里，纪录告诉他们，他们的所作所为都是有价值的、有意义的。因此，他们会意识到他们是真实"存在的"，摆脱无个性特征的和被忽视的状态，看到他们说的和做的都是重要的，他们的声音会被听到，他们是被人欣赏的：这就是一种价值。

这就像是让我们拥有了一个将自己以及那些有可能看到这些文本的人连接在一起的平台。在这里，文字好似"载体"，支持并承载着孩子的心灵空间。

教师的能力

在这个环境里，对教师的角色和能力的定义明显有别于在传统教育环境里对教师角色和能力的定义，传统环境中的教师只需要简单地传授知识。

教师的任务不是去寻找（和教）一系列特定的规则或去展现根据特定论点组织而成的便于人们学习的公式，或是一种不需要调整就可以被直接复制的方法。

定义一个教师是否有能力，是否拥有足够的知识，需要看她对事物的理解。教师对事物的理解，反映了教师对关键事实的熟悉程度，是否允许那些熟悉事实的人来说说什么是重要的，并且预测每个情境中什么是适宜的——那就是判断在某个特定情境中，对于一个学习者来说什么是有帮助的。

这其中的奥秘在哪里呢？那就是没有奥秘，也没有打开大门的金钥匙，只有不断地反思我们领悟到的东西、知识和本能，并将它们与同事们分享，与同事们领悟到的东西、知识和本能进行比较。这里没有可以被直接借鉴和应用的"科学"，有的是一种理解，以及对知识的敏感。在只能看到表面现象的情况下，行为本身以及它的结果有一部分终将会成功，这要感谢表演者的成功——儿童和老师——所有人都是有责任的，尽管在学习过程中它们所承担的责任和程度不尽相同。

在尝试和犯错中前进不会贬低教学路径的价值。事实上,在过程中(指的是过程本身和我们对过程的认知)以及在文化层面上,它使教学路径更丰富了。

这里还有一个即兴的元素,一种"凭听觉来演奏"的能力,一种能具体情况具体分析的能力,知道什么时候采取行动什么时候保持不动的能力,这些是不能被任何公式或通用的处方替代的。

这么做当然是有风险的,事实上风险还不少:含糊不清和肤浅的表面文章会让人错误理解一系列的影像或书面记录,让人无法意识到是谁在观察,也只能让人迷失方向和失去意义。

教师的教育问题似乎越来越明显了。针对教师的普通教育必须涉及多个学科领域的知识,而不仅仅是心理学和教育学的。一个受了良好教育的教师,不仅要拥有多学科学习背景,还要乐于参与研究、有好奇心和愿意与人合作:一种用项目研究式的方式来思考的文化。更重要的是,我们需要让教师感受到她们是一个老师、一个人,是真正属于这个过程并参与其中的人。

劳瑞兹·马拉古奇设计并引领了瑞吉欧幼儿教育的教学和理论,他曾经说过,我们需要的老师,有时候是领导,有时候是场景设计师,有时候是幕布和背景,有时候又是推动者。一个老师,既甜美又严肃,是一个电气工程师,是一个粉刷匠,又是一个听众,一个观众,观看、拍手、沉默、被感动,有时带着怀疑来评判,而其他时候则会热情地鼓掌和喝彩。

第 5 章
对 话

在撰写这一章之前,我再次阅读了收录在本书中的其他某些章节,有一些主题吸引了我的注意力,我觉得非常有必要与读者们分享这些主题。

第一个主题与儿童和成人的学习过程有关。很长一段时间里,皮亚杰的发生认识论从一个非常具体和抽象的角度表明了,成人的逻辑思维发展和儿童的逻辑思维发展非常不同。也就是说,当一个成人和一个儿童面临同样的问题,他们的反应和表现会截然不同。但是,如果我们把成人和儿童放在不同的问题情境中,而这些问题是需要他们尽与自己发展水平相当的努力程度去认知的,成人和儿童的认知过程似乎就没有明显的差异了。

在我看来，本书的很多地方都印证了这个观点。我们注意到事实上，当成人和儿童需要进行反思和重组已有知识经验的时候，就像在记录过程中所发生的那样，他们发展的策略常常是可以相互比较的。本质上，当成人和儿童面对正在发生的、会触及或动摇他们之前形成的概念和价值系统的变化时，他们的策略常常会包括：寻找能让主体对正在发生的变化有所控制的，理论的，道德的，以及物理的"立场"。发生的问题和解决问题的人之间的关系的性质，在本质上是类似的，就像儿童和成人用来探究、下定义、假设的策略，他们投入的情感、激情和他们体会到的幽默和乐趣的性质也可以是相似的。因此，学习经验是一份"教育事业"，无论体验它的是教师，儿童，还是两者同时。

第二个主题在本书中也有所体现，它涉及教师的工作。我想要感谢"零点计划"的同事们，他们提出的问题和他们对我们学校的日常活动刨根问底似地深入探究，让我们意识到，教师的"实际"工作是一种"叙事性理论"，它将故事和研究性的迷你小故事与现实生活环境结合在一起。我们一直信赖教师们杰出的教学实践，在和"零点计划"的同事们分享的过程中，这些教学实践又收获了更大的价值。

这个研究项目和这本书证明了一点，那就是，无论人们会怎么看，教师们的工作性质决定了她们不是自己一个人在工作，不是没有规则的或是没有集体支持的——她们的工作不仅引出了日常经验和活动，也成了批判性评价和理论建构的客体。因此，实践不仅是一片为了让理论成功而必须存在的试验田，也是理论本身很活跃的一部分：实践包含理论，成就理论，并被理论所成就。

另一个值得关注的主题是，我们与"零点计划"之间的对话。这是一个复杂的过程，有时，语言和文化的差异让对话变得更加困难。然而，语言，一开始是障碍，后来则变成了一种"研讨"，它提供了一个让我们可以更仔细和清晰地表述我们观点的机会。事实上，有一些词汇似乎不可能被翻译，因为它们所表达的概念不能很轻易地在两种经验之间进行转换。

在瑞吉欧，我们使用的语言起源于一个微观世界，这个微观世界除了对对话和交流持有开放的态度，它也必须并力图建构一种从经验中产生同时又生成经验的语言。这种语言是高度视觉性的和具有象征意义的,很多时候,这种语言对"零点计划"的同事们很有吸引力,但它也是"零点计划"的同事们持有的几个可以被理解的疑虑的来源。

第一疑虑就是,"零点计划"的同事们认为我们有可能在回避问题,拒绝问题,让问题脱离了情境,即使只是暂时的。他们可能是对的。有时候我们的表述可能会有一点模糊,让"零点计划"的同事们认为我们是被一种近似于模糊的朦胧包围着的。不过,我们偶尔也会认为,他们的坚持和提出的具体细致的问题是一种偏离,而这些问题有可能会引起一些哲学上的和概念上的误导。不容置疑,我们非常钟爱比喻;这主要是因为儿童喜欢并经常使用它。我们认为比喻不是修辞或者表达形式,而是认知的有效工具。正如许多研究证实了的,当新的观点在社会群体中(当然也是在儿童群体中)浮现出来时,当以前的概念因为有可能误导我们而不能被使用和表述时,比喻就特别有用。如果是这样的话,比喻性的语言,正因为它未被定义,是象征性的,有时是模棱两可的,而对于新概念它又是开放的,它就成了向大众推介新的观点唯一可用的工具。

可能是因为我们想要在这个研究中收获一些新的认知,我们自己也在试着理解比喻(以及和它联系在一起的事例)似乎能为我们提供一种支持教学的策略。在我看来,我们已经有能力建构的是——尽管读者对此可能是一个更好的评判者——肯尼斯·J.格根(Kenneth J. Gergen)称之为的"转变式的对话"(transformational dialogue):一种能转变我们关系的对话,因而,在某种程度上,也转变了我们的专业性和群体特征。我们没有采用一种"自上而下"的方法,以及适用于每个参与者的事先定义的统一规则、道德规范和实际操作。我们进入的是一个行动的领域,在这里,儿童和成人都在与因为在一个多元又充满冲突的环境中学习而产生的各种问题做斗争,而且看来是奋斗成功了。于是,我们编撰了一部"关于经验的词典",以帮助我们进行反思、推断、假设和领悟。

能拥有所有这一切经验和感悟,我想要感谢马拉(Mara)、史蒂夫(Steve)和本(Ben);感谢他们对我们的启发,他们的参与,以及他们能让我们进入到他们的哲思、知识和经验中。我要特别感谢霍华德·加德纳,因为在"零点计划"和瑞吉欧研究小组的联合会议上,他能用仅仅一个问题就让我们长时间积累的经验在顷刻间变得混乱,迫使我们进入健康的反思过程。最后,我要感谢读者们,谢谢你们的信任,因为你们在阅读本书的时候也就是让我们的研究得以传承下去的时候。

第 6 章
童年的空间
（1998 年）

在"瑞吉欧儿童中心"与多莫斯设计学院（Domus Academy）合作进行的研究出版成书之际，我写下了这篇文章。这个研究项目以及整个研究旅程是令人难忘的，也让我们这些参与研究的人再一次认识到了对话的丰富内涵，从跨学科的对话到学科内的对话都有利于我们在元认知层面进行反思。

多莫斯设计学院到底是个什么样的机构？为什么我们会和它合作进行研究呢？多莫斯设计学院坐落于米兰，是一个培养设计艺术研究生的艺术院校，也是进行设计艺术研究的实验室。它是世界著名的学府，推崇研究和创新。1995 年，我们与他们有了正式的接触，但是我们之间的关系可以追溯到更久之前。那个时候,我们觉得不仅有必要扩展和加深我们对空间环境的认知,还需要在概念上对它重新认识,并改变我们认识、设计和使用空间环境的方式。

瑞吉欧幼儿教育一直非常关注"空间环境"这个课题,更广泛地说,关注环境在教育中的作用。1970年,当我开始在市立学校工作时,我很惊讶地看到他们高度关注学校空间环境所起到的重要作用。当时意大利和全世界的主流思想是,教室就是一个空空的盒子,整洁但没有特点,在地下室和商铺等地方开办学校被认为是合理的(不幸的是现在还是这样)。因而,当人们进入一所瑞吉欧的学校时,他其实是开始了一次情感的体验。人们可以感受到空间环境是与生活的脉搏一起跳动着的,尽管蒙台梭利、弗雷内和杜威的思想在学校的空间环境中有所体现,但是瑞吉欧学校的空间环境语言显然超越了这些学者的思想,这要感谢瑞吉欧的学校对建筑和视觉艺术的关注。

瑞吉欧的教育者们凭着直觉,已经对于空间质量和学习质量之间的关系有了一个清晰的认识。马拉古奇很喜欢一个定义,空间是"第三教育者"。这个定义已经很清楚地揭示了瑞吉欧的教育者们对空间环境重要性的认识其实已经达到了一个很高的水平。同样的,马拉古奇关于儿童有权在高质量的环境中生活学习这一主张也是清晰可见的。有权拥有一种环境和一种美丽,有权为建构这样的环境、这样一种美丽和一种共享的美学做贡献:这是包括教师和成人在内每一个人都拥有的权利,而这些权利只有通过持续开展的研究才能被表达出来。这些研究的基础,一方面来自于专心而又准确地观察儿童和成人使用空间和家具的情况,另一方面来自于那些研究人们通常是如何理解空间和建筑的相关课题所带来的启示。

我对我在1972年参与的我职业生涯中最初的(对我来说也是最重要的)几个学习小组中的一个小组记忆尤为深刻。这个小组由艺术教师(我记得当时是6个艺术教师,她们大部分是刚刚被录用的)、教师、建筑师杜里奥·辛尼(Tullio Zini)组成,杜里奥是一个大方的朋友,他是瑞吉欧·艾米利亚在阐释环境及体现环境中美感时重要的灵感源泉。我们使用了一个由我们自己研发的、能将时间和空间结合在一起的体系来指导我们的观察,也就是说，要将"什么"（观察到的事件）、"在哪里"（地点）和"什么时候"（时间）结合在一起。这样做是为了发现某个空间被赋予的实际价值，以及这个空间承载具体事件和活动的能力。

儿童的午餐时间就是一个很好的例子。我们从对午餐时间进行反思开始，思考在我们的文化中午餐时间的价值是什么，并从心理学的角度来认识这个课题。不过，我们也非常认真地反思了教师们的观察记录和拍到的展现儿童午餐行为的照片。事实上，这些照片和记录突出了为什么午餐时间首先是儿童社交时间，以及如果成人能帮助儿童认识到他们各自能力的话，儿童如何能独立自主。那个时候，我们还思考了在午餐区里的人们的命运，如何安排空间，将噪音阻隔在外，并让音响效果更令人惬意。我们能怎样让空间变得更私密、更亲切？我们需要小一点的桌子（4人桌，最多坐6人），或许我们可以放置一些隔板以冲淡视觉"噪音"……令人愉悦和兴奋的"头脑风暴"就这样继续着。

就像我说的那样，这只是一个例子。在讨论和头脑风暴之后，艺术教师们继续设计新的家具，制造它们，试用它们。与此同时，杜里奥·辛尼与其他负责设计市立学校的建筑师和设计了那些需要被重新加工的家具的设计师们之间的关系也变得越来越紧张。我将这样的旅程定义为"持续展开的研究"，也就是说，尽管研究自身是有特定目标的，但是研究的主要目的是用新的问题来取代这些目标。

于是，这个旅程一直到今天还在继续，与多莫斯设计学院的对话也在继续。这是我们所经历过的最切合实际和组织得最好的研究之一。一方面，它将我们多年积累的知识进行了整合，另一方面，它提出的新问题挑战了我们已有的知识，带来了危机感，并打开了通向新认知的大门。

我在前面提到了，我写这篇文章的时候，瑞吉欧和多莫斯的研究已经通过《儿童、空间、关系——儿童环境设计的后设专案》（*Children, spaces, relations—Metaproject for an environment for young children*, Ceppi and Zini, 1998）一书呈现给了大家。但是，出版了的书籍和我的文章不应该仅仅被视为是研究成果和一种综合性的分析，而是一个起点。六年后，书中描述的和讨论的事情有很多已经发生了变化，得到了发展。其他许多研究、出版物和项目都把这本书作为它们自己研究的起点。不过时至今日,当重新阅读这些书页和回想那段旅程时,人们还是能够体会到引领着描述和体验童年空间方面的真正的范式变化时的所有乐趣。

不仅是学校,所有儿童和成人生活的空间,都需要进行巨大的改变。它们需要更多对基础理论和原则进行研究的项目(meta-project),它们需要新的激情和热情。

设计一个婴幼园或幼儿园的空间——或者我们可以只说成设计一所学校——是一项具有高度创造性的活动,不仅是在教育和建筑上,在社会、文化和政治层面也是如此。事实上,这样的机构可以在文化发展和真正的社会—政治实验中发挥特殊的作用,在某种程度上,这个时段(设计)和这个地方(学校)不是一个用于再现和传承现有知识的活动和空间,而应是一个富有创造力的地方。

我们处在一个转型期,我们所处的这个时代是短暂的。我们在一个"设计的时代"中生活,这是一个不能再使用旧的教育学、建筑学、伦理学、社会学和教育学的参数和价值观的时代,因此,探索新事物并为未来做准备就变得非常必要了。尽管人们普遍感受到的不确定和矛盾因素使这个时代必然是一个让人迷失和困惑的时代,但这也是一个令人兴奋的时代,充满了各种可能性。

当我们舍弃一些类似于"我们拥有无可争辩的事实"这样的论调,或者,当我们因为经历着危机带给我们的痛苦而认为自己没有立场和价值去对抗那些我们自己制造出来的,同时也产生了我们的基因突变的东西时,许多"新的"东西就生成了。[卡丽娜·里纳尔迪在编辑本书时写道:"基因突变"是一个比喻,用来比喻我们正在经历的深刻的变化,一个改变了社会和人的本质以及生存方式的变化,因为它改变了我们介入各种关系并进行互动的方式,以及我们关于空间和时间的概念。]在这样的环境中,我们不认为自己就是新生事物的"父亲"和"母亲",而是由新生事物生成的孩子,不过前提条件是,我们能够去探寻什么是相关的,并让我们互相联合和团结起来,而不是探究那些把我们分开的因素。

因此，设计一所学校首先意味着创造一个生活的空间，一个面向未来的空间。这就需要参与设计学校的人们共同研究教育学、建筑学、社会学和人类学，研究这些学科用来阐明自身认识论观点的学科知识和领域，并在一个重视对话和交流、全新又自由的环境里比较它们的语言和表征系统。这种类型的研究也会借鉴最新的音乐、舞蹈、设计、表演和时尚领域的研究成果。只有这样，我们才能保证建筑项目自身也是研究的一部分，才有能力整理每一天的收获，保证我们自身语言的有效性，自己与这个"形成"过程对话的能力，而这个"形成的过程"是真正的教育的基础。重视"形成的过程"意味着，我们需要建构一个既能表现又能提出可能发生的变化和行动的"隐喻式的知识"。

不论是在意大利还是在全世界，所有影响着现代学校建筑设计和建设的事物在每一层面上都存在着明显的差别。这在研究为小朋友建造房子的历史时——更准确地说是并不存在的历史时——变得更加明显（因为值得引用的例子很少，所以其实是没有这方面的历史的）。很多供孩子们使用的空间都是一些"别人用过"的建筑（以前是小学，或者最初是为了其他目的而建造的空间）；即便是在那些已经成为一个建筑项目主体的空间里，这个建筑项目的发展通常采用的也是一种特定的模式，是一些随机的因素和一些与教育严重不相关的行为的结果。在很大的程度上，这些项目就是为了创办或建造一个学校，很少会赋予一个学校意义；那就是，一个真正对社区和社会有意义的地方。[在编辑本书时，卡丽娜·里纳尔迪写道：我在这里提到了"赋予学校意义"，这是因为建筑不是单纯地对空间进行组合，它包含一种哲学，一种思维方式，思考教育、学习、教学和学习的关系，以及实际行动和动手操作在知识建构过程中的作用。学校建筑是一个教育学的课题，就这点而论，它必须是教育语言和建筑语言进行了细致深入的对话后产生的结果。]

是时候让建筑学、教育学和其他学科共存了，这样做是为了寻找更好的、更适宜的空间。我们不是去寻找理想中的空间，而是寻找一个可以自行生成变化的空间，因为一个理想的空间、一个理想的教育、一个理想的孩子和人其实并不存在。世界上有的是某一个孩子，某一个人，以及他们与自身的经验、时代和文化之间的关系。空间的品质因而可以从数量、质量以及发展这些关系这几个方面来定义。关系型教育和建筑的首要任务就是保证让我们所定义的空间品质切实存在并不断促进它。

教育和建筑的这个关系元素是由一种特定的思维模式支持着的,这种思维方式并不是建立在哲学或科学信条上,而是以能让儿童(和人们)成为"正在认知的个体"的各种关系为基础的,因而,这个"正在认知的个体":

- 能进行区分,划定界限和做出选择,而所有这些都是建构知识必要的积木;
- 是认知活动和评价的主角,因为学习必定是与反思和回顾同时发生的。我们的所思所想是一个平台,然后变成一种可以让参与学习经验的主角们看到自己行为轨迹的反射界面,主角们从而得以谈论自己是如何学习的;
- 把学习当做一种实践来体验,正如科学家和生物哲学家贝特森(Bateson)所说,学习不是去追求某种结果,而是去改变自己。从关系角度切入进行思考的必要条件是一种使用中的行动认识论,它首先是一种行为方式。在教育实践中,它变成了一种在"实验室"里工作的方式,学校则被认为是一个大实验室,一个"学习和知识的工作坊";
- 把美学维度当做学习的一个基本品质来表达。乐趣、审美和游戏在所有学习和知识建构活动中都是必要的。学习必须是令人愉悦的、动人的和有趣的。美学维度因而成了学术和教育空间中的一个教育品质。

以上这些观点都是多年来在婴幼园和幼儿园里进行颇有成果的学校空间设计研究时所形成的反思。

但是,这些反思对寻找一种新的学校建筑认识论有什么贡献呢?我们可以从一系列基本前提开始讨论。

心理—教育和人类学的前提

物理空间可被定义为一种语言,它讲述的是特定的文化概念和深远的生物学根源:

- 空间语言非常强大,它是一个调节因素。尽管它的编码并不总是非常明确和容易辨认的,不过,我们还是在很小的时候就能够感知到它并诠释它。
- 像各种其他语言一样,物理空间也是思想得以形成的要素。
- "解读"空间语言需要多种感觉并用,包括用远程受体(眼睛、鼻子、嘴巴)和立即受体(皮肤、薄膜和肌肉)来感知周围环境。
- 个体与他/她的栖息地之间关系的质量是相互的,因此,人和环境也就是在积极地互相改变着对方的。
- 对空间的认识是主观的也是整体的(触觉、视觉、嗅觉、运动觉)。在人生的不同阶段,对空间的认识会发生变化,这与一个人的文化有很大的关系:我们不仅使用不同的语言,我们每个人对空间都有自己的认识。在性别、年龄和我们身处的文化的影响下,每个人都会营造出一片属于自己的领地。
- 小孩子们向我们表明了,对于周围的环境,他们天生拥有极高的灵敏度和感知能力——这种灵敏度和感知能力是多重的也是整体的。小孩子们的立即受体比长大以后他们的立即受体要活跃得多,除了运用视觉和听觉以外,他们还表现出了很强的运用其他感官来分析和辨别现实的能力。因此,我们不仅需要高度关注灯光和色彩的设计,还要考虑到嗅觉、听觉、触觉等因素,对于定义一个空间在感知觉层面的品质来说,这些因素都是极为重要的。
- 考虑到儿童的年龄和他们的身体姿态(小宝宝的很多时间都是坐着或躺着的,在某一段时间里他们的移动是靠手脚并用完成的),我们需要重视通常被认为只是背景元素的各种平面,如地板、天花板、墙面。
- 我们需要尽最大的努力去认识空间和我们陈列在空间里的物品,认识到空间是儿童建构他们各自特性、他们个人的或真实或虚拟的故事的地方。电视、电脑和其他家用电器是现代生活中的工具,就像是真实、虚拟和想象元素的共同存在已经是日常现象了那样,它们在很大程度上改变了——甚至是用我们可能想象不到的方式改变了——今日的儿童对空间和对自我的定义。

儿童的形象

那些婴幼园和幼儿园的教学方法中对儿童特性或儿童形象的定义其决定性作用尤应强调。许多不同的形象都有可能出现:这些形象突出了儿童是谁和有什么,可以成为什么或可以做什么,或者正相反,强调儿童不是什么和没有什么,他或她不能成为什么或不能做什么。最重要的是,儿童的形象是一个具有文化性的(以及社会性的和政治性的)共识,它能认可(或不认可)儿童的某些品质和潜力,并对赋予这些品质和潜力价值的人们的期待和周围的环境做出解释,或者相反的,否定这些品质和潜力。我们的儿童观就在定义儿童在社会和伦理层面的特性、他们的权利以及给他们提供什么样的教育环境的过程中起了决定性作用。

正如劳瑞兹·马拉古奇所写的,瑞吉欧幼儿教育理念的一个重点就是这样一种儿童的形象,这个儿童从出生这一刻开始,就投入到发展与世界的关系中,并试图去体验这个世界,从而发展出一套复杂的能力体系、学习策略以及处理各种关系的方法。这个儿童就是:

- 一个完全有能力为自己的社会性、认知、情感和符号表征倾向制订出个人计划的儿童。
- 一个有能力的、积极的、会批判的儿童;因而他是一个"具挑战性"的儿童,因为他为他所参与的包括家庭、社会和学校在内的系统带来改变和动态的变化。他是文化、价值观和权利、学习和生活能力的制造者。
- 一个能收集和分解可能存在的事实的儿童,他建构隐喻和有创意的悖论,在学习解读已有的符号和编码系统的同时,建构自己的符号和编码。
- 一个从很早开始就能赋予事件意义的儿童,并试图去分享意义以及与意义相关的故事。

因此,儿童的学习路径和过程在他们与文化和学习环境的关系中延伸,照这样理解的话,儿童所处的文化和学习环境必须是一个"形成性的环境",一个重视这些过程并有利于儿童发展的理想的环境。

周围环境中的认识和激励因素会让儿童的能力和积极性得到促进,或是受到抑制。很多研究都发现,成人在儿童的发展中起了重要的作用,这些重要作用不仅在成人所采用的直接的手段和有目的的行动中有所体现,它们还体现在间接的手段中,如为儿童创设能让他们使用自己技能和能力的教育环境。这个发现在我们思考如何为儿童安排学校空间这个问题时带来了非常重要的启示。如果——如谢弗(Shaffer,1990)所证实的——每个儿童的"先天的编程系统"(innate programme)会建立新的目标,那对新目标的追求就是儿童和成人合作完成的,成人使用间接的手段来干预对新目标的追求,正如我们所说,这些手段包括空间、空间的界限、颜色和物品等等。

空间、空间的界限、颜色和物品等要素不是孤立的,它们都是一个"有意义的环境"(a context of meaning)中的一部分,在这个环境里,物品也参与到对话中,是大家共同面临的一个问题或是一个研究主体的一部分。物质和心理环境是相互的,它们给儿童带来安全感,而儿童的安全感来源于儿童感到自己是受欢迎的和被重视的;同时,儿童的安全感也保证了让儿童有发展相关潜力的机会。最重要的是,婴幼园和幼儿园是生活的空间,个人的和社会的活动和故事不断地刻画着和改变着婴幼园和幼儿园。

基于这些思考,我们能重新认识并重新安排学校建筑,重新认识并重新安排各个空间和如何将它们连接在一起,以及如何让它们认可和支持实现"我"和"我们"、小组和大组、个体记忆和集体记忆。我们这样做的目的是为了让环境能够支持:一个人进行实践和反思他的行为的可能性;空间的可辨认性;透明度和不透明度(在哪里和什么时候儿童可以被允许脱离成人的视线,以保护他们的隐私权)的创造;促进好奇心、行动和立场、操控和建构的能力;从而最大限度地优化空间的交际能力。

学校是一个系统

不过,过分强调儿童本身的主角身份和特性将是错误的,因为最应该关注的是儿童和成人的关系。婴幼园和幼儿园不应被视为一个单独的系统,而是多个系统中的一个系统,一个存在于儿童、教师和家长之间的关系和沟通系统。

为了真正地做到"相互关联",儿童、教师和家长间的互动必须延伸到各个空间关系中,各个教室之间的连接以及和服务区域之间的关系中(厨房、餐厅、厕所),而不能用走廊以及孤立的走道将它们分隔开。这就需要婴幼园和幼儿园里不仅要有更大的、更开放的空间(像共享区域和大厅那样),也要有小小的狭窄的空间以促进小组活动或个别活动的经验。这些有"意义"的选择支持的是一种能促进关系—互动的环境,也暗示了室内空间需要通透性(玻璃墙和窗户让使用自然光成为可能,也让各个空间区域互相联系),同时又要与户外环境相互交融。

教学项目和建筑项目必须用某种方式交织在一起,从而支持在这个空间里发生的所有包括儿童、教职员工和家长在内的主角们参与的学习、教学、分享和理解的过程。

成人(教职员工和家长)在婴幼园和幼儿园的重要性意味着对空间和家具的安排要能促进和支持教师的工作以及教职员工和家长的关系,包括要有设备齐全的会议室、档案室、图书馆、温室和办公用具(如电脑、摄像机和其他能支持儿童和家长讨论并反思各种经验的用品和材料);也就是说,所有这些对每天的日常工作和教师间的分享都很重要,对于支持家长的积极参与也是不可或缺的。

因此,我们的目的就是保证所有三个主体,即儿童、教职员工、家长,可以在这个空间里有质量的生活,但是,最重要的是要保障他们作为一个创造者、空间使用者和事件参与者的权益。

学校——婴幼园或幼儿园——被视为一个"有活力的有机体",它跳动、变化、转型、成长和成熟。这个定义带来了一个问题,即一个关于我们应该把它视为一个寻求统一的过程呢,还是一个对变化进行管理的过程。有活力的有机体永远不会一成不变,小孩子们的学校每天也都是不一样的。因此,我们必须能够在变化中保证学校特性的连续性,保留过去的记忆以及对未来的"记忆"。

准确地说,早晨的学校和前一天下午人们离开时的学校是不同的,因为每天都会有很多变化发生。举个例子说,在选择材料的时候,我们应该很仔细地评估会在空间和整体环境中留下痕迹和记忆的那些改动。空间和家具有变老的权利,从而显示岁月留下的痕迹。让一个空间充斥着"了无生气"、不为时间所动和不会磨损的材料是一件非常令人沮丧的事情,不过,关注材料的维修和卫生显然也是非常有必要的。要注意的是,我们应避免做出任何可能让学校建筑成为一个了无生气而不是有活力空间的决定。

我们所理解的变化指的是在很长一段时间里所发生的事情——一年,一个月——不只是我们说的某一天。我们关注的问题是,会有多少种让一个孩子和一群孩子以及经验的主角们拥有一个故事,留下他们的痕迹,并看到他们的经验是被重视的和有意义的可能性。这是一个与记忆有关,与叙述和记录作为一种权利有关,与教育环境中包含了哪些重要品质有关的问题。

我们需要对婴幼园的空间作一些特别的考虑,但是这些考虑还是不能超越与幼儿园共享的总体教育事业的范围。在婴幼园,安全方面的需要(物质的和心理的)和个别需要(即针对每个孩子的个性化策略)更为明确和突出;婴幼园的建筑体现了对儿童的年龄以及他们的感觉、认知和情感发展的高度认识。我们关注空间的安排(小的、让人更亲密的空间),各种平面(地板、墙面和天花板的使用材料),感官元素(声音、味道和触摸,以及光线和色彩),以及家具和材料,使它们能够最大限度地保证这个年龄段儿童所需要的安全感,以及他们表现出来的对独立自主的渴望。婴幼园的建筑必须尊重每个儿童的差异(特性、节奏、性别、习惯),同时也必须满足儿童探索、猎奇、形态生成和参与的需要,与年长一点的儿童相比,这些需要在这个年龄段的儿童身上可能表现得不太明显,但同样很强烈。

我愿意把婴幼园的环境想象成一种带有日式风格的空间——符号化的、隐喻的、柔软的、可感知的、可变化的、受欢迎的、大小适宜的空间,这些品质似乎刻画了与日本文化传统相符的日式风格空间的特点。

然而,最重要的是,为了能让婴幼园和幼儿园(以及其他教育场所)真正成为一个建构性的地方、学习的地方、文化和社会—政治实验的地方,它们应该被当做一个实施具体行动的地方,一个真正的"工匠作坊"来设想和建造,而不仅是停留在文字上,对我们来说,这显然是意大利文艺复兴带给我们的文化烙印。通过实际行动和动手操作,儿童可以理解他们学习的路径,组织他们的经验、知识,领会他们与别人关系的意义。一个人对行为的反思有助于构建人与人行为之间的差别,这些差别塑造了正在认知的主体,已知的客体以及用于认知的工具。

结　论

因此，我们的目标就是去建构和安排空间，让儿童能够：
- 表现自己的潜力、能力和好奇心；
- 独自探索和研究，与包括同伴和成人在内的他人一起探索研究；
- 将他们自己视为各种项目以及在学校里进行的所有教育项目的建构者；
- 强化他们的个性特点、自主能力和安全感；
- 与别人沟通和一起工作；
- 知道他们的个性特点和隐私权是被尊重的。

空间的建构和安排应该让教师们能够：
- 感到她们是被支持的，感到她们是融合在与儿童以及家长的关系中的；
- 拥有适宜的空间和家具，以满足她们与其他包括成人和家长在内的他人进行会面的需要；
- 感到她们的隐私权是被认可的；
- 感到她们的学习和专业发展过程是被支持的。

最后，空间还需要保证家长们能够：
- 得到倾听和被告知；
- 能与其他家长和老师见面，这种见面的方式和时间又能促进真正的合作。

这个空间是一个由过程主导的建筑，它促进沟通，它自身也就是沟通。它所采用的形式有能力让各种关系和连接得以持续——是一种整合各种系统的系统——那就是婴幼园和幼儿园。它创造了一个人们乐于进入的、可以用所有感官去探究和体验的并能给未来进一步学习带来启发的环境；这是一个充满感情的环境，一个不仅能让人领悟到生活的意义，还能赋予身居其中的人们意义的环境。

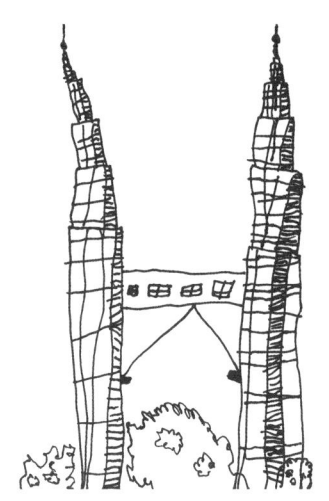

第 7 章

今日教育的问题

（1998 年）

重新阅读我以前写的演讲稿时，我常常会有一种不安的感觉：我想要改写它们，增加或删除一些内容，修正我的用词。我的意思是，我想要改编它们，让它们能符合我现在的思想和这些年来我自身的一些变化。我觉得我以前写的东西在现在看来已经不太恰当了。

但这种不安的感觉没有在阅读这篇演讲稿时出现。这篇演讲稿写于 1998 年，是为了一个家长会而写。那时，我们想要开始一段对教育进行反思的旅程，参与反思的包括所有市立学校的家长们，32 个学校，2500 个孩子以及他们的家庭。那时，我是市立学校的负责人，我被要求写一篇介绍这个项目的演讲稿。我和与各所学校合作的教学协调员们共同决定由我向来自各所学校的家长和老师做这次演讲,然后,将演讲稿分发给各所学校,把它也当作反思和讨论的一个课题。

这段反思旅程历时一学年。家长们很热情地参与进来,再一次显示了他们很强的倾听、阐述和讨论能力。他们的交谈被录音和抄录下来,并在学年末的一次大会上和所有感兴趣的家长进行分享。家长们非常出色,和老师们一样都是积极参与的主角。

事实上,瑞吉欧幼儿教育的学校——家庭关系指的不仅是一种孤立的家长和教师的关系,也肯定不是一种由教师告诉家长他或她应该做什么,以及什么是对的什么是错的从属性的关系。相反,这是一个在校内和校外共同建构——家长和教师的——价值观和现代社会教育方式的旅程。

我在前面提到,我写这篇讲稿的目的是鼓励大家面对面交谈和辩论。1998年至今,我自身和我周围的事物都发生了很多变化。在短短的几年间,世界发生了深刻的变化,911事件之后,我们生活在一个充满恐惧和迷失了方向的世界里。然而,我发现,这篇讲稿中提出的一些建议和问题还是有用的。这篇讲稿给读者提供了反思今日教育带给我们的一些主题和选择的机会。

每一代人都会问自己,要把什么样的价值观和知识传给下一代,怎么样传承。然而,在我们的文化所经历的各世纪里——其他文化亦如此——这些问题和答案是由少数人和精英们决定的。他们为所有人决定了价值观和教育所处的地位。基本上,技能的代代相传是简单的,从父亲到儿子,从母亲到女儿。工业时代的到来,带来了关于国家的不同定义,关于社会的新概念,以及对每个人和公民权利的认可——所有这些发展,创造的是一种新的社会秩序和一种新的民主观念。这些秩序和观念体现在让人们有权利工作、选举、上学和全民教育等方面。

但是,一直到第二次世界大战以后,新的社会秩序才开始给意大利带来深刻的变化(而在其他一些国家变化已经发生了)。新的权利(不仅仅是义务)和价值观产生了。不过,最重要的是家庭、女人和男人的身份以及他们的角色所发生的改变。

新的技术和全球化现象改变了——还会继续改变——我们很多人的身份，作为劳动者和公民，作为母亲和父亲，以及作为儿童。消费型的社会提出新的价值观、新的人际关系以及新的时间和空间概念，并将这些强加于我们。我们似乎没有时间去享受、去害怕、去忧伤、去庆祝。个人和集体都没有时间。是时间帮我们选择了我们想要拥有并传承的那些人性的品质，它和消费与生产也越来越密切地联系在了一起。

我不想将我的分析变得肤浅和令人厌烦。我只想介绍一系列可能出现的问题以帮助我们反思当前的问题：家庭和它的变化。

- 在过去的几十年里，家庭发生了变化：在今日，哪些地方不一样？怎么不一样了呢？
- 为什么妇女在社会中的地位会发生变化，因而使社会对母亲的期待也发生了改变呢？
- 对家庭中每个成员的关注程度有没有发生变化，这些变化能不能给家庭赋予新的定义和特性？
- 父亲的角色有些什么变化，有人说父亲们似乎变得越来越"母性"了？
- 谁更权威？在今日，家庭中的权威是什么样的？独裁的或权威的？或是其他？
- 社会对于家庭的期待是如何变化的——假如它们已经发生变化了的话？那么家庭的权利呢？家庭的政策呢？它们又是如何变化的呢？

核心家庭、重组家庭、复杂的家庭关系：所有这些词语并不足以（或者可能足够了）帮助我们理解许多家庭所体会到的孤独感和无力感。家庭，意味着有妈妈、爸爸、祖父母、保姆。放弃对孩子的教育和照料的家庭似乎越来越多。人们担心孩子，但是很少关注到他们。本应该由父母承担的任务越来越多地被委派给其他人和地方来承担（学校、祖父母、体育运动）。

或许并不是这样的？相反的状况有可能是真实的吗？那就是，家庭太孤单、太与世隔绝了，他们在文化和经济上得到的帮助和支持太少了。为儿童而存在的教育事业似乎是缺失的。

通常，我们知道我们想要给他或她什么，但是不太知道他或她是谁，尤其是他或她喜欢什么？我们害怕我们的孩子吗？我们害怕的是那些我们已经给了他生命的孩子,还是那些我们期待中的孩子?或许,我们害怕是因为我们想要给孩子们提供最好的条件,最高效地使用时间和金钱?但是什么才是最好的呢?谁决定什么是最好的?是基于怎样的参照因素呢?

这样的推理引导我们去反思另一个我们可能遇到的,又是很重要的课题:童年和社会间的关系。什么是童年?谁来定义它?它是如何被定义的?童年被赋予了什么特性、什么权利?童年,我们知道,是一种文化性的阐释和建构。每个社会和每个历史时期都会定义它自己的童年——童年的意义是什么,社会对童年有什么样的期待,为它做出什么贡献。

现在,有一件事我认为很值得我们反思,那就是,我所相信的成人和儿童关系的核心是什么?最根本的问题(它是我们前面讨论的内容以及成人—儿童关系的基础)是我们对于儿童在文化和个人层面的建构,就我们在瑞吉欧的经验而言,即什么是我们所说的"儿童的形象"。形象,是一种阐释,一种历史性和文化性的定义。

实质上,我们看待和认识孩子的方式决定了我们对儿童的定义。但是,由于我们是根据我们的经验和知识来认识儿童的,儿童的形象也就反映了对于儿童我们了解些什么和认可些什么。这个形象决定了我们与儿童建立关系的方式,我们对儿童的期待以及我们能为儿童建造的这个世界的形成方式。

我觉得,现在你们所有人都已经熟悉了有能力的儿童这样一个形象,这是我们瑞吉欧幼儿教育经验的基础。但是,有什么能力呢?和世界建立关系的能力。儿童不了解这个世界,但是他们拥有了解世界所需要的工具,而且他们想要了解它。在与世界的这种关系里,儿童认识这个世界,也认识自己。

我说的是一个有能力的儿童。有能力,是因为他有身体,一个能说会听的身体,这给了儿童一种特性,儿童用它来识别其他事物的特性。这是一个拥有各种感官和用以认识周围世界的身体。如果它的认知潜力不被认可和促进的话,这个身体会承受与认知越来越疏远的风险。这是一个不能和心理分开的身体。很显然,心理和身体是不能被分隔开的,而且,它们组成的是拥有互补品质的一个整体。

我们用我们的心理和身体来学习，还有理智和情感。一个身体可以通过性别来区别。我指的不仅是生殖器官，还包括身为男性或女性的性别认同。儿童是男和女，女孩和男孩，这是一个本质的区别。当然，它不是儿童之间存在的唯一差异，不过可以肯定的是，它是最重要的差异之一。对我们来说，它既是一种局限，也是一种资源。

男孩和女孩阐释自己以及建构与世界的关系的方式是不同的。而且，我们对男孩和女孩的看法和期待也极度不同。例如，女孩似乎能较早地自治，并找到自己的兴趣，即便是在困难的时刻。这就是为什么会有一些与另一个重要课题有关的问题需要我们进行反思：

- 男孩和女孩的差异是如何形成的？社会的导向似乎是期望我们越来越模糊性别差异（时装、语言和经验）。
- 什么样的差异是我们一直在强调的？在对话中，我们是如何保持这些差异的？
- 我们是如何在无意中建构了差异的？如何做今日的女孩和男孩，如何在建构今日和明日未来社会的女人和男人。
- 如同有些人已经确认的，我们是否是在迈向一个更加"女性化的"未来？或是相反？

但是，谈论儿童和性别以及他们发现自己性别特点的方式，也意味着谈论我们自己的性别特点，作为女人和男人我们是如何认识自己的，在我们的社会里，我们是如何谈论性、使用性、滥用性和性别认同的。

教育是一项艰难的工作，因为它意味着反思和谈论我们自己，我们的禁忌、缄默、伪善、恐惧，我们对儿童的真情实感——我们的儿童——和我们自己。当然，性和人的身体从未像现在这样么容易就能被接触到；但是，从一定角度看，性和人的身体从来没有如此的未知，我指的不是与生育有关的信息（我们如何出生、性关系，等等）。

不同于前面提到的主题，我想请大家反思的是性教育，性别认同，以及包括身体和性作为一个整体的个人的身份认同。身体，是知识、乐趣、情感和欲望的所在。我想请大家讨论我们可以如何帮助儿童接受他们自己的身体、欣赏他们、爱他们和尊重他们，正如我们应该爱、欣赏和尊重自己和他人一样。一个我们不应该害怕的,而是去照顾和尊重的身体。一个意味着能获得知识的身体。用身体学习是人类共有的一种方式,特别是小朋友们。我们能如何去支持用身体学习,而不是去抑制它,如何去保护它,而不是否认用身体进行表达的自由?

支持和保护用身体学习和表达是一项艰巨的任务,等待着我们去完成。它很艰巨,是因为它意味着,我们也是有能力将我们自己从包围着我们的身体和性别认同的文化"光辉"中解放出来的——这要感谢儿童。这也意味着,我们要传达给孩子的不是我们的恐惧,而是我们的勇气。一个我们熟悉的、爱着的身体是更为美好的、受保护和易被保护的。一份已知的和被认可的情感和性别意识,也就不太容易与会让人误会的爱抚和关注相混淆。

这还是一个与限制和规则有关的问题,什么是被允许的,什么是被禁止的。这是一个关于规则的问题:谁制定了它们,如何制定的?家庭的规则,学校的规则,它们应该是不一样的吗?还是应该是一样的?我们应该寻求什么样的一致性?什么样的差异?

对于儿童和教育者(教师和家长)来说,遵守规则是很难的。规则能被讨论、被评论、被解释、被认同、被克服。不过,在我看来,规则是必要的。成人推卸他们有逐步引导儿童发展的责任,这一问题不是仅依靠学校就可以解决的。这是一个真正的教育项目,它只能在家庭和学校的对话中生成。

这个真正的教育项目,是一种不畏惧辛苦工作,与努力、专注、错误和迷失等词汇联系在一起的教育。这里,我们需要讨论另一个焦点话题。辛勤工作和努力,教育的责任和如何教育;这些不仅仅是适用于学校的词汇,它们是我们所有人都必须反思的概念和价值观。有哪些责任是仅属于家庭的责任呢?我们所说的责任到底是什么呢?

对安全和风险这两个概念进行反思也是很有意思的:成长的风险,教育的风险。为了长大,成为大人,儿童们会冒风险。我们想和他们一起冒什么险,为他们承担什么样的风险?什么会给他们带来风险?我们允许他们冒险吗?我说的既是身体上的风险,也是心理上的风险。

对于我们教育者来说,友谊、团结、对差异的尊重、对话、情感、喜爱,这些都是最重要的价值观,这是因为我们是在为儿童而存在的机构里工作。只有让这些价值观在生活中体现出来,它们才能得以传递。体验友情,尊重差异,参与对话,并团结他人。我们愿意去这样做吗?我们愿意在一个常常被傲慢、隔离和分割统治着的社会里这样做吗?我问大家也问我自己:我们肯定不会让儿童和小朋友单独待着,但是我们愿意让他们在友爱、团结、欢喜和不伪善不虚假的对话中(那是,"照我所说的去做,但不要照我所做的")接受教育吗?

童年期和青春期正逐渐被暴力充斥着,有时候是暴力的牺牲品,有时候是实施者,很多情况下是两者交替发生。对我们来说,危险的事是感到自己是无能的,感到无法到达"近在咫尺"的乌托邦。但是在我看来,我们不能怀念"碉堡式的学校"(bunker-schools)或者过去那种死板的规则,我们也不能在我们的孩子身上形成"怀疑的文化":这种文化鼓励我们视他人为"敌对者""敌人""危险的";这种文化让我们将他人和这个世界视作和诠释成敌对的物体。这种文化时刻准备着从身体和心理上虐待我们。

我们一定不会忽略我们所读到的和听到的——在我们自己和其他文化里——与对儿童实施暴力有关的信息。但是,我们需要提高我们倾听的水平,以及我们对话和关注儿童的水平,以便观察他们,与他们亲近,但又不是审查他们、监视他们、阻碍他们拥有自己的隐私,最重要的是不能抑制他们的好奇心和对待这个世界快乐的态度。我们需要给儿童提供的是强大的、充满爱的、坚定和耐心的支持,以帮助他们在通往自由生命的道路上健康成长。

我们需要给儿童——和我们自己——更多的时间来审视自己的内心,与儿童以及其他人对话。否则的话,我能看到的是一些巨大的危机:在充满怀疑、孤独和乏味的气氛中成长的危机。这仅仅是生存而不是生活。我们拥有价值观和情感,但是不知道怎么去运用它们,也不知道要把它们给谁。这些是对人性真正的浪费。

基于理智的和发自内心的想法并不总是一致的。重要的是我们要能够识别和了解它们,让它们得到表达,并认可它们的合理性。我们常常会害怕我们内心的想法和我们的情感,如,爱、激情、恐惧、担心、愉悦和失望等情感。不过,儿童并不害怕这些情感。如果我们倾听这些情感,如果我们把它们合理化,那么儿童就会谈论它们、讲述它们、分享它们,继而表达和接受它们。

情绪帮助儿童探索这个世界,帮助他们理解和创建关系。他们的情绪是强烈和强大的,有时候会让成人害怕,于是,我们有时会回避这些情形,有时会轻描淡写地用一个微笑来处理。这是因为我们没有准备好用开放的态度来面对情绪,尤其是"那些"不易应对的情绪。

马可说:"痛苦和伤害是一回事吗?你说的是伤害吗?如果你发脾气了,你心中感到的是什么样的痛苦呢?如果你发脾气是因为有人打你了,那是痛苦。如果你发脾气是因为你妈妈对你嚷嚷了,这是另一种痛苦。当这些发生在你身上,你会逃开并藏起来。"

瓦伦蒂娜说:"令人失望就是有人真的没有做到他应该做的事。"

萨拉说:"当我失望的时候,我的脸色会变黄和变绿。但是,它在10秒钟内就消失了。并不是每个人都像我这样能让它那么快就消失的,因为每个人都是不一样的。如果它很快消失了,你就能做更多事情,享受到更多的乐趣。"

劳拉说:"米洛爱上我了,但是我并不爱他。我爱上了萨姆埃莱。我知道在我这个年龄爱上一个人听起来不像真的,实际上 X 老师总说这是在开玩笑,我妈妈也说这事不重要,因为我还小,不过对不起,这对我来说非常重要。"

当你可以谈论情绪(我重复:生气、爱、恐惧、信任、伤心和痛苦)时,它们就不那么可怕了。我们也需要学习倾听我们的情绪。情绪的发展,敏感性的教育,使我们能用一种新的批判性的方式来反思,并且不再受先入为主的偏见影响。情绪,要求我们去承担面对它的责任,这需要勇气:承认并描述它的勇气。

识别和谈论情绪让我们自身一些不为人知的特点变得明显,但是它也可能会到达爆发的地步,使教育变得无能为力。识别我们自己的情绪能让我们向他人敞开自己的心扉,理解自己和他人的不同,当然还有他人的情绪,我们与他人的共同点,这让我们有可能站在别人的立场上设身处地地为别人考虑。

交流、倾听和分享情感以及情绪是我们和儿童对话的重要组成部分,儿童和我们非常不一样,但是他们真的有能力去理解那种"发自内心的想法",尤其是在他们很小的时候。

第 8 章
纪录和研究
（1999 年）

正如我在前文中提到的,一些主题和概念在本书中出现了不止一次。这些主题和概念的反复出现,首先是因为它们是一些识别符号,也就是说,它们是真正体现我们的教育经验特征的标识。不过,也有可能是因为它们比较难以进行描述,也比较复杂。事实上,要领会这些概念的新意,听众们需要换一种模式思维,不过最重要的是那些进行教学实践的人们需要真正地换一种范式进行思维。

其中一个重复出现的概念是"教学研究",确切地说,我们对"教学研究"这个概念的论述其实是想要理解"研究"在界定日常活动中教学——学习关系过程中所起的作用。正如我在下一篇文章中提到的,这不是一个傲慢的宣言，而是一种尝试，尝试充分发挥每一天在建立课程文档中理解和支持儿童和教师的学习过程时所产生的创造力和丰富内涵。

写下这篇文章并不是偶然的，它是专为1996年6月在瑞吉欧·艾米利亚举行的一个国际研讨会而写的，大会的主题是"学习如何学习"（Learning about Learning）。那个时候，我是瑞吉欧市立学校的负责人，但是我已经决定离开这个职位了，我想要花更多的时间去学习和研究。认识到教学研究的重要性，促使我做出这个决定，也让我或者说是让我们觉得有必要推动这样一次关注教学研究重要性的研讨会。

我们在组织这次会议的时候，在意大利范围内，学校的改革这一话题也正在被讨论着。更为重要的是，我们开始再一次探索让婴幼园和幼儿园在教育层面合法化，因为它们经常被认为和形容为只是满足了个别需要的服务机构（见36页），而不是教育的场所。越是在国家和世界的层面讨论教师的发展，但在讨论时却对合作以及纪录的重要性缺乏足够重视的话，这种教育层面的合法化就变得越重要。

世界各地的朋友和同事们的到来让这次研讨会变得弥足珍贵。每个人都做出了贡献，这些贡献和瑞吉欧市立学校的老师们、教学协调员以及艺术教师的贡献交织在一起。这些教育者展示了在市立学校里进行的一些研究项目，当时，这些项目的课题在全国和全世界的教育辩论中都非常受关注，如纪录和评价，社区型参与，瑞吉欧·艾米利亚小镇，新的技术、伦理和道德，剧院，空间和环境，音乐，特殊权利。通过文字和影像所呈现的一个个故事，教育者们指出，知识是行为的众多形式中的一种：正如行动离不开知识，知识也离不开行动。知识一直都是行为的一部分，并不断地修正行为，同时知识自身也在行为中被修正。教育研究的深刻意义就这样变得更为明确了。

能和大家分享我们的生活经验是让我和瑞吉欧的同事们都感到非常荣幸的事情。是的，一种生活经验，因为我认为我们在一起的这些日子，不仅是一种专业发展的机会，更重要地，它是一个聚会，一个正在寻找教育的意义和教师的意义的人们之间的聚会。

我们会试着将你带入我们的生活经验，特别是那些促使我们把每一天都当做是独一无二的、特别的、充满可能性的和全新的一天来生活的理由和动机。让你知道每一天并不是一个封闭的、事先包装好的、由其他人为你提前准备好的东西（日程表、计划）构成的盒子，而是你和他人，儿童和同事，一起建构的时间——一段只有儿童能帮你寻找意义的时间，这是我们在工作中发现的美妙的事情，也是我们想要和大家分享的。这就是我们所说的"教学研究"。

我们相信，正是纪录和研究为我们带来了让每一天都成为特别的一天的力量。现在，我想跟大家分享我们的一些反思，以帮助大家更好地理解这个观点。第一个反思是我在重新阅读玛丽亚·蒙台梭利的一些著作时想到的。20 世纪初期，蒙台梭利写下了以下这些文字，而我们也正生活在同一个世纪的末期：

- "永远要从儿童开始……并尽力去赞许他，清除各种用于推断他特性的标签。"
- "将学校的作用从教转变为学，切实地转变，而不仅仅是口头上的转变，支持建构儿童之间的合作行为，教师作为帮助者出现，儿童可以随时寻求教师的帮助，但是教师不会过于强势或者打扰儿童的学习……今天，儿童知道了如何与别人一起工作，明天，他们也会知道如何自己独立工作。"
- "和孩子一起建构一个为了学习而存在的教育环境……通过布置空间、家具、材料、工具、项目、相遇、合作经验、交流和比较想法等手段来建构。"

我问过我自己，我也想问大家：对我们自己以及那些怀着兴趣和好奇看着和听着我们的人，我们还能说些什么不一样的东西？我们还能为每一个儿童和所有那些蒙台梭利的话语中没有提及的儿童提供哪些不一样的东西呢？

我知道，追随着蒙台梭利，人们写了、讨论了、丰富了，也深入阐释了她的这些话语。玛丽亚·蒙台梭利生活在一个与今日不同的时代里，她所展现的儿童的形象也是不同的。时至今日，在不同领域以及在新的知识和学习领域进行的很多研究,让我们能够就"鹰架"理论,小组学习,跨学科方法,表现力和语言,以及学习和教学的相互关系展开讨论。但是我害怕的事情是——我非常希望我是错误的——学校做事的方式和学校自身并没有发生太大的变化,在学校的日常生活中,玛丽亚·蒙台梭利所希望看到的那些情景,在很多机构里(在意大利和全世界)还是和实际情况有很大差距的。很多原因造成了这种现状,而这些原因来自多个领域:政治、文化、工会等等。

不过我觉得,在这些原因中有一个是决定性的但又是很少被考虑到的因素。那就是,事实上,我们一直在使用语言文字来讨论学校、学习和教学,口头和书面语言。不同时代的教师们接受着师范学习和在职专业发展,但从不反思我们已经知道的那些与学习、学习与环境间关系有关的事情。尤其是放弃了寻求新方法和新语言,而这些才是能让教师们参与体验、分享、讲述和进行学习活动的要素。

新方法,新语言,不同语言之间的相互"传染",可能会给儿童和教师带来新视野(就像在其他学科发生了的那样)和新的角色。举例来说,教师,会从简单的教学实施者变成教学途径和过程的创造者。至少在教育领域,她们有能力为消除那种傲慢的将理论和实践分开的思想做出自己的贡献。教师也就不再会视自己或被他人视为只是简单地使用理论并执行他人决定的人。

这种想法的长期盛行(意味着教师被定义为"实践者"这个想法)是很荒谬的,它必须被消除。它是一个在研究、教学和教育中被误解了的、唯理智论的以及错误的概念。能够反思并讨论儿童和人类的学习方式,是一件伟大的、可能的、必要的事情,可直至今日,学校都还不能或不愿意去做这些。是时候做出改变了。对学习展开研究的地方必须延伸到学校里,必须能让教师和学生在日常生活中反思他们学习和建构知识的方式。

是的,我提到了纪录,在瑞吉欧幼儿教育经验中发展起来的纪录方式:不是作为(静态)档案的纪录,或是挂在墙上的纪录,抑或一系列美丽的照片,而是一种痕迹和一个过程,用以支持学习和教学,让它们相互影响,因为它们是可见的也是能被分享的。我觉得,在意大利以及世界范围内,这已经是，在未来可能更会是瑞吉欧幼儿教育经验对教育学做出的一个重要贡献。

但是，我也相信，我们可以超越纪录已经做出的这些贡献。纪录，作为可视的倾听，作为对痕迹的建构（通过文字、幻灯、录像等），不仅见证了儿童已经走过的学习路径和过程，它也让儿童的学习路径和过程真正成为了一种可能，因为它们是切实可见的。在这个过程中发展并使用大量记录材料（录像、录音、书面纪录等等）是很重要的，因为：

- 它让我们看见儿童学习过程的特性和他们所使用的策略，至少是看见了一部分。这意味着，老师，尤其是儿童和儿童自身，能够在学习和建构他们的知识时反思自己学习过程的特性。这不是对某一成果的纪录，而是对过程和对思想轨迹的纪录。
- 纪录让阅读和阐释学习过程、让在时间和空间中对此进行重新审视和评价成为了可能。因此，这种阅读、反思、评价和自我评价成了儿童知识建构过程中不可分割的一部分。

对教师来说，能够反思学习是如何进行的，意味着她能够将她的教学建立在儿童想要学习什么的基础上，而不是建立在她想教什么上。这样的话，她就会去学习如何去教，教师和儿童就会去共同寻找最佳的学习方式。

事实上，我们所记录的（因而也是让它得以存在的）是我们对于意义和对于儿童和成人共同创造的生活的追求。这种追求是动感和诗意的，它的全面性只能通过诗意的、比喻的和拟人的语言来建构。

传统研究的第二个因素，我认为抑制了，甚至是扼制了蒙台梭利所描述的有关学习的观点，以及杜威、皮亚杰、维果斯基、布鲁纳和其他人的观点。这个因素就是，研究将学校拒之门外。我们都知道"科学研究"是什么，也意识到围绕着"硬"和"软"科学所展开的辩论。不过，在瑞吉欧，我们觉得，如果我们将研究一词用来描述在真正的学习和知识建构过程中所产生的认知层面的挑战时，"研究"这一概念，或者更准确地说，一个新的"研究"的概念，更现代和更有活力的概念，就能够生成了。"研究"过去常常被用来描述某一条和泛指的通向可能存在的新世界的路径。研究，是一个事件的出现并去揭示这个事件。研究，是一种艺术：研究的存在，正如艺术一样，是对生命、本质和意义的探究。这些是我们赋予"研究"一词的意义，我们试图去描述在校内和校外成人和儿童共同拥有的重要力量。我们需要创造一种研究的文化。

当今的社会随时会发生变化；种族和文化之间的互动时而交汇，时而破裂；它们可以是积极的，也有潜在的危险。我相信，我们持有的这种"研究态度"是我们在今天这样的文化、社会和政治环境中唯一可行的存在的和道德的方法。这既是研究的价值所在，也是对价值观的探究。

第 9 章
儿童服务机构间的连续性
（1999 年）

这篇和下一篇文章的主题完全不同——这篇文章讨论的是儿童服务机构间的连续性，下一篇的主题为创造力是思维的品质，而我将它们收入了本书的原因不仅是因为我写这两篇文章的时间非常接近，还因为它们是为两个在意大利召开的会议准备的，更准确地说，这两次会议分别是在帕尔马（Parma）和皮斯托亚（Pistoia）召开的。这一点也是我想要特别强调的：瑞吉欧幼儿教育和意大利其他地区幼儿教育之间的关系。事实上，我想重点讨论的是这种关系的两个方面。

首先，在本质上（身份的本质），瑞吉欧幼儿教育是整个意大利幼儿服务机构的教育和政治历史的一部分。在意大利，很多地区的幼儿教育都体现了意大利教育研究(特别是在我国的激进主义教育学领域)的活力、繁荣和质量,以及地方政府对幼儿教育进行投资的勇气。瑞吉欧只是这些地区中的一个。

不过,瑞吉欧通过与意大利其他地区和国际上同行的对话,以及在教学上和某些政治架构上的一系列决策逐渐形成了自己的特点,也让它的与众不同之处变得显而易见。瑞吉欧幼儿教育的某些与众不同之处是:零岁(0~6岁)延续项目(the *zerosei* continuity project);把创造性作为人类思想的一种品质的价值观,并通过艺术工作室和艺术教师的设立表达出来;理论和实践之间关系的价值在教师和教学协调者的合作中呈现;而反思作为形成性要素的价值在课程文档建立的过程中得以实现。瑞吉欧幼儿教育创造性地提出审美是一种权利,是儿童权利的一部分。同样的,儿童、家庭(以及他人的参与)、学校一起都享有这个权利,但是我们特别强调这也是儿童和老师的权利之一。

这些与众不同之处可能就是很多人对瑞吉欧幼儿教育感兴趣的原因,但是它们又是在与意大利的同事们的交流和分享中逐渐形成和被认识到的,而这种交流和分享始于60年代初期。我还记得和马拉古奇以及同事们(很多不久后就成了朋友)一起或坐汽车或坐火车跑遍意大利的很多地方,南方和北方。在我们参观过的许多地方和遇到的许多事情中,出于多种原因——有些是相同的,有些是不同的,皮斯托亚和帕尔玛给我留下了特别深刻的印象。

皮斯托亚,是托斯卡亚的一个城市,在城市面积、政治取向和市立学校文化方面都和瑞吉欧相似。我们与他们就创造性和零岁(0~6岁)延续项目这两个主题展开了对话,也就是说,我们讨论了婴幼园和幼儿园之间的关系,与市政的关系,教学协调者的角色,以及更广泛的组织方面的话题。我认为,正是因为这样的对话,我们能够发现我们之间的差异,我们的勇气,以及我们对幼儿教育那些课题的共同热情。

帕尔玛,在我的眼里,它代表的是我们同一地区内部深层的对话,也就是艾米利亚·罗马涅大区,这要感谢这个地区的管理者和教职员工多年来辛勤又重要的工作。1972年,我第一次和劳瑞兹·马拉古奇前往帕尔玛,那里的同事们也在讨论有关规则(regolamento)的问题——管控措施——针对的是全市的幼儿服务机构的组织和联合,核心话题与婴幼园和幼儿园连续性问题有关。瑞吉欧(正如我先前所说)选择了零岁(0~6岁)延续项目,重点强调的是连续性。帕尔玛则选择了将婴幼园和幼儿园两者分开,并在教学和组织导向上突出这两种服务机构间的差异。因此,30年后,当有人邀请我参与反思婴幼园和幼儿园间教育连续性时,我的兴趣被激发了,这个反思主题在今日的意大利比从前更让人感兴趣,也更加紧迫。事实上,当婴幼园与幼儿园分开后,婴幼园就承担了否定它教育特性的风险,并将它的功能减弱为仅仅满足社会需要和偶发事件。而幼儿园所冒的风险则是游戏和创造性失去在儿童学习过程中的中心地位。

这可能是为什么皮斯托亚那些为了让创造力处于专业发展中心位置所做出的努力具有特殊意义的原因。我们之间的友谊和我已经提到的理由促使我接受了阿娜莉亚·加拉尔蒂尼(Annalia Galardini)的邀请,她让我谈谈皮斯托亚和创造力。在随后的一个会议中,维亚·维奇(Vea Vecchi,一名艺术教师)分享了她在黛安娜幼儿园的经验。在我的记忆中,这次会议是欢乐的,也充满了感恩:这是一种你应当给予那些与你有差异,但又和你一起寻求和建构各自特性的人们的感情。

我演讲的内容来自于我在瑞吉欧·艾米利亚的经验,我在那里工作了很多年,一个在婴幼园和幼儿园里与0~6岁儿童一起工作的教育项目也在那里得以发展。简单地说,我的这些经验的意义体现在它所具有的一些明显特征,包括:同一个部门,也就是教学教育专业发展部,对整个项目负责;统一的教学支持和协调架构;所有服务机构共享相同的价值观、教学法和组织管理(例如,开放时间一样,工作时间也一样)。

为什么要发展一个"0~6"岁的项目?这个项目背后有哪些不为人知的考量呢?我们寻求的是怎样的连续性?这些选择还在指引我们吗?这个项目具有哪些可探讨的话题?为什么现在还有必要再次确认这个项目的价值观和意义?

对一些概念和问题的反思可以帮助我们理解和探讨瑞吉欧的一些选择,以及我们对连续性这个主题的反思。

1. 连续性的概念

为什么需要连续性？谁的连续性？什么东西的连续性？思想和行动的连续性的重要性是无法在各种会议中——也就是在对儿童发展阶段特性进行描述的对话中来认识的。不管意义多么重大，婴幼园和幼儿园教师以及家长之间的连续性是无法通过访谈来概括的。

连续性，是一个复杂又综合的现象。它的意义不仅仅是基于儿童发展水平的交流。它反映的是一种品质。它是存在于人类和他/她生活本身的一种本能，探究生活意义的本能，探究他/她的过去、现在和未来的意义。儿童所追寻的连续性必须是和其参与其中、成为这个"项目"的一员有关的；他们要参与的是一个"活的项目"，即这个项目里的各类成员以及他/她接受教育的场所（家庭、婴幼园、幼儿园和社会环境）都是互相了解的，能站在各自不同的立场上进行对话，以帮助他/她发现自己的特性和意义。最重要的是，连续性是儿童享有的一种权力，是婴幼园的内在品质，它包括婴幼园内部的对话以及和外界的对话；而所有这些都与时间和空间有关。

2. 变化的概念——尽管第一次看到时会觉得这是一个与连续性相对立的概念

变化是一种价值观吗？什么变化？我们讨论的是什么样的变化？我想讨论的是那种对人生有决定性影响的变化，那种会造成不连贯并在不连贯中生成的变化，那种作为生成因素的变化；它是一种无法逃避的生态现象和文化价值；让人从一种生存"状态"转换到另一种可能的生存状态的变化；让我们受到影响，同时我们也影响着它的变化；影响着儿童，但儿童不愿意被它影响却又无法逃避的变化。尽管应对变化并非易事，有时候还是一种痛苦，但它却是至关重要的。对于人生，它至关重要，因为人生就是在变化着的，人生的最初几年就是一个会发生巨大变化的时期。

我们谈到了变化的权力：变化既是一种权力也是一种价值。它是生命和生活的一个品质，它需要一种能指引自我方向的意识。认识到变化的意义并与变化为伴是很有必要的。儿童也要求我们这样做:我们陪伴他们变化以及他们对自己新身份的探寻,在变化中他们发现成长的意义和自身的意义,并且探究变化本身的意义。认识变化的意义并与变化为伴也就是意味着能通过别的儿童和成人的眼睛来看、读,解读变化,从而来理解它、评价它和欣赏它。

3. 我们眼中儿童的形象和童年的形象

我们自己的内心总是带有这些形象的。每个社会群体长期发展起来的表述体系刻画了这些形象。它们是儿童所属的社会环境加之于他/她的期待。每个社会及个人就是通过这些表述和形象来描述儿童的。

在我看来,心理—教育学文献所描述的内容和某些情况下人们的体验与日常生活中真实发生的经验之间存在着很大的差距。这些差异标志着我们的时代、这个世纪和我们文化的特征。"有能力的儿童"(有能力学习、爱、感动和生活)这一形象已经被讨论也被论述过很多次了。它刻画了一个充满潜力的儿童,一个从一出生就是美好的、有个性的、有能量的儿童。可是,在实践中,很少有人能非常认真地对待这个形象,并为它做点什么。

4. 学习的概念

关于一个人对知识的建构,一个人建构知识的时间范围和方法,以及个人身份意识的建构已经阐述得很多了。但是,在实践中,我们的行为方式以及与儿童之间的关系显示的却是对讨论过的各种可能性的彻底否定。

一个娇嫩和弱小的儿童形象,启发了许多与儿童有关的教育方法、政策和机构,并让它们合理化。儿童年龄越小(特别是3岁以下的幼儿),否认他或她很多个性化的品质似乎就越合理。

断裂带出现在生命最初的2~3年与接下来的3年之间。尽管刻画各年龄段的特点是非常重要的,但是年龄段之间的差异一直被认为是更年幼孩子们的缺点,这样做的结果是对儿童权利的真正侵蚀和歪曲。我们正在亲眼见证在社会、文化和政治层面上否定儿童是公民权利拥有者这一社会身份的行为。童年的身份也就是这样被隐藏了起来。

各年龄段之间存在差异可能是人们可以用来为区别对待婴幼园这一做法进行辩护的唯一方法。婴幼园的营运成本——不可否认是很高的——从来没有被视为是社会性投资,而总是被看作是花费。这就是为什么出现类似于婴幼园和幼儿园员工不能同酬的问题,或者近期与职业教育有关的一些决策(只有幼儿园老师需要有大学学历)都已经不会让任何人惊讶的原因。这也是唯一可以用来解释(并不是辩护)为什么幼儿园的老师会不愿意与婴幼园老师进行比较和交流的理由;因为她们怕被拖累。

幼儿园规范化所带来的日益增多的风险以及所需付出的努力使幼儿园更像小学了,这也带来了被完全扭曲了的婴幼园和幼儿园之间的关系。婴幼园在全国范围内的稀缺,和因为稀缺而造成的低关注和低认可,加大了要将它们与幼儿园分开的可能,以及将婴幼园从教育体系的其他部门中分离出来的危险。

在婴幼园里展开的研究,显示了它的品质和价值一直没有被充分利用。在公众和政府的印象里,婴幼园经常作为一个"照顾孩子"和进行"社会救助"的地方出现;是一个昂贵的地方,但那里没有教育。

因此,许多政治、经济和文化方面的原因阻碍了保持0~6岁各年龄段间连续性这一概念的真正发展。很显然,困扰婴幼园的恶性循环需要被打破,从头开始,不仅要从经济和就业的角度,还要从儿童的形象、儿童的权利、儿童的学习方法、使儿童在支持和接纳的环境中建构知识和身份特性中重新开始,这也标志着这些机构的教育品质。

我们需要从儿童开始我们的反思,反思那些最有可能让他/她表现自己的策略开始。也只有这样,我们才能开始协商和处理经济问题(成本),工会问题(员工状态)和社会组织里产生的各种需要(家庭的工作时间等),寻找得以兼顾其他主体(教师和家长)的需要和权利的灵活的解决办法。只有如此,我们才可以讨论连续性,或者说,反思连续性这个概念,并接受这个词所代表的新含义。

连续性最重要的意义在于,是做一个长期的计划;这个连续性在一个长期的时间范围里,不仅能支持儿童和他们的机构对意义的追寻,也能支持他们认识在变化中各自身份的异同。[卡丽娜·里纳尔迪在编辑本书时写道:只有当婴幼园和幼儿园能够表达那些区分他们的不同之处和他们之间的共同之处时,他们之间的对话才有可能。他们都倾听儿童,关注环境,注重对话和参与。但是他们的策略和组织形式却不同。例如,我为六个月大的宝宝设置的环境与为四岁的孩子设置的环境是不同的;但它们都基于同样的原则的指引,即高度重视为儿童创造一个鼓励学习过程,鼓励儿童自身,以及儿童和儿童之间互动的环境。]

连续性不是指标准化,而是教育过程的一致又协调的发展。这不意味着在方法和工具上有所削弱,恰恰相反,而是在共同的目标指引下寻求不同的策略和情境(就是说,允许每一个儿童和成人,教师和家长分享共识,并将婴幼园和幼儿园的地位从为人生做准备提升为它们就是人生),以及共同建构价值观。这不是教师传递信息的地方,而是教师和儿童双方试图理解对方的地方。

这也许能保证让大家最终会在一个互相尊重的关系中认识两种机构之间真正的和必然存在的异同。这种关系来自于分享意义、分享知识和发展,以及那些使这些分享得以实现的过程——那就是教育的过程、幼儿教育机构的角色、与学习相关的教学的意义,等等。换句话说,就是要让教育机构参照的理论变得明确清晰,并使这些理论成为反思、讨论、比较和交换的对象。

这些假设和目标使我的城市瑞吉欧·艾米利亚允许以与差异有关的对话为起点来组织教育项目,并沿着共同的教育过程前进。人们对已经被意识到的差异加以讨论,并随时通过交换和改变对其重新定义。婴幼园和幼儿园因此不仅在对话方面,还在身份和意识方面受益。

连续性,就是在很广的范围内和较长时间跨度(6年)内规划各种可能性。它不仅对儿童的成长和发展非常重要,这种经验对教师的职业教育(应该把注意力集中在0~6岁儿童发展项目上)、家庭关系(6年的课程影响着家教经验的发展)以及社会、文化和政治的影响都是很重要的。婴幼园,并不是一个特别的地方,但它是发展"童年期形象"最重要的地方。一个鲜明的童年和童年学校的形象意味着儿童拥有"更有力的契约地位"

(stronger contractual position)。[卡丽娜·里纳尔迪在编辑本书时写道:"更有力的契约地位"指的是儿童有更强的讨价还价的能力,它来自于认可童年和儿童是社会的主体,是拥有权力的主体,这样的主体是不能被忽略或冒犯的。]

在这里,连续性,意味着价值观的连续,即:

- 职业教育的价值在于自我教育(self-education);
- 教育的价值在于儿童、老师和家长对知识和个性特点的共同建构,这意味着通过认可个体的学习路径以及他们记忆、记录和保留痕迹的过程来突出主体的价值;
- 参与和团结的价值在于比较、交流和协商;
- 环境的价值体现在空间、时间和材料上。

瑞吉欧把连续性转化成了一种组织方式。这种组织方式对差异极度的尊重,允许每个机构表达它们自己独特的品质。但是,通过让教师们共同出现(同一时间,有多个老师同时和一组孩子一起工作)、平等的职业教育研讨活动、家长参与的活动以及各个机构提供的正式培训,我们的组织方式同时也促进了各个层面的对话和沟通。

5. 婴幼园和幼儿园之间的过渡

我们从这样一种信念出发,那就是我们认为儿童——和他人——要求并希望我们做出一定的预测以帮助他们认识过渡阶段,并做出相应的安排。那些被认为是儿童(还有成人)自我中心主义的行为其实是一种迷失现象。我们必须协助儿童,同时也促进我们自己对影响着周围环境的规则、角色以及期望做出预测。

因此,儿童在婴幼园的最后一年(也包括他们在幼儿园的最后一年),我们更加努力地为儿童、家长和教师发展出一个预测框架。这对于三大主角来说都很重要,尽管要考虑到他们不同的问题,我们还是要让他们得到理解、感到被欢迎、有自己作为独立个体的身份得到认可的感觉(对那种不为人认识所带来的——特别是家长的——忧虑做出反应),并在得到倾听中度过这个过渡阶段。简单地说,就是要让他们感到被尊重和受欢迎。

就这样,我们的一系列举措变得有价值和有意义了。例如,家长和儿童参观幼儿园,他们一整个上午都可以在那里参观;和幼儿园的老师开会,共同探讨各自的期望(以及连续性);提供基本信息并建立信心(包括信息资料、小册子、小出版物——通过文字、图画和照片,5岁的孩子们跟小弟弟妹妹分享他们自己刚开始上幼儿园时的经验)。

以下是一些可以为儿童提供更多良好过渡机会的方法:幼儿园和班级"身份卡片"(identity card),上面有孩子们所在班级的老师和朋友的名字;发给即将进入幼儿园的孩子们的请柬,邀请他们收集自己对这个夏天的记忆,这样做是为了收集孩子个人的故事。这个小小的"假期日记"会陪伴孩子们进入幼儿园最初的那几天,它可能会让儿童从一个环境到另一个环境的过渡变得平稳。

为了将所有这些材料分发到各个家庭,我们会在6月份举办由新学生、家庭和教师参加的聚会:一起吃冰激凌或者喝茶是一个很好的召集大家聚在一起的理由,同时还可以一起确定这个群体的人员构成和特点,以及它以后的发展途径。在8月份,我们会举行个别的会议,并在开学前几天再一次召开全体会议,在这些会议上,家长和教师试图共同预测和确定策略。此外,我们会与每个家庭进行访谈,并召开婴幼园和幼儿园教师们参加的会议,这些会议会安排在婴幼园,这样做是为了让婴幼园里的所有记录材料发挥更大的价值——这些纪录是个人和集体的痕迹,是儿童的经验的一个见证。

引导这些会议走向的一个理念是,没有人会去描述某个孩子是什么样的,更不会通过"最后的评定"(final assessment)来评估一个孩子,我们会讲述他/她在特定情境中的经验——在婴幼园里——用纪录文档代替孩子来谈谈他/她自己。幼儿园的教师和婴幼园的教师说的是同一种语言,最重要的是,在我前面提到的一些领域里,她们共享同一套价值观和意义。因此,这些谈话的目的是给我们在幼儿园的同事们提供一些指引,以便她们为儿童营造一个让儿童能充分感受到自己是受欢迎的环境。儿童工作的历史和轨迹被收集在相册里,其中一些是对个人工作的记录,还有一些则是记录集体工作的文件。

最后但也很重要的一点是，在持续发展中，婴幼园和幼儿园教师们会参加各种专业发展研讨课和各种会议，这些会议有的是所有老师一起参加的，有的是分开进行的，为"某个活动"做准备，会从一个机构转移到另一个机构，包括教师们相互邀请的欢送会和欢迎会。

进入秋天还会有许多活动，最初的适应新环境的阶段过后，教师们会有机会再次会面，进一步交流，提出意见和建议。我们会组织许多非常好的活动，会有许多非常好的想法，但是我们的目标只有一个：让儿童和他或她的家庭成为自己故事的作者，以开放的态度面对变化，对过去心存感激，但又充满了"对未来的怀恋"（nostalgia for the future）。

第 10 章
创造力是思维的一种品质
（2000 年）

我认为，作为教师、教育者和一个成年人，我们需要问自己一些非常重要的问题：

- 我们如何帮助儿童发现他们的行动以及他们所经历的事情的意义？
- 我们如何回应儿童对事物和生命意义的探索？
- 我们如何回应儿童永无止境的问题，如何回应他们的"为什么"和"怎么样"，如何回应儿童从呱呱坠地时，从他们提出第一个、无声的、在我们看来是与生命意义有关的"为什么"时就已经开始了的对事物和生命意义的探索？

这些是核心问题。

这是一种艰难的探索,对今日的儿童来说尤其艰难,因为在日常生活中他们有许多不同的信息可以参考:家庭的经验、电视和社交场所。儿童为了将那些不连贯的、片断式的信息组合在一起需付出巨大的努力,尤其是,这些散乱的信息不仅会在他们的整个人生遇到,更会在短短一天里随时遇到。当儿童在努力整合这些信息时,家庭和学校有时候让他们独自去面对。但是,他们还是一如既往地继续他们的探索,固执地,不知疲倦地,即便会犯错误,即便常常是独自一人,也在坚持进行这样的探索。放弃,将意味着放弃任何可能性或是任何希望,不仅放弃了让自己拥有过去的可能性,也放弃了给自己一个未来的可能性。因此,儿童从一出生就开始了锲而不舍的探索。

对生活和对自我的探索是与生俱来的,这就是为什么我们会说在探究生活、他人以及自己和生活的关系时,儿童是有能力的、坚强的。因此,儿童再也不该被认为是脆弱的、处于不利地位的、没有能力的;儿童要求我们用不一样的视角来看待她,让她拥有学习和认知的权利,使她能或单独或与他人一起探寻生命以及她自己人生的意义。我们的儿童观和对待儿童的态度与其他人不太一样。我们看到的儿童每天都在和我们一起探索,在力图弄明白一些事理、发现意义、把握生命的某个片断。我们看到的儿童是积极的。

一个巨大的课题总是摆在人们面前,那就是理解我们正在建构的事物的意义,明白事情的原委,寻找原因和答案。这并不是在特定年龄段会面临的课题——我认为这是人类生活的一种品质。不同的人对现实有不同的理解,并不意味着他们就拥有不一样的权利。然而,事情往往就是如此,一种等级制度被强加在人们身上,它制造了对现实不同理解的等级,然后将它们与权利联系在一起。很多时候,儿童所表达出来的理论和他们对现实的认识会被认定为是"错误的"或者是"幼稚的"理论,因而,他们的想法不值得被倾听或被尊重。这样,儿童就被放置于下等的地位,认为他们是"不完善的",他们的贡献是不重要的。

与之相反的是,我们很清楚地知道,在儿童探索意义时,让我们意识到自己是儿童探索意义旅途中的旅伴意味着什么。儿童所创造的意义,他们在试图回答问题时形成的"解读现实的理论"，才是最重要的。它们充分展示了儿童用来感知、质疑、诠释现实以及自己与现实关系的方法。

儿童的理论和对现实的解读是绝妙又充满趣味的："下雨是因为电视里的那个男人说会下雨"；或者"下雨是因为耶稣哭了"。但是，这些说法绝对不能被视为是"错误的理解"，这个是在教学文化中经常会被用到的词。这种说法也暗示着某些事情是必须加以改正的。相反，我们应该将儿童的理论和对现实的解读视为更为重要的东西。小孩子对提问的渴望从很早就开始有了。这让那些发生在儿童身上的事变得非常有意义：一个孩子停下来花10分钟的时间研究一朵花，她像着了魔一样看着窗外的雨，她心中的各种疑问，她的十万个"为什么"。这是因为当一个孩子问"为什么"的时刻，也是一个最具有建设性意义的瞬间。

儿童从很小就开始想要用解释性的理论来回答一些问题。有的人可能会说，这些理论是天真和幼稚的，它们是不重要的；然而我们不仅要重视它们，更重要的是，还要去理解隐藏在这些问题和理论背后的东西。这些藏在背后的才是真正非凡的东西，因为创造力最为特别之处就在于人们能提出问题并寻找答案。

如果说一个孩子是有能力的儿童，那是因为有一个成人是这样看待她的：即成人的期待是一个决定性的因素。举个例子，我认为，对于我们这些在瑞吉欧·艾米利亚工作的人来说，摆脱我们在工作中要进行"客观的观察"这个想法是至关重要的，也就是说，放弃客观性，支持主观性，特别支持用充满爱的眼光看儿童，成为他们的同谋。[在编辑本书时，卡丽娜·里纳尔迪写道：我在这里使用了"同谋"一词，它指的是一种同盟或团结，让儿童和成人感到他们是在一起的。对理解和认知的共同渴望将他们联系在一起，他们可以一起奋斗、一起庆祝。]从同谋的视角来看待儿童还能让我们意识到，儿童观察世界的基础是许多个"为什么"，他们试图跟自己解释为什么一朵花是这个样子的，为什么妈妈叫这个东西"花"以及花到底是什么。但是，就是这么一朵花，蕴含着生存的意义，和花建立关系的过程中，也蕴含着对生存意义的探索。

这就是为什么我想要反思"关系和倾听的教学法"。我们不认为它是由我们原创的,严格说来,它来自于一种观念,即认为儿童是最热忱的对意义的追寻者,他们会生成自己的诠释性的理论。这个观念不仅是同谋关系和倾听教学的起源,也是"关系性创造力"的源头。正如我在前面提到的,对于成人和儿童来说,理解都意味着对一种阐释进行详细的说明,我们所说的"诠释性理论"是一种赋予世间事物和活动以意义的理论,一种从某种意义上来说就是提供令人满意的解释的理论。我们使用了"理论"这个通常带有严肃内涵的词,并将发展"理论"视为一种日常权利,我们视这个权利为"有能力的"儿童与生俱来的。

一个三岁或四岁的孩子能发展理论吗?我愿意相信她可以,因为我觉得这个信念可以把我们引向一种不同的方法,特别是引向那些与倾听和"关系型创造力"有关的概念上。基于这个信念,一种理论可以被视为是一种能令人满意的解释,尽管它只是暂时的。它不仅仅是个人或集体的想法,它还必须是令人满意的和有说服力的,有用的,能满足我们的智力的、情感的和审美的需要。也就是说,它必须给我们一种能产生美感和满足感的圆满感觉。

从某种意义上来说,一种理论,如果可能的话,必须能让他人满意,需要让别人听到。这让一个本质上是个人拥有的世界转变成可以分享的东西:在这个分享的过程中,我的知识和我的身份也是借由他人来建构的。分享个人的理论是对不确定性和孤独感的回应。例如,一个三岁的孩子说:"大海是由海浪妈妈生出来的。"这个孩子建构并发展了一个概念,那就是每个事物都有它的起源。这个孩子将她所知道的信息创造性地整合在一起,做出了一个令人满意的阐释,同时她也在将这个阐释概念化,并与他人分享。或许,我还可以跟大家分享一些其他的例子:

- "天气是暴风雨生出来的。"说这句话的时候,这个孩子正在建立一种联系,等待被倾听,而不是被驳斥。她的能力在于能组合不常用的语言并创造出复合性的表述方式。
- "风是空气生出来的,它的形状能让东西撞来撞去":这样的陈述给"有能力的儿童"一词带来了尊严。
- "但是当人去世的时候,他们会到死亡的肚子里去然后重生吗?"这样的表述显示了寻找生命意义以及阐述理论到底意味着什么;在这里,这个孩子将她拥有的所有信息整合在了一起,这些信息中可能也包含了她的焦虑。

"倾听"一词不仅具有物理的意义,也具有象征的意义,因此我们认为"倾听"一词不再只是一个词语了,而是一种基本的生活态度。我们所说的倾听是一种态度,需要有抛弃自己的勇气,并有勇气去接受我们自身只是广阔知识世界中的一小部分这个观点;倾听是一种象征,象征着在他人面前开放自己,运用各种感官的敏感特性来倾听和被倾听。倾听一词不应只用在儿童身上,还应指向他人。倾听,尤其意味着给你自己和他人时间去倾听。每一次倾听的背后都是一种渴望,一种情绪,一种对差异、不同价值观和视角的开放态度。因此,我们必须倾听,赋予差异和不同视角以价值,不论男人、女人或是儿童都要倾听。我们特别需要记住的是,每一次倾听的背后都有创造力,以及对讲述者和倾听者的阐释。倾听因而也意味着赋予他人价值;无论你是否同意他的观点。学习如何倾听是很难的;你必须在他人面前开放自己,我们都需要这样做。有效的倾听能创造出对变化持开放的态度和去改变事物的意向。

倾听,是一切学习关系的前提。当然,学习是一个单独的行为,但是我们也知道当进行学习实践和对学习进行反思成为可能的时候,学习有可能发生在更高的水平。呈现我们的学习过程并能和他人分享我们的学习过程也就成了这个会生成知识的反思过程中不可或缺的一部分。这样的话,学习主体就能看懂图像和目的;图像和目的通过行动、情绪、表述、标志性和象征性的再现逐步成形和演变。这是语言、学习和创造力生成的基础。

前文中儿童的有关大海和海浪妈妈的观点可能是对特定情境中某个问题的回答,如果能让孩子用图示的方法来呈现的话,这个想法可以变得更精彩和强大。更具体的:让我们以费德瑞可(Federica,三岁两个月)的一幅画为例,来看看孩子是如何解决要表现一匹正在跑动的马儿这个问题的(见图例10.1)

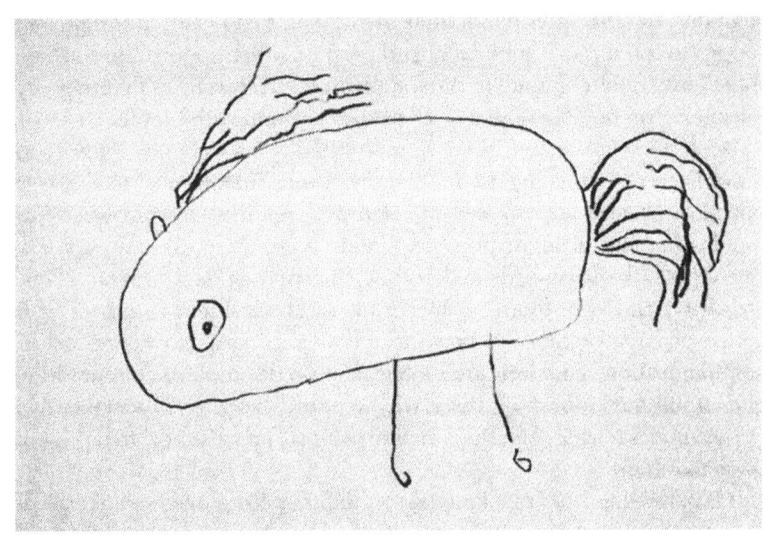

图例 10.1

费德瑞可知道马有四条腿;她将画纸反过来,将另外两条腿画在了背面(见图例 10.2)。

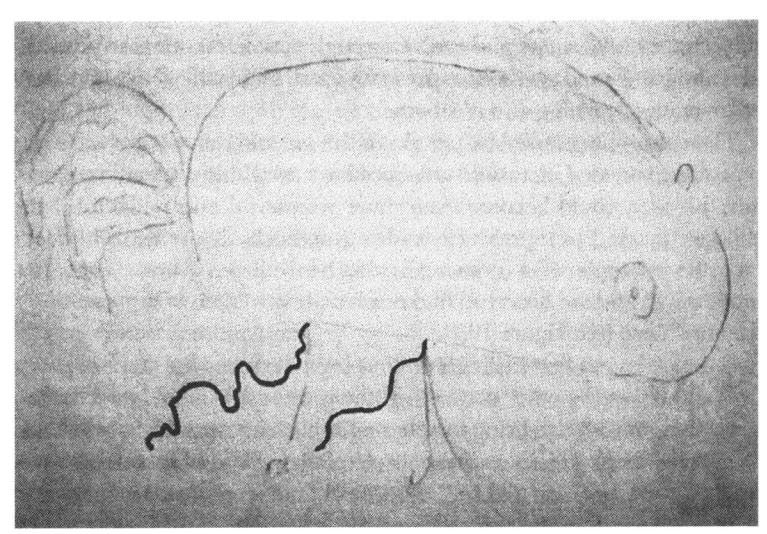

图例 10.2

她成功地将多种语言整合在一起,并学会了给它们编码:这是很有表现力和创造力的。另一个五岁的女孩也运用了类似的解决方法,她将这张纸放到了窗户上,然后在它的背面描画。

我们在认知和表现层面上看到了非常有创造性的瞬间;这两个女孩都运用了 2D 的平面载体来帮助她们探索 3D 的立体性。

这儿,一个鲜明的儿童和教师形象以及一种倾听的文化浮现出来了。一方面,有些学校不会像我们这样去倾听的,因为他们有课程要完成,他们尝试立刻纠正儿童犯的"错误",迅速找到解决问题的方法,而不是给孩子时间去寻找他们自己的解决方法。另一方面,有些学校认为仔细和专注的倾听是正确的、合适的,为了给这些女孩创造出继续进行研究的更多的机会,这些学校会制订相应的计划,以便让她们在认知和沟通方面有进一步的发展。

人类的非凡之处不仅在于我们有从一种语言转换到另一种语言,从一种"智能"转换到另一种"智能"的能力,还有相互倾听的能力,它让沟通和对话成为可能。儿童是最出色的倾听者;他们编码和解码,用难以置信的想象力来诠释信息;儿童"倾听"生命的方方面面,他们用宽容的态度倾听其他人,能迅速认识到倾听是沟通的基础。儿童生来就会倾听和建立关系:这就是为什么我们总是需要给他们提供许多能展现他们脑海里的图像的机会,并让这些图像能在别人面前进行展示。

因此,通过从一种语言转向另一种,从一个领域的经验转向另一个领域,儿童可以逐渐意识到其他人是建构他们自己的身份和存在感不可或缺的一部分。这是最基本的价值观,我们可以选择是否认可它。我们意识到,其他人不仅成为我们建构自己身份、我们的理解、沟通和倾听中不可缺少的一部分,我们与他人一起学习还会给整个小组的人带来愉悦,这样的小组也就成了学习发生的地方。我们因而创造了我们所说的"能干的听众"(competent audience):有很好倾听能力的主体,相互倾听,对他人的想法保持敏感,以丰富他们自己的想法并达成共识。那么,我们就需要进行变革,要发展儿童在欣赏和挖掘他人想法以及分享各自看法方面与生俱来的敏感性。

这就是为什么我们将学习过程视为一个创造性的过程的原因。创造力,我指的是能够在思想和客体间建立新的连接的能力,它能带来创新和变化,运用已知的元素,创造出新的连接。这里就有一个真实的事例(图例 10.3,10.4,10.5)。一个三岁的孩子在玩一根电线。首先,他用电线做了一个手镯,然后,在椅子的后面,他把电线变成了骑着马的人,最后电线变成了马的耳朵。

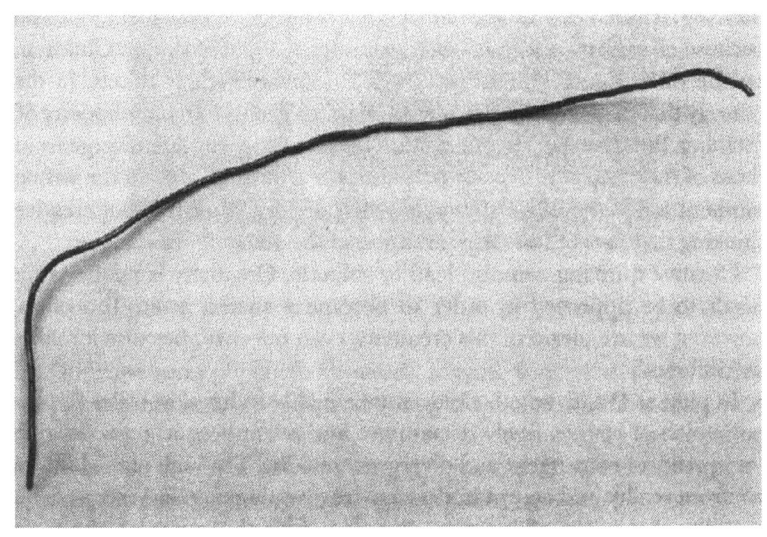

图例 10.3

我们知道,人类拥有两种思维方式：聚敛性思维(convergent thinking),它倾向于重复;发散性思维(divergent thinking),它倾向于重组不同的元素。

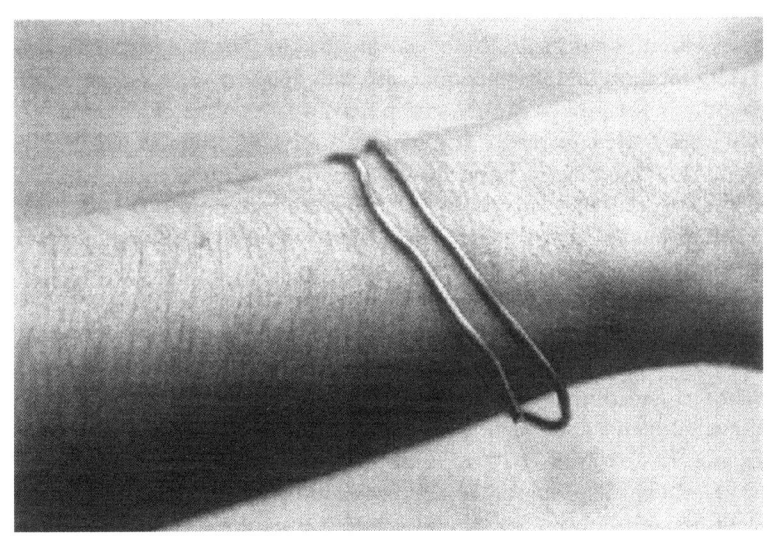

图例 10.4

发散性思维是我们在前面的实例中看到的。它是对寻常事物进行组合,小孩子做这个非常在行,因为他们没有特定的理论背景和固定的关系。为什么发散性思维对于成人来说反倒是非常难的呢?首先,因为聚敛性思维很方便使用,而且改变想法常常是失去力量的一种表现。儿童却能在不断改变想法中寻找自己的力量,诚实地对待自己和他人的想法,诚实地倾听。不过,他们很快就会意识到,和他们的老师、家长持有不同的想法以及在不恰当的时间表达这些想法并不是一件好事。于是,当这种情况发生时,创造性思维并没有死,然而进行创造性思维的正当性却消失了。创造性思维还会导致孤独。创造力是关系性的;为了成为可以分享的财富,它需要被认可。可是很多时候,即便是我们自己所拥有的创造力,我们害怕这种创造力,因为它让我们"与众不同"。

皮亚杰说道,在游戏中,儿童为了能够把握现实而把创造性思维紧紧抓在手中;他们能自由地进行分解和重组,将聚敛性思维和发散性思维的特质结合在一起。通过游戏,儿童面对现实,接受现实,并发展创造性思维,以从对他们而言往往是压抑的现实中摆脱出来。我们(成人)的很多严重错误就是从游戏开始的。

游戏(使用语言,玩弄小点子等等)是人的一个基本构

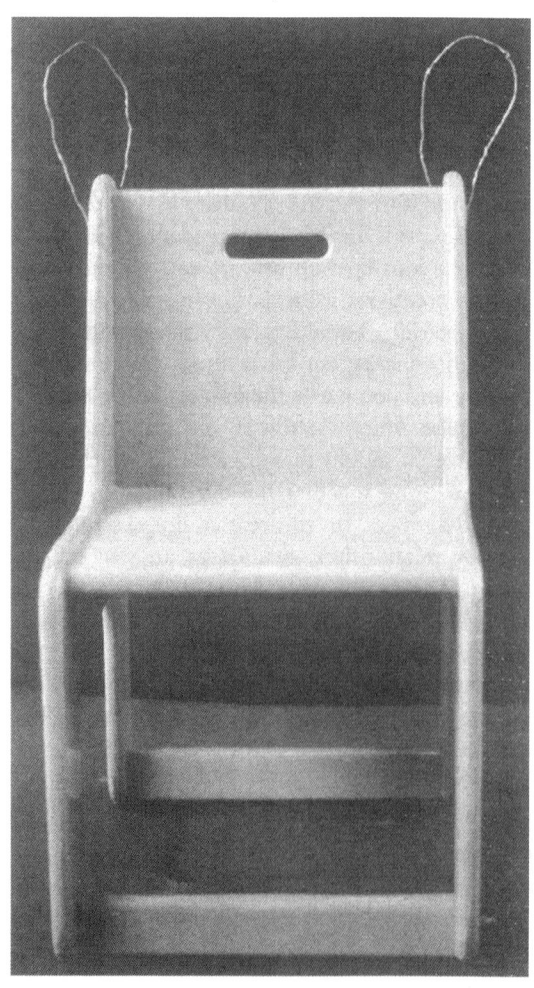

图例 10.5

成要素。如果把游戏从儿童和成人身上带走,我们也就带走了学习的可能性,打破了游戏和学习的二元关系。反之,游戏这个富有创造力的过程应该得到他人的认可,并让它正当化。

创造力并不只是属于每个个体的思维品质,它还是一个互动型的、关系型的、社会型的项目。它需要一个能让它存在的环境,让它可以得到表达,并因此能被看得见。在学校,创造力应该在学校的每个角落和每个瞬间得到展示。我们想要的是创造性的学习和创造型的老师,而不是简单的"创造性的一小时"。这就是为什么艺术教师必须支持和保证在学校、家庭和社会的每个角落展现所有的创造过程。我们应该记住,如果成人没有创造力,儿童也不会有;有能力和有创造力儿童的存在,在于有这样一个同样有能力和创造力的成人的存在。

想想我们与艺术的关系:艺术常常被人们从生活中分离出来,就像创造力,它还没有被视为一种每天都拥有的权力,一种生活品质。科学的发展给我们带来很多好处;但它也带来了问题,如过度专业化和将知识划分成相对孤立的内容。一般来说,我们的社会体系也遵循这种分离和分裂的逻辑。我们所受的教育常常教我们将原本连接在一起的事物分开,去划分不同学科而不是将它们融合在一起,如果忽略这些就会给我们带来混乱。基于这个原因,重新探索我们与艺术的关系,并将之看作是人类思维本质的一个维度这一主题就显得非常必要了。日常生活中的艺术和创造力应该是每个人的权利。于是,艺术也就会成为我们生活的一部分,是我们为学习和认知而付出的努力。

姜尼·罗大里(Gianni Rodari)给我的这次演讲带来了启示,怀着对他的敬意,我用他的著作《幻想的文法》(*Grammatica della Fantasia / The Grammar of Fantasy*)中的一段话作为本文的结束语:"应该给每一个人提供所有能让他们充分使用词语的机会——在我看来,这是一句很好的、带有民主意味的座右铭。这并不是因为每个人都应该成为一名艺术家,而是因为没有人应该成为奴隶。"

第 11 章

建构教育项目

卡丽娜·里纳尔迪专访
(2000 年)

访问者：莱拉·甘迪尼和朱迪思·卡明斯基

我还清楚地记得当莱拉·甘迪尼(Lella Gandini)和朱迪思·卡明斯基(Judith Kaminsky)提出要和我做这次访谈时的情景。之前我曾经为来参观市立学校的学习小组作过多次讲座。确切地说，她们想将那些给我带来启发的思想用访谈的形式呈现出来。我们用"学习小组"(study group)一词来特指前来参观我们的学校和想要了解我们教育经验的人们(教师、研究者、官员、管理者)。他们来自世界各地(新西兰、中国、澳大利亚、南北美洲、欧洲)。他们所处的环境大多对教育问题非常敏感和关注；不过时常也会有相反的情况，而来到瑞吉欧，则打开了人们的视野，让他们看到什么是可能发生的。

1994—2004年之间,来自79个国家的112个学习小组参观了瑞吉欧,参观人数大约为14 000人。每个小组由100至150人组成(有时候会更多),她们通常都来自同一个国家。参观者们各不相同:例如,来自拉丁语系国家的人们的行为方式和盎格鲁-撒克逊语系国家(Anglo-Saxon,古英语)的人们不一样。但是,他们都渴望了解和探究瑞吉欧教育经验的一些深层要素,那就是,是什么让瑞吉欧成为……瑞吉欧!

因此,根据人们提出的问题,我们试着去建构我们的故事,以展现我们的特点,以及我们在某些方面的与众不同之处。在这个过程中,我们了解了他们的文化和经验;不过同时,我们也越来越清楚地认识到我们自己的特点以及形成这些特点的历史因素。我们应该感谢那些学习小组,是他们让我们开始为有勇气做出艰难选择而感到欣慰,为我们能成为一个社区项目的一份子而感到高兴和骄傲,这个项目不仅属于我们,也属于整个城市。

我常常会被邀请加入到介绍我们经验的演讲团队中。因此,在那些年里,我准备了很多笔记,它们是我所做演讲的基本内容。当莱拉·甘迪尼和朱迪思·卡明斯基请我做这次访谈时,我们一起阅读了我在这十年间收集的笔记。访谈中的很多问题也是那些我们曾经被问到过的问题;但是,访谈中也有我们想要做出的陈述和声明,尽管没有人明确要求我们这样做。举个例子来说,有关儿童形象的问题,它对于我们来说是一个最根本的问题,但是却很少有人问到。

在阅读这个访谈记录的时候,你可能会读到一些我所理解的刻画了瑞吉欧教育经验特点的元素:儿童和童年的形象;教育和学习的概念;儿童与教师的关系;儿童之间的关系;我们和家庭以及这个城市的关系;课程档案在提高瑞吉欧市立学校教学质量中所起的重要作用。这些都是在本书中重复出现的主题,因为我们与我们自己的经验间的对话是以这些元素为基础的。

在这次访谈中,你很可能会发现马拉古奇和很多其他学者对我的深远影响,从皮亚杰和维果斯基,到加德纳、布鲁纳和霍金斯(Hawkins)。我对贝特森、莫兰(Morin)和其他社会—建构学派学者的解读是从意大利人多纳托·法布里(Donata Fabbri)和阿尔伯托·穆纳里(Alberto Munari)开始的,他们的思想尤为重要。最近,我对后现代主义学者以及安伯托·艾柯(Umberto Eco)和伊塔洛·卡尔维诺(Italo Calvino)的著作非常着迷,我也经常阅读加尼·罗大里的作品并曾有幸和他会面,当然还有劳瑞兹·马拉古奇的著作。我要深深感谢这些学者,以及那些我没有提到的学者们和与我共事多年的同事们。请再允许我感谢阿梅利亚·甘贝蒂,她一直是我的朋友和工作伙伴,还有保拉·里科(Paola Ricco)和埃马努埃拉·维卡里(Emanuela Vercalli)。正因为有她们的帮助,我才能有效地把访问者向我们提出的所有问题整合在一起,并跟她们一起设计学习小组,这些努力都表明了我们渴望尽自己最大的努力与访问者提出的问题进行认真的对话。

在介绍这一章的内容时不能不介绍那些跟我们合作很多年的翻译人员,以及他们所起的重要作用,从莱斯利·莫罗(Lesley Morrow)开始,她很勇敢地接纳了我们在瑞吉欧所使用的语言,以及这些语言给翻译工作带来的挑战。这是一种特殊的语言,成为了一种特殊的"本土"语言(local idiom),是多年来我们在不断阐释编码和语言的过程中发展起来,而这样的阐释过程阐释的是意大利和其他一些地方特有的教学法。翻译这样的语言必须忠于语言本意,还要让这种本土语言在国际化的同时又不丢弃它本身的特性。莱斯利和她的同事们很成功地做到了这些。我要把我的感谢和我们的感谢送给她们。

你在瑞吉欧·艾米利亚从事的所有工作中,有没有一种特定的儿童观和童年观是在指引着你的研究和实践的?

每个人(你们、我们、每个家长……)都有他或她自己的儿童观。因此,我们有自己的教育理论,这些教育理论是从个人经验中发展出来的,也是作为我们所处社会和文化的一部分得以建构或习得的。不管我们有没有意识到,我们的生活离不开理论。我们生活中存在许多不同的儿童形象,以及童年的形象。我们只需要想想精神分析学以及各种流派的心理学和社会学就能理解这一说法。尽管这些理论各不相同,它们往往有一个反复出现的共同点:将儿童界定为弱小的主体,一个有需要的人,而不是一个有权利的人。

这些立场可能已经被广泛认同了,因为它们与某些特定的母亲、女人和家庭形象非常匹配,很"方便"也很好用。比起我们的理论中所描述的儿童形象,弱小的、有需要的、没有权利的儿童形象肯定是更容易操作的,而我们认为儿童从一出生就是坚强的、强大的以及富有潜力和才智的。从这个意义上说,我们分享建构主义以及社会建构主义理论的价值观和理念。我们看到的一个儿童,被具有巨大能量潜力的成千上万个神经元推动着,被因为渴望长大和认真成长而产生的力量推动着,也被引导他们去寻找所有事物原由的难以置信的好奇心推动着。我们看到的是一个知道如何等待并有很高期望值的儿童。一个想要让人们知道他或她是了解很多事情的,是知道怎么样做事情的儿童,他们有能量,有潜力,而这些来自于他们对事物的怀疑和好奇。我们看到的是一个一出生就很强大的儿童,因为他把自己交给这个世界,并有能力去建构他自己的知识体系。我们看到的是一个完整全面的儿童,他掌握自己的方向,对知识和生活充满渴望。一个有能力的儿童。

儿童有能力建立关系和互动,对他人怀有深深的敬意,接受不同意见和错误。一个有能力建构的儿童,建构他自己和他的世界,反之,这个世界也在建构他。他有能力建构用于阐释现实生活的理论,有能力提出假设和比喻以帮助自己理解现实。

一个拥有自己价值观,能熟练建立团结关系的儿童。一个对于新生事物和不同的事物总是持有开放态度的儿童。一个未来的拥有者和缔造者,不仅因为儿童就是未来,也因为他们常常重新阐释现实,并不断赋予现实以新的意义。

儿童是权利的拥有者和建构者,他的身份、独特性和与众不同之处都需要被尊重和被重视。视儿童为权利的拥有者和建构者意味着不仅承认社会赋予儿童的权利,还要创造一个能全心全意"倾听"他声音的环境。也就是说,我们要认可和接受每个人的独特性和主体性(例如儿童),同时创造能自我成长的空间,也就是能让每个儿童进行创造和建构新权利的空间。[在编辑本书时,卡丽娜·里纳尔迪写道:一个"重新承认"(重新认识、重新理解)童年时代的社会,不仅添加了一个社会主体,也修正了自己,因为承认儿童的权利,也就是承认所有人的新权利。]

就教育而言,这种理论要求我们尊重学习者的主体性,不仅在教育学的层面,从价值观、社会政策和文化层面上看,这一点都是非常重要的。这也意味着,作为教育者,我们承担着巨大的责任。

你所描述的儿童形象真的非常有吸引力。

是的。最新的生物学和神经学研究也给我们带来启示,它们也支持我们的理念,引导我们去试着回答一个本质的问题:知识是怎样建构的?我们是怎样学习的?

和这些学科建立联系给我提供了非常重要的又发人深省的信息,例如:

- 人的大脑有非常强的可塑性。
- 在人生最初的七到八年里,大脑有丰富的神经元,它们为人的发展带来无穷的可能性。
- 在千百万个神经元之间建立连接时,仅靠遗传信息还不够,许多连接是在和外界环境互动的过程中建立的。

从这些发现中我们可以推断出:

- 人的大脑以及每个人的独特性。
- 提供各种机会(也就是环境的质量)的重要性,因此,互相协作,和个人与周围环境间自然的融合也是非常重要的。

这些发现具有多方面的意义。它们证实了教育的必要性,而教育这个词从真正意义上说是生态性的;这些发现很明确地指出了不充分运用大脑的危险性,强调由于缺乏与儿童巨大潜能相称的教育环境会给人类带来的浪费。

那结论就是我们需要一种不一样的教育和学习理论……

是的。学习并不是在传授和复制的过程中发生的。它是一个建构的过程。在这个过程中,每个人都为自己建构原因、理由,以及事物、他人、自然、事件、现实和生活的意义。学习的过程当然是独立的,但是因为推理、解读、阐释,他人的意义在知识建构过程中是密不可分的,所以学习又是关联性的,是一个社会化的建构过程。因此,我们认为知识是一个建构的过程,由个体在与他人的互动中建构的,是一种真正的共同建构的行为。

学习的时间和方式是个性化的,不能根据他人的情况将它们进行标准化,不过为了更好地认识我们自己,我们还是需要了解其他人的情况。

新的教育和学习理论的某些重大影响在理论和实践的层面上浮现了出来。首先,它彻底改变了我们的观念,引领我们将学校、教育和社会视为一个整体,这个观念可以在反思一系列重要的问题时表达出来:

- 社会知识和个人的知识间的关系是什么样的?
- 成人和儿童的关系是什么样的? 这是一个拥有一些知识的成人——我们指的知识是对不断变化的现实世界的阐释——和一个想要拥有知识的儿童间的关系,但是儿童想要用他/她自己的方式,在适合他/她自己的时间来拥有这些知识,最重要的是,他们这样做的目的是重新创造和修正这些知识。这将我们引向了另一个问题:
- 教和学之间的关系是什么样的?

教师在这样一种与儿童的关系中承担着什么样的角色呢?

教师并不能脱离自己作为成人的角色,但是可以调整这个成人的角色,试图成为共同创造者,而不是纯粹作为知识和文化的传授者。作为教师,我们必须在履行职责时充分认识到我们的弱点,也就是说要接纳怀疑和错误,并允许意想不到的事情和好奇心的发生,所有这些对于知识的建构和产生都是非常必要的。这就要求教师是一个"强大的"教师,只有这样的教师才能与同样"强大的"儿童相匹配。因而,学校就应该是一个研究的场所,在那里,儿童和老师一同成为了首席研究员。

如果我们相信儿童有自己的理论、阐释和问题,在知识建构过程中是共同的主角的话,在教育过程中最重要的动词就不再是"说说""解释"或"传授"——而是"倾听"。倾听,意味着对他人持开放态度,对他人的讲述持开放态度,用我们所有的感知觉来倾听一百种(或更多种)语言。倾听,是一个主动动词,因为,它指的不单单是记录某个信息,还包括对这个信息的阐释,这个信息在倾听者接收并评估它的时候就会变得有意义。倾听,也是一个互动型的动词。倾听是对另一个人的认可,因为沟通是生成思想的最基本方式之一。倾听过程中进行的沟通行为会让参与者形成对事物的认识,并互相修改形成的思想,在这样的互动中,所有的参与者都会变得更加充实。

教师的任务是为儿童创造一个让他们的好奇心、他们的理论和研究能合理存在并能得到倾听的环境，一个让儿童能感到舒适和自信，能激发和尊重他们存在感和认知的途径及方式的环境。一个以安全、健康为明显特征的环境，一个能进行多层次的倾听、充满人情味和令人兴奋的环境。教师（以及教师群体）的作用还包括经常预测教育项目的发展趋势，这和教师工作的其他方面有着密切的联系：倾听、观察、记录和阐释。

可以把我们的学校比喻成一个建筑工地，或者一个永久性的图书馆，一个让儿童和教师的研究过程紧紧交织在一起并不断发展变化的地方。在这里，通过逐渐了解每个儿童和儿童群体的知识结构和技能，以及他们的个体和群体特性，教师建立自己对知识和知识建构过程的认识。"关于知识的知识"这一课题将我们引向了另一个我们的教育理论中的基本观点：教师以及学校的首要任务之一是帮助儿童以及儿童群体学习如何学习，发展他们建立各种关系的能力，以及由此而产生的对知识的共同建构。

这又回到了我们的理念中与教和学之间关系有关的问题。我认为，我们长期积累的经验和深入的分析告诉我们，教与学绝对是互补的，在这个意义上，我们和维果斯基、布鲁纳以及其他社会建构理论学者的观点非常接近。这种互补的关系，可以用马拉古奇教授经常反复强调的一句话来概括，那就是："永远不要教一个孩子那些他可以自己学习的东西。"

那么在这样一个环境中，孩子们之间的关系又是怎样的呢？

同伴和在小组中学习的重要作用是显而易见的。这是一种互惠的关系，它带来了很强烈的团结意识，培养组织和自我组织的活力会让差异得以显现，而这些差异反过来又会生成极其重要的协商和交流行为。

儿童之间的关系因而也成了一种环境，一种让共同建构理论、阐释和理解现实世界得以发生的环境。小组工作成了凝聚力的来源，一个能让思想逐渐成形，相互分享，并能和他人的见解进行比较的空间；新的思想得以生成；思想的意义得以探讨；同时"一百种语言"得以呈现。无论教师是否在他们身边，儿童之间的关系提供了相互借鉴各自想法的机会，这也包括儿童在认知上的冲突、模仿和宽容。在这个环境里，通过这样一种沟通和交流的系统，儿童体会到因为分享他们拥有的知识而获得的喜悦，体会到他人贡献的观点也能让他们自己的知识变得更丰富,并能将他们的知识进行详细的说明。

因此,个体和群体的思想都能得到发展和进步。在这个系统中,争议以及不同观点间的冲突起着重要的作用,它让个体思想中的重要内容得以呈现,同时赋予了知识建构过程新的意义。这是因为,知识只有在一个多元的环境中才能有更大的发展,而不是在一个单一的环境中,这也是因为,在存有异议的情况下,为自己的观点进行辩护这一需要是激发元认知过程(有关知识的知识)的催化剂,它提供了从一个不同的视角"重新认识"自己知识的机会,他人的新观点和不同的看法也让自己的知识变得更丰富。

这些都是非常复杂的问题,伴随它们的是同样复杂的心理动力。群体的组成,包括年龄和性别(混合和单一性别),群体人数,它的空间大小和地点,感兴趣的和共同关注的课题,都是影响交流过程的重要因素。理解儿童是一项长期而又艰巨的工作,我们只有在和儿童一起工作的过程中才能学习理解儿童,这也意味着,我们要用一种新的和不同的方法来认识我们自己。倾听儿童是困难的,而全面阐释我们所观察到的则更加困难,就好像对于教师来说,在一个经常需要与他人互动和讨论的环境里工作也是一件非常不容易的事一样。

教师角色的转变也包括为儿童提供一个一致的、真实的成人形象,因为儿童希望成人相信他们,而这只有在成人相信自己的时候才会发生。儿童应该是被他人欣赏的,应该在一个鼓励研究的教育环境中生活,因为学校的定义就是一个学习和创造知识的地方。学校,必须是一个能让儿童和成人共同体验、诠释、创造和再造文化以及社会特征和价值体系的地方。只有这样,学校才能确实成为一个制造真正的文化的地方:知识的文化。

在你们的工作中,观察起着重要的作用。

我们的理论假设是,任何一种客观的观点都不能让观察变得中立。观点,总是主观的,观察总是片面的。但是,这是一种优势,而不是缺点。正如法布里(Fabbri,1990)和穆纳里(Munari,1993)指出的,我们有时会被主观性吓到,因为它意味着我们要承担责任。因此,我们对于客观性的追求,也常常是出于害怕承担责任。那么,成人对于儿童的客观的看法是不存在的。

相反,我们身处的是一个由许多互动的主体构成的世界,基于各自不同的看法,他们建构现实,因为观察与其说是在感知现实还不如说是在建构现实(正如教育意味着分享各种意义)。因此,观察不是一个个体的活动,而是一种互相的关系:一个行动、一种关系、一个让我们意识到在我们身边发生了什么的过程。

观察,首先是选择,因此,界定观察的范围是必不可少的。决定观察什么是每个观察者的首要责任,不过,如果这是一个集体的决定的话会更好。不管怎样,每个观察行为背后的动机必须是很清晰的。观察不仅是一个过程,它自身也是一种阐释。我们观察什么,本身就是一条可能的线索,它会证实或驳斥我们的理论和假设。

在你看来,老师应该如何观察?

与观察工具有关的问题马上将我们引向了纪录,那就是,用照片、幻灯片、录像、便条、录音等手段来记录事件。如果观察也意味着阐释的话,我们所选择的用于记录的媒介和观察的整体质量肯定是密切相关的。即使是由同一个人记录的,同样的行为顺序,或是由摄像机、照片、录音或文字所记录下来的同样的过程,也会得到不同的解读。各种不同的解读并不会消除记录所拥有的价值,相反,它意味着我们需要做更多的记录,证据越多越好。

所有记录下来的片段——录像、幻灯片、录音磁带的文字记录——是我们试图阐释儿童的学习过程,儿童赋予这些过程的意义,以及他们自身对象征和象征系统进行详细说明的基础。就像侦探似的,我们跟踪儿童的足迹,跟着他们的方向走,让他们引导我们。这样,实施(和记录下来)的项目融合了思想、理论和儿童的渴望这些内容。

只有深入阅读和同样深入地阐释各种纪录材料,才能让所有这些成为可能。如果阅读和阐释是集体的行为,并且是在对话和交流这片肥沃的土壤里进行的话,阅读和阐释就会更有价值。阐释者越多,就越有可能呈现出足够丰富的和多样的可能性。阅读和阐释的过程不仅能让儿童受益,还能让参与其中的教师不再是阐释和意义的提供者、学习内容的组织者,而是这个过程的获益者。我们评价纪录材料、集体进行阐释和假设的时刻总是令人兴奋的。讨论,提出自己的看法,听取别人的想法,并像儿童那样充满活力的共同建构,这些对于我们的思考和成长都是极好的机会。

我们对观察和纪录做出的阐释,不仅对教师以及与她们一起工作的儿童来说是极其重要的,对家长亦如此。这样理解纪录有助于促进家庭的参与和提高参与的质量,并赋予它新的不同的意义。通过纪录,家长能直接看到真实的例子,他们孩子的巨大潜力,这些都在具体的纪录中变得可见了。让儿童的潜力真实可见,就要求这些潜力能被儿童切实体验到,并能将它们表现出来。在记录过程中,家长们得到了鼓舞,他们参与到他们孩子的教育中来,这不仅是为了满足他们想要了解自己孩子在学校干了什么的好奇心,还帮助他们理解"为什么";也就是说,去发现孩子知识建构的过程和孩子赋予自己所做事情的意义。所有这些都意味着让所有参与其中的人有建构和分享教育行为——更为重要的是教育价值——的机会。

因此,纪录(就像观察那样)包括了与价值观相关的问题。它让人们真正体验到民主,因为民主意味着交流,让差异和主观性可见并认可它们的存在使得这种交流成为可能。当差异和主观性存在于对话中时,它们就不再仅仅是人们在口头上宣扬的教育价值观,还是能被真实体验到的教育价值观。

纪录,或观察过程中产生的各种材料也是儿童可以使用的重要工具。和成人所经历的过程相似,儿童也可能从一个新的角度认识自己,重新审视、重新阐释他们自己对于那些他们作为主角所参与的事件的经验。这样的过程创造了新的认知活动,一种新的不同的对于自身和自己行为与他人关系的看法,这些对儿童和对成人来说都是一样的。体验一个过程,看着它在另一个人的纪录中——因而也是在思想中——被再造(也就是看着我们自己被再造)会让人迷失,而这种迷失为人们的好奇、怀疑、渴望了解更多及更好地了解自己提供了条件。

在使用观察和纪录这两个词的同时,你还用了另一个词:重新—认识(re-cognition)。

[原著英译者按:"*ricognizion*"在意大利语中的意思是"认可"、"侦查"或"承认",但是在瑞吉欧,它用以连字符连接的形式出现"ri-cognizion",这给它带来了新的或更深远的意义,那就是,通过阅读、讨论以及与他人的想

法进行比较"再一次认识一些事情"或"了解我们所知道的"。我也曾在英语中使用同样的形式——"重新—认识"（re-cognition）——因为我觉得这是唯一用一个词来表达这个概念的方法。]

是的，"重新—认识"在我们的理念里是一个很重要的词汇。正如我们说过的，我们相信儿童是有能力的，对于任何可能成为研究对象的主题，他们有着自己的理解和理论。每个儿童都有装着他或她自己的假设的"行李箱"，这些假设是他们赋予事情的意义。这些假设来自于儿童的个人经验，以及他们想要与他人——成人和其他孩子——交流这些经验的意愿。

儿童热爱讨论和冲突，他们知道如何倾听他人的想法，如果他们愿意的话，他们会将这些想法变成自己的。儿童并不担心他们的想法会改变，他们总是准备着去探究新鲜和未知的事物。儿童的这些特点要求我们运用一种特别的模式去倾听，它包括倾听儿童在群体中（大多数是小组）分享自己对于正在讨论的问题的想法，或者对于正在进行的项目中包含的多种主题提出的假设和阐释。

重新—认识，因而不再是简单地"收集"各种想法，而是通过了解他人拥有的知识让一个人自身的知识变得更加丰富。在分享自己所知道的事情时，你不是简单地向他人传递知识，而是在谈论并重新组织这些知识的那一刻，你对它们进行了重新解说。就这样，经过重新解说的知识和以前的知识不再是相同的知识了。当环境发生变化的时候，我们会重新组织观点，知识亦如此。重新—认识伴随着学习过程中的每一步，我们在与他人的交流中，在持续发生的过程中发现意义。正是在这些重新—认识的过程中，儿童和成人体验到个人和文化上的充实，这些过程也是教师充实自己专业水平的重要资源。

基本上，重新—认识就是通过强调先前建构的关系，发展和质疑它们，以及由此在尝试重新—审视和重新—理解所发生事情的过程中产生新的关系。因此，重新—认识是一个对教师和儿童来说都是非常重要的概念，它不只是在分析孩子的理论和工作基础上我们所做的反思，还是一种为了让教师能够共同合作而必须采用的方法和过程。因此，重新—认识被视为对我们自身知识的重新认识，认识到它们是如何建构的，它也被视为能让教师专业发展得以持续进行的一种方法。

在瑞吉欧,你们很喜欢使用"项目"一词而不是"课程"。就此,你能深入地解释一下吗?

如果我们认为:

a. 学习的进程不是直线型的,不是由渐进的可预见的阶段所确定和可以预先决定的,而是根据当时当下的发展情况,在停顿和迂回中建构的,它可以朝着很多方向发展。

b. 知识的建构是一个集体建构的过程。每个人都被他人的假设和理论、与他人的冲突所影响,并在认同和分歧中与他人共同建构知识从而得到发展。最重要的是,冲突和困惑促使我们不断修正自己对现实的阐释模式和理论,这一点对于儿童和成人来说都是一样的。

c. 儿童制造他们自己的理论,那些给他们带来启发的重要理论。他们有自己的价值观和意义,就像他们有自己的学习时间表那样,这本身就很有意义同时也带来意义,它也指引着他们的学习过程。儿童自己的时间表必须被理解、尊重和支持。

这些观点给我们带来的结论就是,"课程"一词(还有相关的"课程计划"或"教学计划")并不适用于表述支持儿童知识建构过程所必需的复杂又多元的策略。我们应该停下来仔细想一想这个重要的词——策略(strategy)。一个策略,就像一个计划,它意味着预测和实施一系列协调好的行动。但是,与计划不同的是,策略并不完全是建立在初始的假设上的,因此,后续的决定和决策都是基于工作的进展和客体的发展情况做出的。策略,是被建构和解构的。策略,在逆境、机会和错误中得以发展。策略,包括在不确定的状况下采取行动的能力,这个过程中的所有主角——成人和儿童——需要会倾听,有灵活性和好奇心。策略,呈现的是儿童做事方式的特点以及任何知识建构和创造行为的特性。

这就是为什么我们喜欢用"项目"和持续性项目设计式教学等词汇来定义这个复杂的情况,来描述多层次的行为,它们既可以是确定的,同时也可以是模糊的,它们在儿童和成人间的对话中产生和发展。

"项目"一词引出了一个充满活力的过程,一系列安排。它对沟通的节奏非常敏感,它与儿童探索和研究的重要性和时间进程相融合。因此,项目进行的时间可长可短,可以是连续的也可以是断断续续的,可以暂停、中止和重新启动。

开展一个项目的前提是必须把它当做假设而不是"必须"执行的计划才有效。这个假设仅是成千上万个可能引导项目方向的假设中的一个。更重要的是,提出假设,是增强期待感、兴奋感、存在感和互动可能性的一种方法,为的是把那些出人意料的事情当做重要的资源来接受。很强的预测能力可以帮助我们了解如何才能更好地观察和阐释在儿童之间发生的事情。从这个意义上说,我们与观察、纪录和重新——认识这些概念的连接就变得非常强有力和有意义。

持续性项目设计式教学也是一种思维方式,一种创造关系和增进机遇的策略,也就是我们所说的"别人的空间":在一个相互关联的过程中他人的想法能使我们自身还没有被界定的那部分(思维)空间变得完整。

在一个重视关系和互动的学校里,人们视研究为一个持久的态度,以及与儿童和成人工作的方式,那"专业发展"一词的意思又是什么呢?

这个词,和其他许多词一样,需要被重新定义,以便将它和旧的定义区分开。旧的定义来源于教育学,很多年前,学习课程的目的是将各种想法灌输给教师,塑造她们,这样的话,她们就能将各种想法再灌输给儿童,并根据预先安排好的目标和方法来塑造儿童。这样的话,每一件事情都必须是明确的、一致的、可预见的和预先包装好的,结果是可以被保证的——或者至少人们是这样认为的。但是,这样的专业发展和研究、反思、观察、纪录、怀疑、不确定性和真正的教育一点关系也没有,和孩子也没有任何关系。

"专业发展"一词不能完全表达出这个过程的复杂性,它可以被定义为"每日生活的一个维度",一种给我们的个人和专业身份画上深深烙印的态度。从根本上说,我们视专业发展为改变,研究和更新。它是提高我们和儿童互动的质量不可缺少的媒介。专业发展是每个教师以及所有在学校里工作的人们的权利。它也是儿童的权利,他们需要有能力的、可以相互倾听的教师,能改变和提高自己的教师,能最大限度关注到儿童所生活的现实世界中各种变化的教师。我们所说的专业发展是学校里所有员工的权利,这个群体成为一个新的主体。他们有自己的需要和权利,例如有权利去思考,计划,工作,以及用一种合议的方式共同阐释(他们的经验)。

合议,并不只是将个人的观点集合在一起,也不是玩一个类似于少数和多数的游戏。相反,它是一种新型的共同思考和建构的方式。每位教师因而有各自的权利,以及从属于某个群体的权利。在实践和组织问题上,员工们最重要的权利就是用一种合议的方式与儿童、同事以及家长们一起工作。

用这种方式工作的条件是什么?

在我们看来,视专业发展为个人的和群体的权利也就暗示着我们需要关注以下这些事宜:

- 日常工作条件:这些条件必须能让倾听、观察、研究和记录成为可能,所有这些都对每个儿童以及儿童群体的发展至关重要。这是一个与组织有关的问题,但是我相信这也是一个伦理的问题。在环境方面,空间的使用必须是合理的,经过深思熟虑的,同时又是对所有人都表示欢迎的空间,一个能让教师和其他员工随意移动,行动,并能与儿童一起很好地工作的空间。这意味着师生的人数比例要适宜,要能有助于成人和儿童间以及儿童之间有意义关系的建立,而这些关系是在一系列连续的、完整的故事中建立的,而不是单一事件。它需要两位教师共同出现在一组孩子面前,长期地出现,一天,一星期,一年,甚至是好几年都这样出现。每个教室里都需要有两位教师在一起共同工作,这是为了能从不同角度观察儿童的学习过程,记录和阐释这些过程,用发现的线索来提示教师如何为项目可能发展的方向制订计划。这些是教师角色的基本内容,教师的共同出现,她们共同计划、分享想法并做出决定都是绝对重要的条件。

    在教师不断的观察、阐释和评估、不断的变化中,儿童和教师在学校里的日常生活变得越来越有质量,这要感谢儿童和教师共同的努力和反思。这是我们能够给出的最好的保证,不仅是对老师们,也是对儿童和他们的家庭做出的最好的保证。

- 时间和空间:倾听、观察和记录非常有必要,但这对我们的工作还是不够的。如果我们不对事件进行阐释，我们就不能分享所发生事件的意义和重要性。阐释是推进工作以及儿童和教师成长过程的基础。因此，每一天，每星期，教师都需要有特定的时间和空间来进行阐释、假设，并与学校里其他的同事们一起探讨心中的疑问。

每个星期，学校的教职员工会聚在一起进行对话，通过共同翻阅所做的纪录，讨论他们各自班级中正在进行的一些项目的假设。这样的对话和讨论是很正式的，学校运行和学校系统中一系列的常见问题也会涉及。在每周的工作安排中已经为这些会议留出了时间(每周两个半小时)。这些会议在下午召开，4点以后，所有孩子都回家以后。教职员工选择一个能增进交流和共同学习的地方开会，当然也要视会议所需要的设备而定(例如，录音—录像设备)。这些会议的唯一要求就是要有互动，因为这个时间就是用来让大家聚在一起的：和与自己合作教学的教师，和学校里的所有同事，和其他学校的员工相聚，它的主要特征就是沟通。

- 家长参与：和家长的会面是另一个重要的专业发展的形式，这种会面有别于通常的"家长会"，即没有程式化的仪式，不会使用很多描述性的语言，或更糟的，使用评价性的语言。这种会面是集体性的而不是个别的。在纪录档案的支持下，儿童的学习过程、他们的理论和智能得到了展示和分享。因此，所有儿童的能力，而不只是某人的儿子或女儿的表现变得可见了，被共同评价和阐释了。在这样一个与家长进行对话的过程中，教师专业性的所有层面都在比较不同文化或不同主体的视角，倾听不同的想法，并达成共识的过程中得到了丰富和重新定义。

这样的专业发展能让教师们获得哪些技能？

首先，我们应该视幼儿园老师为当代文化中的一员，她有能力用批判性的眼光来质疑和分析当代文化。她是一个热爱阅读的人，对电影和戏剧感兴趣，并乐于记住、讨论和批判性地审视这些经验。简单地说，她是一个有求知欲的人，她拒绝被动接受知识，她宁愿和他人共同建构知识而不是简单地"消费"知识。从这种视角来看待教师，既是教师专业发展的前提也是目标。专业发展，可以用这样一种方式来组织，那就是，将那些来自各界的、正在探寻传统边界之内和之外的意义以及新价值观的男人和女人们聚集在一起。

这可以是跨越学科的聚会，有科学家、建筑师、电影和戏剧导演、音乐家、诗人等参与，他们不仅分享他们特有的专业知识，还有他们的工作，他们的学习过程，他们所选择的工作的意义和价值。但最终是由我们根据自己的需要阐释和改写他们所分享的信息的。

如果我们能将所有这些付诸实施，它们将会使我们的专业能力变得更强而且有意义。我们的任务是支持儿童用类似的方式参与到自己所处的文化中，同时尊重每个人的策略、方法和时间表。儿童是有能力做到这些的。我们必须通过建立一个网络来支持儿童的"旅程"，而这个网络的基础是不断地把知识领域和经验领域交织在一起。

我们所说的"知识领域"指的是文化的多个符号系统[①]。这些系统使儿童接触有史以来形成的有组织的、与学校有关的知识系统。一般来说，通过运用、阐释和重新审视这些符号系统，儿童能得到成长，并且理解和主动体验艺术、科学和生活。不同的符号系统可以界定经验的不同背景，或是说经验的领域，儿童凭借着他们的策略、渴望、实践、质疑和好奇在这些领域中探索。儿童需要时间来思考并亲自进行实验，但是，最重要的是，他们与他们的同伴需要一起体验。

教师需要抛弃固定的方案，规定好的课程，和惯例性的强制性的课程。她们需要和儿童共同努力。教师必须对文化的符号系统有清晰的认识，以及这些系统是如何被不断地表达和改变的。同时，教师永远不能无视儿童为了适应世界和生活而组织自己行为和想法的程序、路径和独特的方式。我们也和儿童一起体验到愉悦、兴奋和成长。

最后，我还想说一点，我们在瑞吉欧·艾米利亚的经验是与许多人、许多文化和许多理论交织在一起的。我们和他们在观念上、思想上和视角上有很多交流，这让我们更加确立了要有研究和改变的意识，这种意识是我们教育经验的特征之一。因此，我们想要感谢所有人。

[①] 比如语言、文字、数学。中译者注。

第 12 章

教师即研究者

教育过程中的个人成长和专业发展

（2001年）

在美国圣·路易斯召开的会议上我进行了以下的演讲。这次会议是由"瑞吉欧儿童中心"和"圣·路易斯瑞吉欧协会"共同举办的。"圣·路易斯瑞吉欧协会"是由一些学校的教师、校长和大学教师在几年前成立的，他们的目标是发展一个受瑞吉欧教育经验启发的圣·路易斯市学校体系。从那时开始，他们积累了很多宝贵的经验以实现他们的目标，这也要感谢阿梅莉亚·甘贝蒂（Amelia Gambetti）的支持。

"圣·路易斯瑞吉欧协会"组织的很多活动之一包括了在2001年召开的一次为期三天的大会，主题为教师即研究者。这个主题对我们这些在瑞吉欧工作的人们来说是非常重要的，尤其是对我。因此，我非常愉快地接受了大会组织者的邀请,参加会议并做了演讲。这也给了我深入研究和理解教师即研究者这个课题的机会。同年晚些时候,我受布伦达·费菲(Brenda Fyfe)教授的邀请,以韦伯斯特大学(Webster University)教授的身份再一次访问了圣·路易斯市。

为什么我们要在大会闭幕之际讨论个人和专业发展,或者"成长"(formation)呢?[原著英译者按:在意大利语中,我们用 formazione 一词,英语中用 formation 来形容专业发展,以及个人一般性的成长。]我想这个词的意思非常明确:因为如果要讨论"纪录和研究"这个话题,或者更确切地说,讨论"纪录作为教育和教学研究的基本要素"这个话题的话,就必须讨论个人和专业发展及教育。事实上,个人和专业发展,就像教育一样,不应该被视为是静态或者一成不变的,一劳永逸的,相反,它是一个过程,一条我们一生都在不停追索的征途,与过去任何时候相比,现在的个人和专业发展更是如此。个人和专业发展及教育是我们在与他人的关系中建构的自我,它建立在我们选择的价值观的基础上,是共同分享和建构的。它意味着这就是生活,并把我们融入到一个持续研究的生活状态中去。

在这里,"价值观"是一个重要的词。"教育"一词和"价值观"一词是密切相关的,"教育"也意味着——从某些方面来讲它主要指——教授一个人或一种文化的内在价值观,为的是让这些价值观变得外显,可见,能被人认识到和被分享。

但是,什么是价值观?

这个词有很多意思,就像"教育"、"成长"和"主体性"这些词一样,是特定背景性的概念——那就是,它们只有在与某个文化、政治和历史背景联系在一起的时候才能被定义。一种说法是,"价值观"似乎不是一个来自于哲学范畴的词汇,而是来自于经济和文化范畴的。一种可能的定义是:"价值观,是一种理想,是一个人对他或她的生活的渴望",它是我们的评价和行为的一个参照,它取决于在我们与社会群体(社区、社会、文化)的关系中我们所选择遵从(或不遵从)的价值观。

价值观界定了文化,它们是社会的一个根本要素之一;每一个社区都有共享的价值观。价值观,因此决定文化,也被文化所决定。价值观不是通用的,也不是永恒的。它是由我们人民来选择的价值观,确认它们并保持它们。但是,它也是由不同的社会,以及社会中的公共设施、机构,去创造,按重要性给它们排序,强调并传承它们。

对我们来说,瑞吉欧学校就是社会中的公共场所之一,一个传承、讨论和创造价值观的地方。传承、讨论和创造价值观是学校最大的责任之一,也是我们所有人承担的责任,我们必须意识到这个责任。越是年龄小的孩子,他们的学校和老师就越需要意识到这个最重要的任务,并能深度理解这个责任的意义。

但是,我们到底说的是哪些价值观呢?

我们提到过,每个社会、每个社区经常会界定自己的价值观。基于我们在瑞吉欧市立学校的经验,我们可以谈谈一些建构和指引我们经验的价值观。第一条,就是主体性价值观,我们是从整体性和完整性(整体论的)方面来理解它的。从一系列可以使用的词汇中(例如,个人、个体),我选择了"主体性"(subjectivity)一词,因为我想它能更清楚地突出个体建构过程中的关系性和相互关联性。每一个主体,因此都是一种建构,即便是自我建构,也是在一定环境和文化中进行的社会性的建构。

近期有关大脑的研究很清晰地展示了每一个个体以及他或她作为个体的建构是独特的和不可复制的。通过这些研究,我们了解了个体是如何在一定环境中被定义的,以及社会性互动对于每个人命运(尤其是生命初期)的深远影响。因此,接受主体性,认可并支持它,是非常必要的。

因此,主体性价值观是支持我们选择许多方法的理由,例如:观察和记录,小组形式的工作,空间的安排,艺术工作室的使用,等等。在所有这些选择中,我们试图让每个儿童和每个老师在与自己和他人的关系中发挥主体性。在这里,我想再一次强调这样来描述主体性的重要性。主体和主体间的关系,在我看来,不仅是认知的基础,也是政治和文化的基础。我相信,这个问题对于人类社会来说是极其重要的:因为人类的未来关乎个体和他人,自己和他人间的关系。

个体的建构是与他人无关,还是与他人有关并通过他人进行呢?在这两种观点之间做选择意味着,不仅要解决由来已久的皮亚杰-维果斯基之争,还要在不同的人和人性的形象间做出选择,是要一个鼓励个体间竞争的社会呢,还是要一个个体与他人共同建构的社会。它是一个政治的和经济的选择,它可以影响整个教育体系和社会体系。在这些段落中,我们可以清晰地看到,为什么科学和教学法并不是中立的,而是有倾向性的。正如你们所了解的,我们的教学法是有倾向性的教学法——那就是,它持有某些价值观。

主体性价值观和它的内涵,以及它认为的每个人都是独特和不可复制的,都是与差异性价值观紧密联系的。性别、种族、文化和信仰存在差异。有差异,是因为我们都是独立的个体,因为我们所有的人事实上都是不同的。

当今超凡的沟通系统(例如电视和互联网)所带来的全球化现象,也有可能会带来普遍的标准化现象,并促使文化的刻板印象的形成。在这样的环境里,学校可能会造成的最大的破坏就是"不去"试图打破这些规范化的进程,而是鼓励"文化规范",满足"规范化"的需要——那就是,规范或标准——这些在今日社会随处可见。我们需要我们的差异——尽管,我们这样做其实是承担着风险的,而且在意大利,来自于任何形式的原教旨主义,都让差异变成了区分、分裂以及孤立的因素。

在我们的生活中,在我们还在使用我们的本能来认识世界、没有人教我们的时候,我们就开始发现差异性了。在人生很早期的阶段(特别是与某些与我们非常不同的"他人"和局外人相关时),我们有可能形成一种概念,那就是某些"他人"不太重要,有些人没有我们重要,他们的与众不同之处被视为是负面的,因此,是应该被淘汰、否定和排斥的。

为了教育我们自己,我们必须试着理解差异,而不是想要取消它们。这就是说要非常谨慎地去理解每个人,他或她的背景和故事。它意味着"倾听"差异(我们称之为"倾听式教学"),还要倾听和接受发生在我们身上的变化,这些变化是在我们与他人的关系中,更确切地说,是在与他人的互动中生成的。它意味着放弃我们认为是绝对正确的事实,对怀疑持开放态度,认可把商讨作为能给我们带来可能性的一种策略的价值。所有这些都意味着——或者更准确地说,它们可能意味着——给我们带来更多的做出改变的可能性,同时又不会让我们觉得自己是被取代了或者是丢失了什么东西。

在这个关于差异性价值观的定义里,我们发现了一个内涵更为丰富和现代的关于参与性价值观的定义——或者,视参与为一种价值观。在我们的教育经验里,参与——就是感觉自己是一分子和有归属感——不只是局限在家庭里(虽然这个过程毫无疑问是重要的),也是学校作为一个整体的一种价值和品质。这意味着我们要提供空间,语言,或更基本的方面,组织方式和策略,让这种参与成为可能——这是我们在工作中一直不断努力去实现的目标。然而,教育和教学的目标必须是明确清晰的,同时,参与的发生需要某种程度的非限定性,以及为各种可能性的浮现留出足够的空间。

这些反思把我们引向了另一个价值观,它是我们的经验的一部分,那就是,民主的价值观,它是参与的内在本质之一:家庭的参与,以及儿童和老师参与学校的项目。这个至关重要的问题值得简单讨论一下,因为我们不能忘记学校是如何与它所处的社会紧密联系的。一个问题又重新出现了,那就是,学校是否仅是一个传递文化的地方,或者它可以是,如同我们在瑞吉欧所追求的,一个建构文化的地方,一个让民主融入每日生活的地方。学校和民主,是杜威所钟爱的一个主题,也是我们所有人做出的一个重要承诺:学校,是一个民主的地方,在那里,我们都能体验到民主生活。

最后,在众多价值观中,我还想要说说一个价值观,它可能会引来争议,但是我觉得它对于我们来说是重要的,在一定程度上它是我们经验的一个基本原则:学习的价值观。学习是,也可以是,一个价值观,如果我们意识到,学习——每个人都在学习,但学习的时间和方式是不能被事先设计的——是一个"相关地带",能让我们反思教育自身的意义,并让我们探寻新的教育、个人和专业发展的途径。

对于在教育机构内外发生的教育实践来说,学习的价值观,意味着以开放的态度对待学习的复杂性、冲突性和不可预见性。今日的整个教育体系,其中包括大家的努力工作、矛盾和风险,都参与了这个从"一个重视教的学校"到"一个重视学的学校"演变的过程。学习,就是让不存在的东西得以形成和出现。学习,是寻找自我,也是对每个人身边的他人和其他事物的寻找。

事实上,参与到教育过程中的人们,都带来了他们自己的成长和发展,他们所做的贡献是以他们自己的经验和他们自己的计划为基础的。他们带来了教育者和被教育者之间存在着的永恒的互惠关系。这里有参与、热情、同情和感情。这里也有美学和变化。因此,我还想指出的是与游戏、乐趣、感情和情感有关的价值观,我们视这些为所有真实的认知过程和教育过程的重要元素。在学习中,个体和他或她所处的环境形成了一种联系。这存在于学习者与被学习内容之间的那种情感性的关系中,这种关系充满了感情、好奇和幽默。学习具有使所有这些成为一个综合体的力量。唯其如此,学习也因而成为了一种价值观。对于我们每个人来说,认知行为也就成了创造性行为,它包括责任和自主,是一个自由的行为。知识——或者更准确地说,主观性的认识——成为了个体的责任,需要乐观精神和未来感使其得到最充分的实现。

那么,我们所说的专业发展到底是什么呢?简单地说,它就是学习:我们的工作就是去学习为什么我们是老师。它意味着,我们要与凌驾于其他感觉之上的平衡感保持距离,与那些已经被决定或者被认为是确定的事情保持距离。它意味着要与交织在一起的个体和思想、行动和反思、理论和实践、感情和知识保持亲密关系。我们能做的,也许只有不断寻找——可能永远也找不到——规则、限制(其中的一些很明显是不可缺少的)、真实的感情、学习的热情之间的平衡。

至此,我描述了一些启发和引导瑞吉欧学校以及世界上其他一些地方日常生活的价值观。但是,这些价值观和当今主流的价值观是有很大距离的:个人主义、利己主义、职业、成功、金钱等等——我们很难与这些价值观相对抗,未来也还会是这样的。这就是为什么学校,从教育小孩子的学校开始,必须首先是受价值观影响并进行价值观教育的地方。这样的学校要求我们勇敢,始终如一;它需要热情和感情、理智和情感、承诺和努力工作。不过,它也可以给我们带来很多收获,尤其是,对作为一个老师意味着什么这一问题的深刻认识。

第 13 章

组织和方法

与卡丽娜·里纳尔迪的谈话
（1998 年）

埃托雷·博尔吉

当埃托雷·博尔吉(Ettore Borghi)打电话说要和我进行这次访谈时，我非常激动，也很惶惑。许多原因让我体会到了这种心情，第一个原因是因为我对访问我的埃托雷·博尔吉怀有深厚的感情和敬意。他不仅是这个城市最敏锐和最有心的议员之一，他还是一个真正的深刻又宽容的哲学家和历史学家。

在知道埃托雷·博尔吉是负责教育和文化的市议员之前，我就已经知道他是我所居住的那个城市里的高级中学的哲学老师，我非常欣赏他。很少有老师会因为他在文化和伦理方面的品行而被学生们深深地爱着和尊敬着，同时又能得到同事们的认可。当他成为议员时，我已经担任市立学校的教学协调员一职好几年了，我对他从一开始就展现出来的态度印象深刻：仔细倾听，尊重我们的经验以及这些经验的主要参与者。他和马拉古奇的对话是非常深刻的，也很有意思（这是在八十年代初期），我们之间围绕教学、哲学和文化问题展开的讨论也是非常吸引人的。

埃托雷·博尔吉作为历史学家的能力以及他对于市立学校——一开始是文化和政治层面的，继而对教学发展历程——的好奇心，都很清楚地展现出来了。就这样，市政府和学校之间的关系变得越来越亲密，也越来越相互了解。这就是为什么很多年后，在1998年，埃托雷·博尔吉会被邀请编著一本有关瑞吉欧市立学校历史的书籍。这么多年来一直参与这段历史的人们，行政管理者们、老师们和家长们，首先想要邀请参与这个项目的人就是他。他们想要在一份历史文献中向大家展现那些给他们最初的经验带来启发并引导他们做出选择和保持热情的价值观。

专门为这个项目成立的委员会决定对"建构"了瑞吉欧经验、参与了这段历史的不同群体的代表进行访问：教育者、家长、行政管理者、其他公民。这些访问不仅是一次"回忆之旅"，还是对在这段漫长的旅途中所建构的"意义"以及意义"内涵"的探寻。这就是为什么当博尔吉教授给我打电话时，我会感到惶惑，心情很复杂。

不过，对记忆的惶惑，放任自己去回忆那种既甜蜜又痛苦的感觉，很快就被这次谈话带来的愉悦感消除了。这次谈话给我带来了重新认识思想以及生活和工作旅程的机会。问我的问题清晰又不同寻常的；谈话内容被录音了，然后被转录成了书面材料。当我再一次阅读书面的谈话内容时，我对这些文本内容的质量印象深刻：它们基本上不需要修改或润色。

我们的这次谈话是一个相互学习的过程，可能是因为整个谈话过程组织得非常完美，因此它值得被收录在 *Una storia presente* 一书中，它是由Istoreco——一个致力于历史研究的瑞吉欧机构出版的。这本书的出版得到了瑞吉欧儿童之友协会的欢迎和支持。这个项目不仅聚集了所有在这个城市里体验过瑞吉欧市立学校的人们，还包括所有认为这些学校生动地表达了瑞吉欧·艾米利亚这个城市特色的人们。

出版这本书需要付出很多努力。付出这些努力的人包括女议员们，她们是瑞吉欧教育经验的主要参与者,如洛丽塔·吉亚罗尼(Loretta Giaroni)、爱丽塔·贝尔塔尼(Eletta Bertani)、朗·巴尔托利(lone Bartoli)和桑德拉·皮奇尼尼(Sandra Piccinini),还有老师们、教职员工们、教学协调员们和家长们,她们向这个城市和我们每一个人讲述了发生在这个社区里最美好的故事之一,即一个理想中的、一直没有结束的乌托邦式的故事,因此我们每个人都能为这个故事做出自己的贡献。

卡丽娜,我想要问的是你所熟悉的,也是你曾亲身经历过的一些事件。我们的谈话将围绕"托儿所"(nursery school)的历史展开。更准确地说,我指的是在过去,这些学校的短缺,以及导致了这一严重失职行为的概念性错误:这个错误的概念就是,为六岁以下儿童服务的机构是出于社会福利的需要,以至于在过去的几十年里,它们沦为了能随便对待的私人慈善事业,依附于忽视它们的内政部(the Ministry of Internal Affair)。在你开始工作的时候,瑞吉欧的市立学校是不是就已经能从文字上很清楚地描述它们作为学校、教育场所的特性,或是说它们的特性是在逐渐形成的?除此之外,这个特性的实质内容是什么?

我想我可以说,我们的特性在那时候就已经很清晰了。我这么说的依据是,我有机会跟马拉古奇分享的很多反思,以及我有幸聆听到的一些针对"儿童早期教育市立学校"[原著英译者按:这是从字面上对"scuole comunali dell'infanzia"的翻译——强调它的原创性——表现它的属性,尽管我们常常将它翻译成"市立儿童早期教育机构/育幼院"]的重要性的分析。这个词表达了,"学校"是一个教育场所,一个实施美德"教育"的场所——一个我们在以后的谈话中还会提到的主题——那就是,教育,不仅面对儿童,也是面对成人的:老师和家长。视"教育"为一个持续的过程,意味着要接纳一种在当时(我指的是七十年代初期)看来非常另类的对学校的认识。尤其是,经过长期讨论后提出的,强调了它的重要性的著名词汇"早期儿童(教育)",都表明了有些概念从一开始就已经很清晰了。

我这么说是因为,马拉古奇在不同场合,就"幼儿的"这个词,和布鲁诺·西亚里(Bruno Ciari)、乔吉奥·比尼(Giorgio Bini)以及其他人进行过讨论。

[原著编者按:西亚里和比尼是六七十年代处于领导地位的教育思想家和实践家。西亚里将弗莱奈特(Freinet)的教育理念引进了意大利,并领导了波洛尼亚的市立幼儿学校的发展。]同时被讨论的备选词汇还有"儿童(早期)的学校"和"为了儿童(早期)的学校"。讨论得出的明确结论就是,这些学校是早期儿童的学校。也就是说,儿童,是学校里合法的主角和主体(这些词汇在1975—1976年间才出现,但是我们这些概念在当时就已经存在了)。但是——正如我很快就认识到,或者说是在不久以后理解到"身处各种关系中的儿童"这一概念的内涵:他们与他的故事/历史,他的家庭,他的文化背景,以及最终由学校给他们提供机会才得以面对和建构的他们的故事/历史之间的关系。因此,学校的主角和合法的主体是儿童,但是不能将他们和历史—文化背景分离,实际上,儿童是合法的主体——主角——公民。这就是"的"(of)这个词的价值。在我看来,这个词表达了当时人们的预期目标。

另一个词是"童年"(childhood)。这也是当时特意提出的一种表述方式,今天我想要界定这个词的意思。当时我就对它有所了解,但是经过这么多年,我对它的理解在不断加深。我视它为一个社会类别,如果不能对它从以下这一视角进行注解的话,它将不复存在。这个视角就是,每种文化,每个历史时代都有他们自己对于"童年"的解读,他们不见得会把"童年"遗忘,但是他们会遗忘儿童特有的形象,而这个形象赋予儿童在这个社会里的待遇、民事和刑事权利以及他们的地位和幸福。

我是在1972年,当一些法规还处在草拟阶段时进入这个系统的。那时,马拉古奇和其他参与者们必须反复地界定这些词汇并做出选择。[原著编者按:这里指的是由瑞吉欧·艾米利亚市政府拟定的有关市立学校的法规,这些法规是老师们、家长们和其他市民之间进行了长期对话的结果。]我有幸参与了这些讨论,因此,我认为我可以说,至少在七十年代,关于学校和教育的概念已经非常清晰了,也就是认为学校和教育是一个公众"参与"的活动,是一个持续的过程,是一个不仅传输文化还产生文化(不仅指的是儿童的文化,也包括人类的文化)的场所。我还可以推测——可能这是我最不能确认的事情之一,但是我很强烈地意识到——在六十年代,当所有事情都刚刚起步的时候,当第一所市立学校成立的时候,学校的合法主角是儿童这个概念就已经出现了。这样的话,我们就不会为劳瑞兹·马拉古奇热衷于回顾瑞吉欧经验的起源而感到意外了:那是位于维拉塞拉(Villa Cella)的一所幼儿园,至今那里还镌刻着一句宣言,学校是一个通过教育下一代来创造和平的场所。[原著编者按:维拉塞拉是瑞吉欧地区第一所幼儿园,由一个小村庄里的妇女、农夫和工人们团结一致辛勤建造的。它成立于1947年。马拉古奇将它形容为"我们所有经验的发源地",尽管瑞吉欧第一所市立学校直到1963年才正式成立。]

一个世纪以来,对一个人生命最初的几年在文化和政治上的重要性缺乏认识,这导致了对它所需要的人力、文化和职业教育的低估。我们国家并没有颁布针对婴幼园教师基础教育的法规,对他们的管理水平也要低于小学教师。我们能不能说,瑞吉欧市立学校为老师们提供了一整套校内培训系统,以弥补国家在师资培训系统上的不足呢?如果是这样的话,谁是这些培训的主体,又是谁对这样的培训系统做出了重大的贡献?在我看来,市立学校的培训不仅是局限在交流一些与教学相关的看法上。

我完全同意你的观点。我想,从我开始在瑞吉欧工作的时候起,把学校视为不仅是让儿童接受教育和成长的场所,也是教职员工们接受教育和成长的场所这个观点就已经非常非常明确了。我认为,劳瑞兹·马拉古奇就非常重视教职员工的职业教育。这来自于他学到的幼教领域里的一些先进经验,如蒙台梭利学校和阿加齐(Agazzi)学校,那些在意大利和世界上都很有影响的教育学理论(我想说的是诸如皮亚杰、杜威、布鲁纳的理论),以及他自己作为教师和心理学家的经验。因此,当我开始工作时,这点就已经很明确了,它是学校的一个重要特性,它能让学校成为一个可以尝试各种可能性的地方。

我认为,瑞吉欧的培训系统是一种源于研究的专业发展,重视过程——重视过程意味着可以与时俱进、与当下文化相适应,而不仅仅是学习过去的文化——它是学校和学校特性的一部分,所有这些必须由教职员工的专业发展来保障。它的起源可以从当时的(我指的是六七十年代)文化价值观中找到,这些价值观试图从更全面的角度来定义持续进行的专业发展过程,这与传统的观点认为师范教育是一次性的、与学校课程相关的培训经验大相径庭。对一个人自身所拥有的知识的认识，尤其是反思自身知识的能力，并思考如何让儿童和年轻人自己建构知识——也就是说关注文化对自己的思维方式的影响，认为自己是学徒，认为自己是一个有思想的人——在当时，我认为这些并不是人们会讨论的话题。或者说，即使当时人们讨论过这些内容的话，它一定不是当时主流做法的一部分。

我想要特别强调两点。首先，是一种信念——源自马拉古奇经历过的，你可能会称之为的，兼收并蓄的专业发展——认为教师的专业发展是一种文化教育，它植根于对过去、对现状等的认识，因而，培训必须采用双轨式的方式。一条轨迹与文化辩论中的大课题有关，关注的是人类，如何做人、如何做公民；另一条轨迹关注的是儿童和教学法，以及教学法研究。不过，在这里，我们碰到了另一个影响着教学的问题，那就是，这种整体性的培训方法会因为艺术教师的存在和工作而得到加强，这不是我们所说的激进主义教学法，而是一种永久的挑衅，它几乎每天都在展现我们想要从传统的教学法中分离出去的欲望。

还有一个观点，那就是我们在开会的时候不能仅仅讨论教学上的问题，还要关注更广泛的问题。我想我们还保存着我们举办的所有活动的宣传海报和其他材料（从"五月教学"/maggio pedagogico 开始，一系列让教师和家长们获益的，由来自文化、心理学和教育学领域的人们参加的会议，再到六十年代家长们参加的会议，等等），来自当代文化、戏剧、历史、人种学、人类学、艺术等等的各界人士参与了这些活动。教师与所有这些学科都有关联，她的任务是更新自己的知识体系，最重要的，她要对儿童和儿童学习过程感到好奇：儿童，不是一个静止的主体，而是一个不断改变和发展着的主体。"研究"一词，从这个意义上说，与科学实验无关——或者说是需要从科学实验中脱离出来了，这也就摒除了认为它是部分人（在大学里和其他指定机构里）的特权这一观点，而让"研究"成为了教师们追寻生命意义的一种立场和态度。

很明显，学校在儿童寻找意义的过程中所做的贡献不仅在于帮助他们解答心中的各种问题，最重要的是为他们培养乐趣。寻找意义也适用于教师的专业发展,尤其是小孩子和青少年的老师。再一次反思一个我们已经思考过很多遍的问题时,我发现,我们这种合作式的工作经验的巨大优势在于对学校的共同认识和意义的探寻,对在社会中的学校的共同认识和意义的探寻,我想,这些反思从局外人来说可能会是非同寻常的。一周前,在瑞典,人们又一次评论我们的教师们拥有的非凡天性,她们是如此的善于追问,为什么事情要这样做,为什么她们应该这样做,为什么应该向儿童提出某些问题,同时她们把对意义的探寻传递给了儿童。

谢谢!您的话语提醒了我,在那个年代,你们的学校正将它们的兴趣延伸到心理学、人种学和其他您所提到的学科,这与当时在意大利"高端"文化中发生的变化相同,因为在那之前所有这些研究和经验都是被排斥的,所以在这些领域当时我们是落后的,在人文科学的所有领域里我们都需要迎头赶上。这不仅是针对研究和出版物的质量而言的,还包括教师的身份特性,教师的文化形象,就像我们过去常说的"每一个级别和水平的"教师的形象。我不知道我这样说您是否会同意。

我认为您的联想是极其重要的。可能在您的研究中这将会占一定的位置。从这段历史刚开始的时候,就有——这可能是我个人在劳瑞兹·马拉古奇身上发现的最不可思议的事情之一——一个很系统的愿景,一种提出、归纳和融合现在看来都很具话题性的各种问题的能力。我觉得,在这个故事的开头,我们就可以发现与这些相关的蛛丝马迹。我不知道这是不是我根据自己的经验杜撰的一个童话故事,但是说实话,我相信事情就是像我所描述的那样的。我记得,我们曾经开设过有关星星和天文学的课程(这些似乎与幼儿教育没有太大的关系!),这不是因为上了这个课我们就可以跟孩子们解释与星星有关的问题,而是,老师可以和孩子们一起感受和了解探究这个课题带给她们的愉悦、惊喜和奇妙感觉,这些都是童年时代需要的品质。我重申,我的描述可能是罗曼蒂克和诗意的,但是我喜欢这种感觉……我也喜欢将这种感觉传递给他人!

当我在维拉盖达婴幼园(Villa Gaida,由瑞吉欧市政府在1912年注资成立)工作的时候,我发现清洁工和厨师的工资比一部分教师(约为三分之一)的工资还要高。[原著编者按:想要更全面具体地了解维拉盖达婴幼园的起源和重要性,请参阅 164 页的内容。]我不想在这里深究一个问题,那就是,在当时提高教师工资待遇是非常必要的,至少是为了缓解有资质的老师离开婴幼园而去小学工作这一普遍现象。我想到的是工资差别所带来的象征意义,它很明显地暗示着那些人的角色,不管是干什么的,只不过是服务人员。与之相比,您能否解释一下,现在,在市立学校里的辅助人员的职能呢?

当然可以。不过,在回答这个问题之前,我想先谈一谈一个我在前面提到过的观点:那就是,我认为劳瑞兹·马拉古奇拥有一种品质,所有我们这些和他一起工作的人也拥有这种品质(但是我想指出的是,他是第一个拥有这个品质的人),就是有倾听的能力,更广泛意义上的倾听,我一直试图就这个品质写点什么。劳瑞兹·马拉古奇总是很好奇,能够很好地倾听我们和教师们的心声。您可能对教师日志这一方法非常熟悉,在当时它很重要也很出名。教师们不仅被邀请写下发生了的事情,还会写下一个或多个吸引她们的与儿童有关的片段和句子。在我看来,这些是后来被大家熟知的纪录,以及为反思和进一步思考留下痕迹的能力的前奏,它也是赋予真正的主角发言权的实践行为,并给"研究"、"教育反思"和"教育研究者"这些词带来了更丰富的内涵。我们应该更具体地对记录体系进行反思,例如它在瑞吉欧独具一格的发展方式,我想再一次重申的是,它不是在一种理念中形成的,而是在一种极其原创性的倾听方式中形成的,从而让人们能更清楚地了解他们自己的知识和他们自己的思想。

教师都知道这些,这让我有理由说,劳瑞兹·马拉古奇是一个有很强的在小组中工作能力的人,有很强的倾听能力的人,能赋予不同主角们发言权的人。因此,我想,马拉古奇的这种工作方式真的是以小组形式工作的前身。最近,我们和一些称之为"成熟的"教师在一起回忆,到底这些会议,他的提问,他邀请人们反思,以及他对倾听的态度,对帮助我们理解我们到底做了什么有多大的帮助。因此,纪录的起源,像我所说的,也是小组工作的起源,当然也是和儿童一起工作的……

是的,这也是因为,参与者不需要有任何特定的来历或者特定的学历;重要的是人性……

完全正确。就是人性。然后,可能还会有另一种解释,它是简单的,但是在我看来也是一个非常有效的解释:如果学校是一个教育的场所,学校里的所有地方,所有承担教育意义的人,他们都是在进行"教育"。因而,同样的,学校里不存在头等和二等空间——也就是说,可见的厨房、走廊、楼梯间以及所有类似空间的建筑构造,从真正意义上和从一个非常象征的意义上说,是没有等级之分的——因此,同样的,教职员工中也没有头等和二等之分。所以,厨师和辅助人员在满足"用户利益"(in the interest of the users)过程中也是起着特殊作用的。同时,它也展示了集体行动的意识,也因此让人们不仅能够更大程度地参与到和他人一起进行的工作中,还能更大程度地参与到理解一个人自己工作的意义中。

我记得在市立学校里和辅助人员一起参加的有关教育理论的专业培训活动。我还记得,围绕为什么不能因为清洁的需要而毁坏一栋建筑,以及如何维护和保护它展开的讨论,不是把它当做一个外界强加给我们的规条去讨论,而是把这种讨论当成一种分享意义的经验。我记得辅助人员们带给我们的宝贵见解,这些见解也许源于她们能从不同视角、不同角度和不同的更为亲近儿童的空间里倾听儿童声音的能力(基于她们不同的背景),因为这些人们会和儿童分享类似于上洗手间这样的时刻。

因此,身体是不可以忽略的。

这是另外一个层次的互动。以前没有头脑和身体的互动。在七十年代这是一个新的观念——而所有这一切都从属于同一种身份:这个人的价值,这个学校的价值,因而,这个学校里所有主角的价值。我认为,在这个问题上,婴幼园给我们提供了巨大的帮助。事实上,我们不应该忘记在七十年代初期(更准确说是在1970—1971年之间),第一所婴幼园成立了。这首先是一个具有很强政治和文化意味的事件,即便是对于我们这个在教育领域已经具有一定传统的城市来说也是如此。

婴幼园提供了一个特别的让我们再一次反思我们的教育项目的(显然也是文化的)机会。小孩子和小孩子的形象突然出现了,这给我们带来了新问题和进行反思的重要机遇。我们的教育文化是很勇敢的,它允许我们对它自己进行重新审视。我们在前些年里已经确定的(少数的)与组织有关的事情——幼儿园的时间表、空间和职能——在我们建构婴幼园组织架构时被转化成了怀疑和质疑。婴幼园没有"历史",但是我们需要面对社会上对它的敌意和猜疑:小孩子应该和妈妈待在家里,这仍然是当时的主导印象。但是,正是因为婴幼园,让我们能够充分认识到儿童强大的潜力,教师的角色,以及在某些方面,辅助人员的不同作用和她们的重要性。这些反思展示了"零到六岁项目"是如何萌芽的,它是意大利少见的几个在婴幼园和幼儿园提供教育和机构间连续性的教育项目之一。

不过,我们最先拥有的是极好的深入反思教职员工专业情况的机会。因此,我们必须在当时做出一些重要的声明——在现在它们也许并不会被赞赏——所有教职员工(教师、厨师、辅助人员)的工作小时数必须是相同的,参加同样多时间的专业培训,拥有相同的机会,或是有相同的权利和责任以参与校内的面向所有教职员工的专业培训活动,以及特殊的培训活动。这样,也就引发了一种非常特别的培训形式,也为以后会发生的事情打下了基础,那就是,我们的厨师和我们的辅助人员的工作(我想我们仍然可以在今天发现一些相关的细节),在如何优化重组事物和整理物品方面,曾经并仍然拥有特别重要的地位,这不仅是因为儿童(以及和我们成人一起)赋予了环境重要的意义,还在于我们认识到一个整洁卫生的环境能在哪些方面展现婴幼园和幼儿园的品质和安全又健康的生活。因此,我认为,我们的这个已经写入规章条例中的声明,是很坚定的,非常明确的。

随之而来的任务就是我们继续与辅助人员和厨师们一起探寻和更新他们工作的内涵。一件伟大的事情,有时也会是困难又痛苦的事情,因为,任何成就都不应该被视为是理所应当的,从来不应该!同时,家庭的参与,是一个与某些价值观有关的关键过程中的另一个重要篇章,这个关键过程指的是,发现哪些策略可以帮助我们确信我们可以把所有这些作为价值观向世人宣告的过程。

我们在逐步描绘一幅复杂的成人世界的图画,他们就像演员一样在儿童所属的关系系统中表演。聘用男性,是不是仅仅是为了象征性地打破模式化的"母性"的观念?

是的。我同意您强调的视儿童为"演员"的说法。我认为,引进男性员工,有时候,是有打破模式化的"母性"的观念的作用,但是,它也是认可儿童有男老师或女老师在身边的权利。在这样重要的时段和重要的空间,主角们要有不同的身份,如男性的身份。因此,我想要把这个说得更明确一些,最重要的是,认识到在学校里儿童有让一个男性形象出现在他们身边的权利,儿童在学校里的时间很长,他们又处于一个那么重要的建构自己身份意识的年龄。这不仅仅对男孩们来说非常重要,对于女孩也是同样重要的,在某些方面,特别是对于那些常常被委托给"纯女性"学校环境的女孩们来说尤为重要。很明显,这是对于认为学校是"母性的"这一观点的挑衅,这样的学校在很大程度上是家庭的替代品。[原著编者按:在意大利,"幼儿园"(nursery school)一直到最近都是被称为"母亲的学校"(scuola maternal)的。]此外,回到我们已经讨论过的问题,这也是一个心理学的研究,提出了有关身份意识建构的问题。那些年,关于女性的身份,以及关于男性和女性身份问题的辩论变得比以前更加激烈。因此,这多少有一些挑衅意味,这是非常明显的,我认为,幼儿教育机构开始越来越意识到性别上的差距了。

问题是,我们对抗的是文化中的刻板观念。它在现今仍有影响,更准确地说我们还必须顾及它。只有少数,事实上是极少数男性在学校里工作。造成这种现象的很多原因仍然同我们曾经面对过的原因相同,几乎在所有的文化中,这些原因都是相同的。我指的是在欧洲,而不是指更广泛的其他地方,不过即便这样,这一点还是非常触目惊心的。我可以看到让男性进入学校工作的难度,特别是为小孩子们服务的学校,因为这些学校与可怜的、脆弱的儿童形象联系在一起,而这些形象都是建立在认为儿童强烈需要"母性"的女性形象这一认识上的。今天,我们看到了对于父亲身份定义的巨大转变;在文化上,照顾孩子的父亲被越来越多的人接受。不过,就幼儿园而言,我们还没有看到这个变化,更不用说在婴幼园里了。

这也许和学校的社会形象有关,也与需要投入的精力和义务不相匹配的低收入有关,这让在这些服务机构里工作的教职员工被外界视为是工作时间长但工资收入却最低的人们。最终,在一个男性挣着更多工资的文化里,在家庭中男人是主要收入的来源时,让人们因为看到这份工作在文化上的意义而接受它,是很罕见的。因此,在瑞吉欧·艾米利亚——以及在整个意大利,更广泛地说,在世界其他有机会讨论这个问题的地方——还没有大量的,像我们依据教育原则而期望的那样出现大量的男性教师。因此,它是一个极其重要的问题,这个问题在现今仍然是极具话题性的……

至少它的象征意义依然是非常重大的!

……它的重要性还在于它自身真正的价值,因为在我们观察到的教师搭档工作的现状里,异性教师结成的对子在工作中有着很积极的一面;而且,儿童对此也是非常敏感的。

成人的世界变得更丰富了:我们有艺术教师,还有至少两个教师和一组儿童一起工作的原则——它可以被称为是原则。

我想要特别强调,除了艺术教师的出现外,两位教师同时带班这一原则是极具创新意义的教育元素,正如我们在后面的讨论中会看到的。尽管她们共享一个共同的专业地位,两个教师同时带班,依靠的却是她们之间的不同之处,并且我认为,教师们的不同视角,认为对话和交流是教育和教育者的一个必要品质的观点支持着同时带班的原则。在这种工作情境下,教师们发展她们对于儿童的敏感性以及逐渐认同他/她的身份。教师得以有这些发展还要归功于她们被邀请、被鼓励和被推动与同事们一起从事很高水平的教学实践。我认为,这就是集体工作深远意义的根源——今天,我们可以谈论"在小组中工作"——从某种意义上说,我们非常期待的未来得以实现正是因为有这种系统化的概念,以及儿童形象相对论,而差异价值观正是通过两个拥有不同观点的教师同时带班体现出来的。这在意大利其他的学校中还没有得到发展和接受,这也是因为,在教学自由和强调个性之间存在着很多不确定的相对混乱的认识。我认为,在教学自由背后,还存在着强加于一个教师的,她必须所承受的孤独和伤害。

一对教师同时带班的做法还意味着要与外界进行对话,并开启与其他专业人士的对话,如可以带来人们所能期待的不同观点的艺术教师。一百种语言这个比喻在艺术教师的专业化的教学中得到体现,它的背景是视觉语言。一百种语言这个理论早在七十年代就已经萌芽了,艺术教室——虽然在初期它可能还没有完全成形——已经宣告了自己的首要特性,那就是一个为一百种语言而存在的场所:图表的、绘画的、雕刻的、塑形的、数学的、诗意的语言和更多其他语言;包括不同学科和文化世界间对话产生的语言,我们会在后面的讨论中加深对这种语言的理解。因此,这个给我们带来不同经验并想要最大限度表现差异的人物,支持的是一种能越来越关注儿童主体性的教学方式,并最终为儿童提供范围广泛的多种可能性。因而,我想说(很高兴我并不是唯一一个这么说的人),整个学校应该是一个非常棒的艺术教室,我们在学校里做的事情、反思、行动、感知和虚拟的想象以及当地和全球文化都可以得到表达,并把学校演变成一个重要的研究和反思的实验室。

不过,正如我们提到的,当一对教师在寻求他人看法而进行对话时,其他同事和辅助人员也变成了互动参与者。但是,没有什么事情是轻而易举就做到的:让其他同事和辅助人员变成互动参与者是一个很艰难的过程,我们还必须面对日常生活中的各种问题和状况。在过程中还有很多人被埋没了,她们没有能加入对话;紧张的状态过去有,现在依然存在,因为学习协商、听取他人的想法是一门很难的艺术,永远都不能认为它会自然而然地发生,但是在这里它被推到了最高的地位,甚至被运用到了建筑中(如我们在前面所论述的,我们在建筑中避开了走廊、各种现实的和象征层面的障碍,但是提供了许多有特定功能的空间)。它一再出现在参与过程中。就像我们所经历的那样,这意味着要从一对教师开始,从同时带班开始(从这里提升交流的价值,以及视差异为变革的价值),作为他人开始参与以求最大限度地实现对话的价值。

我还没有深入谈论这个问题,但是我希望这个访问能让人感受到所有这些努力背后的艰难。它一直都是一个艰难攀登的历程。它是一个艰苦工作的故事,也是一个令人满足和愉悦的故事,在这个故事里,我们,至少我认为,从来不会忘记我们正在做什么。

我注意到,您介绍了"参与"这个主题,我想要继续这个话题。到现在为止,我们讨论了"局内人"和专业人士。但是我们还没有对这个话题进行详尽论述。事实上,直至现在,"参与"都一直存在并被实践着,但是,在国家的学校体系里,"参与"一直处于一种挣扎状态并正在逐渐消失。这两者之间存在着一个根本差别。

我可结合我最近的一些反思来谈这个问题,这些反思有别于我们当时是如何看待这个问题的。最近,我和保拉·卡利亚里(Paola Cagliari)[原著编者按:瑞吉欧·艾米利亚的一位教学协调员]就这个话题进行了交谈,我们都强调,即使是在当时,参与这个概念都不是也不能仅局限于家庭的参与。这是因为,学校自身,是一个"参与性"的场所。在这里进行的教育本身建立在参与的价值观之上,又有赖于其体现在日常活动中,学校也就是儿童、教师和家长都参与其中的地方。

最能引起人们好奇的一件事是,这些年来,我们成功地保持着和家庭以及社区之间的对话。这个故事,同样不是容易或是简单的;有时,我们会被误解,会遇到冲突和差异。我们解决其中的一些误解、冲突和差异,但是还有一些并没有得到解决。我认为,将儿童放在中心位置,把儿童和教育的形象作为我们主要的关注点,这是已经得到了人们包括家庭在内认同的价值观之一。

[在编辑本书时,卡丽娜·里纳尔迪补充写道:我想要强调的是,与家庭进行对话,邀请整个小镇参与,一直是瑞吉欧教育经验的特点。参与是教育事业的一部分,与其他主角们一起成为主角。做到这些并不容易,我们经历过特别困难的时刻,但它是民主的奇妙训练场。学习差异(不同的看法)的价值观、达成共识(协议)的价值观、协商的价值观,是一个漫长、复杂且还没有完成的练习。但是,它让所有的主角(家长、老师、管理人员、政客、其他市民)理解到参与这个概念不仅仅是一个政治的基本策略;它还是一种生存方式,一种在与他人和世界的关系中认识自己的方式。因此,它是一个儿童可以从小就理解和珍视的基本教育价值观和教育活动的形式。]

如果人们还需要更进一步的证据,我可以分享我们在华盛顿的经历,和外国的经历。我所说的华盛顿经验是那里的一所位于"黑人贫民窟"的、与瑞吉欧建立了对话的幼儿园。很不幸,"贫民窟"这个词在那里仍然是现实存在的。当六七年前这所学校刚开办时,"白人"得到的忠告是最好别去那个区域,尤其在一天中的某些时段。阿梅莉亚·甘贝蒂(Amelia Gambetti)[原著编者按:一位长期在美国工作的瑞吉欧教育家]和这所学校合作了几年,但是开始时,她发现让人们接受她颇为困难,因为她是白人。但是家长还是送他们的孩子去这所学校,因为他们感到学校尊重他们,而且最重要的是,尊重他们的孩子,重视他们的孩子。他们的孩子得到异乎寻常的细致的关注。在我看来,不管是在瑞吉欧还是华盛顿,如果人们事实上能讨论有关教育(什么是"教育"?)的各种问题,比如"成为家长"意味着什么,个人面临的矛盾是什么,"儿童"意味着什么,上学意味着什么,如何当家长……那么家长就能不断地在这些学校中找到意义。

不幸的是,我们也注意到,在"委托法令"实施后[原著编者按:意大利对义务教育学校中有关家庭参与的社会管理法规],当效果不好时,过度的官僚行政排挤了我们对参与的承诺。这也反映了对冲突的畏惧。我注意到我们文化中的一个特点,我不确定是瑞吉欧的文化,还是意大利的文化,就是把冲突当作对话的一部分来接受。人们说当瑞吉欧人(也许意大利人)开始对话时,美国人或瑞典人则恰恰停住不说了。这里你击中了一些非常重要的文化问题:你如何应对会产生冲突、犯错和原谅的观点;以及你如何接受明显的异见又不使其变成敌意的种子。这是瑞吉欧·艾米利亚文化的一个特点,也许也是意大利文化的一个特点。而这个特点尤其在我们这样的学校里得到强化。

我可以肯定的是,家长对他们孩子教育的兴趣,以及在他们的孩子与学校之间不断建立连接的愿望多年来得到了保持。虽然并不是所有的家长、所有的时间、也不是所有的地方都这样,但是这现象确确实实一直和我们相伴。

这非常重要,因为这样的话,让"专家"来教育孩子就不一定占优势了。而它(参与)的合理性是基于一个原则,那就是,在一定程度上,每个人都是专家,以及家长们都是专家……

更准确地说,他们是带来自己独特视角和价值观的参与者。因此,很显然学校必须认识到它自身的特性以及明确哪些是可以协商的。

我还想再一次回到在维拉盖达的学校。它是一个独立的个案,它没有任何的后续经验,因为战争和法西斯主义阻碍了让它成为学校网络体系的起点。这是非常可惜的,因为对于那个时候的管理者以及后来的校长朱塞佩·塞格利亚(Guiseppe Soglia)来说,"幼儿园"(asili)的教育职能已经很清晰了。这些反思让我想要向您了解建立一个以网络体系为基础的教育组织的重要性,从瑞吉欧·艾米利亚的市立学校开始,一直到后来其他城市拥有的相似经验。我想,如果一直是处于一种"灿烂的孤独"的状态的话,即便是作为范例的黛安娜学校[原著编者按:瑞吉欧的一个幼儿园,美国杂志《新闻周刊》(Newsweek)将它形容为世界上最好的幼儿园]的历史也将会与现在的情况大相径庭。

我完全同意你的这个说法。关于网络体系的问题,杰罗姆·布鲁纳就瑞吉欧·艾米利亚的经验曾经做过一个非常美好的评价,他说,这个经验最杰出的地方在于它延续了那么长时间,最重要的是它是这个城市的文化表现,市立学校作为这个城市的"普通"的公共服务机构,孕育了它们,也让它们在其中看到了自己的影子。因为,我确信,这些机构在政治上的重要性和真正的象征意义上的价值,不仅在于它们是一个服务机构,而是,像我们在前面说到的,是一个让当地文化发展出自己独特的儿童和童年形象的场所;我认为这一点是极其重要的。当然,它们的重要性和价值不会仅限于此,但是我认为,一个社区必须有发展自己独特的儿童形象和童年形象的地方。因此,它具有很高的政治和文化价值。

不过,建构一个网络系统,意味着你是置身于一个体系之中的,这是一个你能在和他人对话的过程中获得身份认同的地方。这就是为什么我们体验到了人们认可黛安娜学校所带来的愉悦,同时还有一丝尴尬和困难,这倒并不是因为黛安娜学校自身,而是因为我们需要向很多人解释它真正的价值。真正的价值在于,这一所学校代表的是一个拥有30所为0~6岁儿童提供服务的教育机构的网络体系。我认为,广大媒体和人们热衷于而且继续强调这个学校为"实验"学校的原因这一点是非常有意思的。霍华德·加德纳说过,杜威的一个成功之处在于他还创建了自己的学校——但是它只是一所学校,并且它只持续了四年。我们在这里有三十所学校,它们有勇气继续前行,在一个城市里代代延续,同时还萌发出了与其他城市之间的对话和交流,不仅在意大利,还包括世界各地,并通过对话以及将对话和交流当做它们自身不可分割的一部分,从而形成和保持了自己的特性。

开办新学校,拥有新的管理形式,就像现在有可能存在的开办方式(诸如公司主办的婴幼园之类的事情)那样,是重要的,也许这是因为他们是在一个网络体系里。每一所学校是一个网络,学校与学校之间又组成了一个网络,这个体系创造了一个很强大的交流和变革的文化。即使是从其他地方来的代表团,那些来到这里和我们见面的人们,代表了一个极其重要的专业发展的机会,因为他人的观点,他人问的关于我们的问题,对知识的创造和激发自我反思对我们来说都是至关重要的。这样一个网络帮助我们实现不同层面的觉醒、体会不同的责任感和道德立场,而要想保持这样的觉醒、责任感和立场是很困难的。

因此,回到我们前面说的观点,我们应该强调"学校是在一个网络体系中运行的"这一观点的重要性,而且这个网络体系正在扩展。我想,审视这个现象的版图会是一件非常有趣的事情,它正在全世界范围内扩展。那些已经成为这个现象一部分的人们,已经感觉到她们和一种有象征意义的现象联系在了一起,这是超越了地理现实的现象。这是一种新型的文化意义上的地理版图,人们共享并接受共享价值观这一事实,它超越了地理上的疆域边界,并创造了一个新的网络体系,这个体系里的人们分享共同的理念和共同的理想。我想,这是因为我们在瑞吉欧的学校就是被当作一个系统来界定的,不仅是因为我们的第一所幼儿园和以后的第二所幼儿园开始共同组织专业发展活动,以及将一个学校的与另一个学校的经验以及婴幼园的经验结合在一起,还是因为,在瑞吉欧举办的第一次全国会议和国际会议就已经表达了它想要成为一个网络体系这一决心。劳瑞兹·马拉古奇还去了瑞士,了解皮亚杰式学校的情况和其他我们所追随的教育途径。我不会忘记"国家婴幼儿教育集团"(Gruppo Nazionale Nidi Infanzia/the National Group for Nurseries)是在瑞吉欧·艾米利亚成立的,从七十年代初期开始,我们就开始在意大利境内旅行访问,参加会议,以瑞吉欧·艾米利亚教育经验为基础,与他人建立关系。我们和很多城市结下了直至今日都还非常牢固的友谊,例如我们与皮斯托亚之间的友谊。

一个网络体系也是一个系统,因而它总有一定的集权和职能等级:因此,中央行政管理办公室和教育协调团队(教学协调员们)的职能也是处于这些连接和计划体系之中的。

马拉古奇的一些关于组织工作价值的言论是不应该被忘记的——组织是一种价值观——他说组织可以被看做是学校的灰姑娘,就它的建构价值而言,它是被曲解的,这些言论看似是不可思议的。组织工作中,每一个要素都应该是受一种价值观影响的;组织工作表达的是一种价值观,它本身并不是一个目标;它需要形成操作的理由并不断质疑自身存在的根据和理由(raison d'etre),简单地说就是质疑自身的合理性。对每一天工作的组织,例如,我们如此细致地安排每一天并不意味着夺走自由,而是通过共享意义和行动给人们自由,赋予行动以意义。

[在编辑本书时,卡丽娜·里纳尔迪写道:通过"行动的意义"(meaning of gestures)一词,我想表达的是对与儿童一起进行的每日活动保持一致看法的重要性。例如,和儿童一起布置餐桌,意味着理解到它不仅仅是将桌子变得可以满足一定的使用功能,还是在组织一次会面和相遇,因为在一起吃饭是一个重要的社交、交谈和建立友谊的时刻。同样的,认同整理某个区域是一个小社会存在的基本条件这一观点也是很重要的。]

在这里,我们还要在社会组织和家庭组织还有学校组织之间寻找平衡。这种平衡要能对那些让家庭和学校相遇的时刻,以及它们之间具有象征意味的关系给予承认和赋予价值。因此,组织在这里意味着一个能赋予价值的结构;那就是,如果你不能通过组织的作用在日常生活中不断产生对话和回应的话,仅仅谈论家庭和学校之间对话的价值是完全没有意义的。因此,我们关注每天孩子们来到学校以及离校的那一刻,因而再一次的,在安排教职员工时间表和学校空间的时候,我们会研究各种时间表和方式,目的是承认儿童在早晨也拥有被爱和被照顾的权利,很顺利地与家人分离的权利,但是同时,我们还要尊重那些做清洁工作的辅助人员,如同我在前面所说,这里不是在试着如何组织"时间",而是如何能够产生共享时间的价值观。

最近,有一个瑞士的代表团,他们不能相信我们并不是每一所学校里都有一位校长。说实话,我们每个学校最多有一个领导的人物,大家公认的领导。重要的是,他或她的价值得到认可,包括他或她教学上的价值,而不是他或她的职位。因此，我们如果看到一个人有很强的安排时间表或管理财务的能力的话，那让这个人承担相应的任务就非常合适了，同样的，还应该有人来承担安排每周的专业培训活动或保管各种记录的任务，所有这些人员安排也都是基于每个人可以给学校带来的相关的价值。

这将我们引向了教学协调员团队[原著编者按：一组与市立学校一起工作的教学协调员们]，它起着非常关键的作用。它象征了一个可以促进学校之间和学校内部对话的"地方"，一个能指引方向的地方。它必须承担文化上的和教育上的责任和职能，面对学校和城市它也承担着政治责任。这就是为什么这是一个"不仅有指示还有倾听的地方"。它是一种连接，我再一次提到的，理论和实践间的连接。但是，它应该从哪里得到启示呢？学校！从学校和文化，是的，从文化以及从所有学科最先进的研究中得到启示。这个团队最强大的能力就是能了解事情发展的最新情况，这是因为它拥有关注所有人声音的能力。它必须能够倾听辅助人员的声音，家长的声音，老师的声音，并且必须能够和她们进行交谈。

这就像是采用莫尼尼奥·阿格里帕（Menenio Agrippa）的论辩，并把它反过来：没有任何人只是头脑、肚子或者四肢。把这个道理转换一下就是不存在预先定义的等级或个人之间的等级，有的只是在实际发挥作用的一个价值观等级体系。

当然，很显然，这里有与很明确的职责描述和与管理有关的关键问题。因为每位工人，每位教师，都要承担责任，所以，每个人都应该处在能尽最大可能完成自己任务的位置，还要有差异性，所有这些都是重要的。给责任定等级无疑也是有必要的。不过，这个等级不能破坏对话和交流，尤其是尊重。假设当我们谈论尊重时，我们脑海里出现的是教师一大早就带着六七个月大的宝宝们，并和她们在一起五、六或七个小时，有人会希望这些教师不要过多地考虑每一天她们都担负着多大的责任！然而这个责任，正如教学协调员团队的责任和中央行政管理办公室的责任那样，必须被认可并能得到认可，同时它们也是有限度的、被尊重的。最重要的，是"参与性"的，从某种意义上说，要让人们分享这些责任。这并不是很难做到的，但如果你的目标是拥有能与她们的同事、儿童和家长共同参与教育教学的教师的话，这样做是非常必要的。

[在编辑本书时,卡丽娜·里纳尔迪写道:我在这里想强调的是,责任当然有不同的等级,例如,市立学前教育机构教学协调主管或者市政府行政管理领导人。但是,最重要的任务是建构共同决策的过程,这让每一个主角(参与者)不仅能清楚认识到他或她的职责,还有他们与他人工作品质间的相互依存关系。]

换一个话题吧,这里还有一个具有文化亲和力和支持交流的网络体系。不知道我这么说是否正确,那就是,在界定瑞吉欧方法和目标时,学院派教育学的贡献并没有那些不容易被分类的个人或实际经验所做出的贡献来得重要,例如,布鲁诺·恰利(Bruno Ciari),姜尼·罗大里(Gianni Rodari)和其他人。[原著编者按:姜尼·罗大里(1920—1980)是一位作家、诗人、哲学家、政治评论家和记者。他为儿童文学的新生做出了贡献。他的重要著作之一是《幻想的文法》(*La Grammatica della Fantasia / The Grammar of Fantasy*),这本书是献给瑞吉欧·艾米利亚这座城市的,用马拉古奇的话说,它成了"一个创造性教学的经典"。马拉古奇还描述了他与罗大里和恰利的会面,并认为它们"对我们来说非常重要"(马拉古奇,2004)。]你认为在最初的阶段,激进的教育思想以及皮亚杰的理论对瑞吉欧有多重要?不过后来,在研究领域又发生了很多事情,不是吗?

我再一次对你的看法表示赞同。学院派教育学的贡献并不是很重要,除了我们对玛利亚·蒙台梭利的教育法、杜威和阿加齐的激进主义的谢意之外,但是,我不会称之为,或者说不能将他们等同于大学里的学院派……

这是二十世纪文化世界中的教育学。

正是这样。我想你说的是对的:我们有像布鲁诺·恰利(Bruno Ciari)、姜尼·罗大里(Gianni Rodari)这样的人们——还有我在前面提到的——洛迪(Lodi),以及很多艺术家,我就不在这里一一罗列了。我想到的是建筑学和神经学给我们带来的深远影响。我们是一种新型教育学灵感的来源,它不受狭隘的历史性的传统教育学约束。我经常能从劳瑞兹·马拉古奇那里听到的批判以及我自己的评价就是,意大利大学里的教育学总是被简化成了教育学的历史,它并不是一种活的教育学。我必须说的是,人们一直到马拉古奇去世还在说他的教育学是"家庭自制型"的教育学,这个评论突显了要承认我们的学校(当然还有其他的学校)是教育学真正存在的地方是多么困难的一件事。除了皮亚杰和后皮亚杰流派的理论、贝特森、布鲁纳、维果斯基和其他人之外,还有其他学科,如认识论,神经学等都在充分发挥作用,它们为发展一种必须应对当代文化现状的教育学做出了重要的贡献。我们与外国大学的学者们之间的沟通时间更长更有成果:斯德哥尔摩,美国的大学。当然也有例外,但是……也许是因为在我们的土地上没有先知(nemo propheta in patria)的缘故,也可能我们没有用适宜的方式进行交谈。来自意大利大学的批判总是这样的:瑞吉欧还没有发表足够的文章。这个批评的含义就是,如果没有一本书来"总结"我们的工作,就不可能是"学术的"和正式的。我们的学术文化还是仅仅看重书面文字。我们对这个批判的回答就是我们的名为"儿童的一百种语言"的展览,它是另一种形式的著作,另一种语言。

这些想法引导我们思考与"方法"相关的问题,如果我没有说错的话,是让真正的教学的和学术的学科形成的方法;也就是方法学。对历史上一些成功的"方法"(阿波尔蒂、福禄贝尔、阿加齐、蒙台梭利等)进行的分析给我们留下的印象是,每一种方法都建构了一整套紧密联系的思想,相对的,这套思想也是从编制好的程序中衍生出来的。好比是,一部分是"哲学的"(是奠定基础的或其他性质的),一部分是应用性的。我有一个想法,那就是,用瑞吉欧的"方式"(我认为这是一个最恰当的翻译:方法即方式/method as a way,这和中国道教哲学相似),事情就变得不一样了。你能为我们解开一个谜吗,那就是,真的有一种方法既是开放式的,但又是统一的、一致的(如果这样表达恰当的话)吗?这在我看来既新奇又困惑。

我感到你提出这个问题已经再一次捕捉到了我所认为的(瑞吉欧有别于其他的)重要的差异。不过,我必须承认,我还没有时间来很好地反思这个问题,我想过一段时间再来回答你的这个问题,因为提供适宜的答案是很重要的。我想,你所强调的"方式"——方法即方式——能帮助我们认识到瑞吉欧·艾米利亚的市立学校是没有方法论的这一说法是不正确的,因为离开了方法,经验就不会存在。有一种方法,可能也是这个故事美妙和困难的一面——经常被波普尔式①(Popperian)概念曲解。这是一种需要不断产生自我质疑的方法。

因此，为了我们今天的访谈我想到的一个主题就是仔细探讨记录这一概念。它是我们发现的一种策略，我们试着去实践它，并让它与我们的主体价值观和每个个体都是独特的这个价值观保持一致。需要保持一致就需要经常产生变化——这是一个悖论。它从这些年来所进行的讨论和最新的神经学研究的贡献中呈现出来，激励着我们去尽可能地让学习方式和时间表变得充分个性化。

教育过程完成的方式是由文化所决定的，也对文化起着决定性的影响。我们相信，例如，所有个体都可以学习阅读和写作，但是阅读和写作的质量取决于每个人阅读和写作学习的时间和方式以及一个集体环境。因此，我们试图做的就是找到一种方法，它能增加捕捉每个人的学习策略的机会，在一个特定的环境中捕捉学习策略的机会，以及在一个小组中捕捉学习策略的机会。这个方法的关键是记录，我们认为它是一种试图捕捉主体在集体中的活动的方式，它创造的过程促进的不是传统意义上的教学，而是学习发生的环境。在这里，我发现你所说的谜其实是一种方式，它既是开放的，同时又是一致的，根据每个人自己的主体性和对于他们是集体中一份子的尊重，这种方式试图让某个集体中的每一个人和每个群体都成为主体，并拥有获得价值观和文化(在文化中体现出来的价值观)的机会。这就意味着，每一年我们都会请我们的老师撰写新的"意向声明"(statement of intents)；那是与她们的教学打算和想法有关的声明，是她们想要与同事和家长分享的东西，我们试图不让这个关于意向的声明变成一个刻板的计划，而是一条引导老师前行的路线，它是在日常生活中与和教师一起工作的集体和家庭不断协商的结果。

我发现，在你的讲述中不仅谈到了保持一致性和连续性的价值，还有生活的需要，以及改变的意愿。那么，当某种学院派的学校还在期待统一和可预见性时，或者，相反的，某个学校的教学实践是"艺术性"的即兴创作时，

---

① 卡尔·波普尔(Karl Popper, 1902—1994)爵士。二十世纪著名科学哲学家。生前为伦敦经济学院教授。中译者注。

在这里,我们所面对的既不是前一种也不是后一种。

是的,学习在某种程度上和诗歌一样,它并不想要陷入神秘主义,可却会给我们带来不可预见的东西。我跟你分享一个实例,真的是非常普通的一个例子:在一所学校里,老师们做了一本可以收集她们所有关于夏天记忆的剪贴簿,每个孩子一本,她们觉得在接下来的九月份可以发展出一个关于感知觉的主题。她们做了这本剪贴簿,邀请每个孩子收集气味和香气,记录声音,等等,每一件事情都是计划好和安排好的;当我们问孩子们夏天中哪件事情给他们留下了最深刻的印象时——我们想他们的答案会和太阳、阳光、花朵、大海有关;我们已经准备好接受所有这些答案——一个孩子站出来说,"人群",这完全出乎我们的意料。其他的孩子也都说:"是的,是的,是的,对,就是这个。"他们的回答和讨论的方向是我们完全没有想到的。于是,我们将所有的注意力和事情都转移到了这个方向上。出乎预料是生活的一部分,事实上,我现在开始认为它就是生活本身。

最后,我还想回到"网络体系"这个概念。我不能忽视日益复杂的国际关系这一大背景。这个现象中真正重要的问题在我看来是[对瑞吉欧的实践]仓促和没有抓住重点的阐释所带来的风险。这可能和出口一个"产品"这个概念类似,因此它是可以与人交换的,就像其他一些产品,一系列产品,等等。关于这一点,我想我们需要(对交换想法)这个问题进一步澄清。

如同我曾经提到的,我们应该想到,和(瑞吉欧以外的)其他这些文化相会对我们来说首先是发现新问题和产生好奇心的机会。它是一个非凡而又内涵丰富的时机,它能激发我们的专业发展和反思。这些文化差异有时能引导我们进入你可能从来没有怀疑过的你是否真正拥有的内心世界,去体验你认为你从来没有拥有过的东西。因此,我们引进的最为重要的东西就是大量的好奇心和大量的交流机会。

我们坚决反对的是那种试图去展示和传播那些预先包装好的盒子的诱惑,以及用一种令人质疑的方法将商业运作应用在教育教学方法上。因而,我们避免了用一种错误的方式来界定方法。如果我们试图贩卖"马拉古奇方法"或"瑞吉欧方法"时,这种错误就会出现。不幸的是,这正是在其他领域发生的事情,你买一套讲义,一些家具等等,就是这样。

就这个问题我们曾进行过一次辩论,至少这样的辩论很难维持,因为我们一开始并没有为深入辩论做好准备,尤其是我们不知道这个辩论会把我们带到哪里。然后,逐渐的,通过不断回到争辩的源头和"教育"一词,辩论变得越来越清晰了。我相信教育是和道德价值观相关的,就这点而言,它就是一个不能被输出的概念。相反的,我们认为,这个概念可以作为交流和反思的来源,因此,我们现在的论点是,每个文化必须发展他们自己的关于学校教育的策略。我们可以共同尝试分享普世的价值观,但是在各个地方,所有不同的主角——在瑞典,和在日本或澳大利亚一样——必须试着发展他们自己的价值观。

有些人喜欢种子这一比喻。但是,瑞吉欧不是一颗可以被出口和异地栽种的种子。瑞吉欧最多只是一面镜子,你可以从中看到你自己。我们的展览,是另一个促使你反思自己的特性、自己的价值观、自己持有的关于学校的形象的机会。我们还可以分享的是一个有能力的儿童这一形象,从某种意义上说,这并不是我们自己创造的形象。如同有能力的教师这一形象那样,我并不认为它们是由瑞吉欧发明的价值观之一,在杜威的一些著名的论述中我们早就可以发现它了……

一些已经提出了一个世纪的概念……

完全正确,已经有一个世纪那么久了,我们,马拉古奇和我们,(这是你所强调的集体性的"我们"),有勇气去采用它们,让它们成为我们日常生活中的一部分,在一个适宜它的地方和富饶的环境中支持它们,大方地欢迎它们,让它们成为这个地方自有的概念,也许这个地方早就拥有它们了。这是少数其他人和我们共同参与的项目。他们来到这里,他们让我们意识到什么是我们所拥有的,什么是我们能够看到的,还有什么是我们以前没有看到的。

很矛盾的是,瑞吉欧幼儿教育存在于瑞吉欧之外。例如,我不同意人们说丰富和有能力的儿童这一形象是在瑞吉欧诞生的;不,它具有更为广泛的遗传特性,但是,在瑞吉欧,它有了新的魄力,新的表达,和同样新的特性。因此,它要求其他人展示同样的魄力,因为对那些认同我们的人们,我们只能希望他们拥有剖析他们自己内心世界的勇气,在他们自己的文化里寻找和建构这些和其他的价值观。这就是为什么我问我自己很多与美国有关的问题。我为日本和中国这些文化世界而担忧，因为我不确定我们是否能够进行直接的对话，如果对话指的不仅仅是说英语或者从英语到韩语的话。我们必须非常关注其他人是如何阐释我们的经验的。在像中国文化这样的文化里，以对复制的看法为例，它与我们所认为的复制的价值是不一样，那里它被认为是有价值的，这本身就是一种价值观。

我还想说的是，我们天生就是国际化的，这是一个国际化的观点，我们的经验从一开始就是在国际层面的对话。这么多年来，我们越来越意识到这些国际渊源。

最后，我想请你提出一些我还没有问到的问题，哪些问题毫无疑问要比我问的那些问题更为重要？

我认为你的问题切入的都是最重要的方向，它们和我与我的同事们最近一起做的研究恰巧吻合。或许值得我们再次强调的是，这其实是一段艰苦工作的历史，我并不想过多地强调工作本身有多艰苦，而是想强调这些学校的品质，在那里，没有什么事情会被认为是理所当然的，或者应该被忽视的，因为那里曾经有矛盾，也曾有不一致。

我还想说的是，我们需要认识到这个故事是一段女性的历史。我想到的是劳瑞兹·马拉古奇和怀旧的未来这一主题。顺便提一下，马拉古奇是一个伟大的耕种未来的人，而不是一个耕种过去的人——怀旧的未来提醒了我，那就是，关于儿童的一百种语言的展览和在美国出版的书籍（Edwards, Gardini and Forman, 1993），本来应该被命名为"阿德涅的线"（Ariadne's thread）。这是为了感谢所有这些女性们，所有这些阿德涅们，感谢她们能够在那么多年里将那么多非凡的线穿在一起。因此，我想我们至少要承认这是一段女人的历史。我觉得这是一个非常女性化的故事；让我们想想她们日常生活的安排，还有她们的耐心——我不太确定这是否是一个世俗的或是宗教的品质——女人的耐心和坚定，一代又一代努力又专注地工作着的年轻女性们的力量。我想要认可所有这些年轻女人们的功劳，她们的工资还不够理想，比起许多年前，今日，她们能做出的事情有时候是更为勇敢的，更有未来性和更具突破性的。因为在这个挥霍和炫耀的社会里,我想说,瑞吉欧是一段日常生活中女英雄们的历史,或许就是一段女人的历史。她们每天都必须将家庭生活主角这一身份和职业生活主角的身份结合在一起,职业生活主角这一身份让她们感到自己的重要性,因为这一身份在社会、文化、政治层面都是重要的。我不想特别突出某一团体的贡献,因为它一直是一段教师、辅助人员和厨师的历史。

这也是一种增强女性形象的方式,因为主角这一身份还影响了人们在心理和象征层面刻画女性的形象。

绝对是这样的。这是对女性教师形象的补充;也是马拉古奇非常尊重的形象;他对教师真的是非常敬重和尊重。有一种说法是,这是对老师尊严的肯定。他们说,我们的老师是美丽的。这是事实,世界上只有少数地方的学前教育机构中的教师,或者其他地方的教师,会像我们这里的教师那样美丽、有尊严和"女性化"。

这同样适用于其他专业人士——关于她们的讨论我们也许还没有充分展开——教学协调员。在这里,她们也大多数是女性,她们创造了这个被高度重视的专业职位,她们还是激进主义和激进教育的一份子。这是一种需要人们以文化中介身份展开工作的教育学,有时,这是教师的工作,但是同样需要像教学协调员们这样的中介,她们有责任在内部和外部世界之间建立关系。

最后,请允许我再说一点。我意识到了我个人看法的片面性,我会遗漏一些事实和人。如果我没能表达出我对于这段历史和历史中主角们所有的感激之情的话,我深感抱歉。

第 14 章
跨越边界
对劳瑞兹·马拉古奇和瑞吉欧·艾米利亚的反思
（2004 年）

纪念日在我们的生活里有什么样的意义和价值呢？在认识自己和探索未来的过程中，回忆的价值是什么呢？在反思和庆祝瑞吉欧市立学校四十年历史在今日的环境中可能会有的意义时，我们提出了这两个问题。我们特地花时间仔细思考了"庆祝"这个动词的含义，我们觉得这个词无法恰当表达出我们既想展望未来又想对过去负责的意愿。

哪种活动或者哪些活动能刻画出这个时刻的特征并赋予其意义呢？这是一个我们思考了很久的问题。我们的选择是多种活动，各种不同的时刻，当它们结合在一起的时候，它们就能在这个城市、这个国家和这个世界里彰显这个事件的重要性。我们反思的核心并没有立足在市立学校身上，而是聚焦在价值观、概念和围绕架构做出的选择上，这些是决定市立学校特点的要素。价值观和概念，是在和其他情境、其他学科以及其他知识和文化世界的对话中得到启示，进行交流和日益丰富的。

"跨越边界"，用这个比喻来描述我们的旅程以及我们对未来的希望是最贴切的。跨越文化的、心理的和地理的边界，这些边界有时会让我们像囚徒那样被刻板化的观念、陈腐的东西和某些主张所禁锢；这些东西会带来分离、排斥、孤立、对话的缺失以及危险的文化种族主义。

我们用"跨越边界"来命名在2004年2月举办的国际会议，从某种意义上说，它代表的是我们这个地方和来自世界各地的、想要和我们一起建构和体验这个事件的同行们和朋友们的会面。

我们花了一年多的时间准备这次会议，因为举办这次会议不仅需要市立学校工作人员们共同努力，还需要大约500名家长和整个城市的参与。通过在所有的主角们之间展开对话，它成了又一个让大家会面并重新定义我们特性的时刻，在瑞吉欧和世界的其他地方，这些主角们一直在复杂的、存在多方面困难和矛盾的国家和国际环境中探索和研究教育在今日的意义。

教师们和教学协调员们都付出了巨大的努力。她们试着将与儿童和家长们一起建构的知识组织成用影像来讲述的故事，以便参与者反思和质疑。大家对再一次向其他人开放物理和心理空间都怀着巨大的热情和渴望，尽管其他人是生活在不同环境中的，但是她们都极其愿意通过详细叙述这些经验让自己置身于讨论的中心。

这是一个极佳的学习机会，一个极佳的共享责任的机会。所有这些又都给我们带来了担忧，也带来了紧张感：我们能做好这件事吗？我问过自己这个问题，随着日子一天天过去，这个问题也变得越来越紧迫。我被邀请做的演讲主题是，描述通过对话来认识我们特性的过程，对话一直以来都是我们教育经验的特点，因为劳瑞兹·马拉古奇（他构思并建构了瑞吉欧幼儿教育的关系型教育导向）将互动和跨文化交流视为构建我们经验的要素。

为这个演讲做准备对我来说是复杂的也是困难的。困难，首先来自于要使用合作和综合的方式来描述构建我们经验的概念和价值观。不过，还有另外一个原因让这次演讲对我个人而言变得意义重大。那一天(四天会议中的某一天)是向劳瑞兹·马拉古奇致敬的一天,那一天是他逝世十周年的纪念日。那么多年来——24年——我们并肩工作的所有记忆在那一天涌上心头,让我感到了我的责任,让我在那个早晨喉咙发紧,百感交集。但是,来自世界各地1200多名与会者对我表示的欢迎,那么多家庭的笑容,以及我的同事们的支持,陪伴着我走上了讲台。然后,就是喜悦了。这是一种极具感染力的喜悦,因为我们在一起追忆马拉古奇,用他喜欢的方式追忆他:展望未来,并再一次将我们自己奉献给让世界各地的儿童拥有更美好生活的教育事业。

讲述一个学者、一个哲学家和一个研究者、一个像劳瑞兹·马拉古奇这样的人的成就有很多种方式。尽管,也许正如塞尔吉奥·曼吉(Sergio Manghi, 1998)所说,事实上,方式只有两种。一种是追忆这个人和他的成就,就好像它们就在你眼前,客观的和完整的。另一种是将他的成就和我们联系在一起,就像是我们的一部分,为我们代言,和我们一起并在我们的工作中延续和发展,我们从中获得意义并承担责任。

在这段历史中,新闻总是经常会更多地报道和赞扬个体的成就,而不是集体的成就。它们赞赏依靠奇迹赢得胜利的独立的领袖,以及分离和孤立的人的独特性,而不是视之为有利于对话的优势和资源。我想,最真实、最诚挚和最中肯的向马拉古奇致敬的方式,就是说说他非凡的增进人们归属感和推动教育事业的能力,这让"我们"能够通过相会,通过密切交流,通过在变革的对话过程中体验到的愤怒和喜悦,跨越边界,拥抱梦想和筑造希望。跨越边界:马拉古奇喜欢跨越边界,他喜欢置身于边界。这不是那些建筑好了后就一劳永逸的边界,或者是先验性的边界;而是把边界视为是聚会和交流的地方,在那里,知识和行动互相追逐、彼此助长。

和马拉古奇一起,我们共同走过了很多旅程,跨越了很多边界。我们学到了,马拉古奇喜欢说的,创造性地进行转换的"艺术"。这让我们可以不把他的去世看成是一种局限,或是戏剧性地中断了我们一起建构的过程和路径的事件。

第14章 跨越边界

我仍然记得，十年前，当想到我们的世界中再也没有他了，或者在继续探寻的过程中再也没有他的引导时的那种痛苦，那种挣扎。我还记得我的悲伤和纠结，市立学校的同事们也有同样的心路历程。但是，我记得最清楚的还是我们想要继续我们的教育经验和成为"我们"的决心。

我们试图保持一些价值观的连贯性，即便策略和目标时常会发生变化。我们也试着使我们节奏较慢的教育工程得到更精细的发展，而整个现代社会的导向似乎是只着眼于短视的、持续地波动和不稳定性。我们致力于建造一个既关注过去又为未来负责任的现在。我们试图去巩固我们都是一个事业中的主角这种意识，这个事业不仅是与幼儿教育有关，还是关于人的，关于人类的。这种意识帮助我们理解到，我们不仅在教育学层面，还在伦理和价值观层面做出选择是必要的，过去是，现在仍然是这样。

教育方法，和学校一样，都不是中立的。它有倾向性，它以一种深入而又重要的方式参与了对这个事业的定义，这个事业的中心课题不是人类，而是人和世界的关系，个人在这个世界里存在的意义，个人与他人之间相互依存的感觉。因此，教育方法意味着选择，选择并不意味着在与错误的比较中来决定什么是正确的。它意味着有勇气面对我们的疑惑和不确定，它意味着参与那些我们需要负责任的事情。

我们能做出这些选择，要感谢与瑞吉欧·艾米利亚、意大利和全世界的同事和朋友们进行的交流和辩论。对此，我想向一直支持、分享和批评我们所做出选择的所有人表达我和我们的感谢。

因为他们的帮助，我们建构了我们的特性，这个特性就是对变化秉持开放的态度。我们建构了我们现在所能体会到的许多差异。比起以往，这些差异更是我们可以贡献的价值所在；我们意识到，我们用这样的方式建构的是一个真正的有关归属观的概念，并为此概念负责。

事实上，不论在座的我们在哪里工作，即使是在地理上和文化上距离和差异最大的环境里，我们都是由同一个命运共同体和一个全新且复杂的行星人类学将我们联系在一起的。

我可以跟大家分享我们做出的什么样的选择，让大家既能去尝试，又能更好地理解这些选择的更广泛的意义。第一个肯定是与儿童的形象和学习的理论有关的选择,这些选择是我们的重要参考资料,指引着我们的经验和旅程。众所周知,我们的选择和我们理念的核心之一就是"有能力的儿童"这一形象。我们问过我们自己,"儿童拥有的是什么样的能力呢?"要理解这个,我们试图和儿童面对面,看到她或他,理解她或他,进入她或他的对话。一个儿童,有能力建立关系,有能力进行沟通——我敢说他们有生活的能力。每个儿童生来就是一个"有可能"的人,他是一种可能性,一个希望的起点,并且是深受这个接纳他的国家的影响,受这个国家的意识水平、意志、魄力和政治的影响。

儿童,不只是我们的未来,我们对他们这种未来性的投资其实是在压制他们的梦想和自由,让他们成为我们所不希望他们成为的人。他们是我们的现在。儿童不是未来公民,从他们出生的那个时刻开始就是一个公民,而且是最重要的公民,因为他们代表了并带来了"可能性"。对我来说,这是一个完全没有修辞意味的论点。儿童是一个拥有者,在这里和现在,拥有权利,拥有价值观,拥有文化:童年的文化。他拥有的不仅是我们关于童年的知识,也是与如何存在和如何生活有关的童年知识。

我们的历史责任,不仅是要去确认还要去创造文化的、社会的、历史的和教育的环境。这个环境要能够接受儿童并与他们的潜力对话,从而建构人权。这些是物质环境,也是心理环境,它需要我们解构和克服有关童年的偏见,需要全社会去重构一个全新的童年文化,建构一个全新的人类文化和我们自己的(教育者、家长和其他成人)全新的身份。

儿童阐释和体验的方式给了我们不同的思维角度,不同的体验情绪和思想的方式,这些都是颠覆性的,会给我们带来不便,因为它们让我们质疑我们所熟悉的方式。

在一个全球化的时代里,我们正在重新界定人类这一概念。如果从儿童,从他们的慷慨人性,从尝试给他们对意义的探寻提供新的回答开始,或者重新进行解读的话,就可能会比以往任何时候更有可能让我们有勇气去重写一种全新而又复杂的人类学。

我不是在建议一种浪漫的方法,或一种与创造一个天真而纯洁的世界接近的儿童形象。相反,我想强调的是一种强烈需要改变视角的感觉。西方的思想必须调整，这样我们才能从与儿童和童年的关系以及对话中找到生命力，而这是我们在过去从来没有做到过的。

我们对"有能力的儿童"这一概念的阐释是与我们共享的价值观相联系的，特别是与互动和对话有关，它们是界定我们与儿童和成人之间、与这个城市自身以及更广泛的他人之间关系必要的品质。这个价值观对我们的选择一直都有重要的意义。

马拉古奇领导我们进行的最伟大尝试就是寻找各种组织形式，它们不仅和我们的理论定位保持一致，还能够保证同一组织的生命力，能带我们渡过危机时刻，并能自我更新。这样的组织，能保证让我们进行改变，并保持一种共同建构的逻辑，而不是一种复制的逻辑，那就是——具有生成能力的创造力。这样的组织，有倾听和保持创造力的能力，并能接受风险并冒险。一些来自工会的朋友、政府官员以及头脑清醒的人们会知道，要想拥有这样一个组织或者教育系统，是不能靠复制和接受标准化逻辑来实现的。人们必须要有能力拥抱和承受机构每天都会产生的惊喜和混乱。

"关系的教育学"，马拉古奇喜欢这样界定教育学在我们的学校里扮演的角色。他发现这与关系型建筑学异曲同工，容易而直接。这样的对话和交流特别有成效，也从来没有停止过，这是因为它已经成为了一个共同的研究项目，它已经超出了对话的范畴，它不仅是围绕学校建筑展开的项目，它还与儿童、成人以及他们在这个世界上的居住方式有关。同样的，我们选择与所有来自不同学科（心理学、人文科学、生物学、神经学、艺术和设计）的人们对话，那是一些同意和我们一起研究，一起提出问题，一起走过研究旅程的人们。我们尊重每个人各自的角色，在学术知识和教育者的知识之间也不存在预想的等级。这些旅程也是好玩和令人愉快的，令人惊喜和不确定的，因为在研究儿童的世界时，儿童才是这个研究真正的主角。

一个研究型的学校：这是马拉古奇最关心的一个主题，也是我们和其他很多人关心的主题。我必须说一个主题，为的是引出另一个展现了我们教育经验的特点的主题，它也是受到最多批评的特点之一：我们对词汇的建构，这些词汇通常是常用词汇的替代品。我们理解这样的批评。但是，建构我们的词汇是建构我们的特性和我们的选择的一个根本要素，为的是成为

"我们"和赋予我们一种"开放的特性"——对改进对话质量以及与他人相处持开放态度的特性。

当遭遇过于教条化这个危险时,支持我们的总是幽默感。幽默感,经常引导着我们的批评和自我批评。这也是从儿童那里学来的,正如大家都知道的,他们是非常幽默的。

我们试着跨越边界,也试着在边界栖息。历史上一直存在着一些反义词,如,工作—游戏,现实—想象,而我们建议的是,情感和知识,创造力和合理性,预设式教学和持续性的项目设计式教学,教学和研究,个体和集体,刻板的科学和有创造力的科学。

我们试着观察儿童,并与儿童一起观察我们自己。这样做,我们就能够意识到,并想要让那些认为"科学"是没有情感、没有热情、没有感情的人们,那些认为没有了这些特征科学会是更真实、更客观的人们看到,这些二元化的思想并不属于儿童或成人。相反,我们已经能够看到的是,推理和情感、学习和喜悦、疲劳和快乐、一个人和其他人,这些不仅可以共同存在,还能彼此影响,而支持这些的是创造力——还有学习——所带来的强大力量,自由。未知的、令人疑惑的、不熟悉的自由;如果没有受到约束的话,这是儿童会拥有的一种自由。

从这些前提出发,围绕一个还存有疑问并一直被人们辩论着的问题:教与学的关系,我们所作出的选择就变得很明确了。针对这个问题,马拉古奇写道:"教的目的不是为了制造学习,而是制造学习的条件,这是着眼点,这是学习的品质。"我们用于实践这种选择的关键工具和组织形式就是纪录。纪录,作为一种档案管理和/或对于已经走过的旅程进行后续性重构的工具,在很多国际性的教育学文献中都能看到,在我们的工作中,它为我们提供了一种独创性的阐释,并把它融入教与学的过程中。

"过程中"的记录是在研究过程中而非研究结束时发挥作用的,它会被阐释,它能指引旅程自身的方向,她能促进儿童的学习结构和知识/学习之间的关系,在这种学习关系中,它成了一个活跃的主题。儿童的学习策略重新界定了知识/学习这个主题本身,让它们变成了一种互相影响的关系。纪录,不仅被视为一种教的工具,还被视为认识论的一种结构,因为对记忆和反思的重视可以修正儿童、儿童群体以及教师教学和知识的建构过程。除了她扮演的支持和文化中介的角色外,如果教师,还知道如何观察、记录和阐释,她将会发现自己最大的学习和教学的潜力。

我和瑞吉欧的同事们以及其他人分享的我们最近的一些反思,使大家关注到更多的研究领域,而我们正在对它们进行更深入的探究。例如,记录的过程,在我们的描述中,就其性质而言,也是评估的过程(在让各种要素变得可见的过程中,分析这些要素的重要意义,并赋予这些要素价值)。由此产生的纪录档案,是评估和自我评估的工具。它们是反思、阐释、对话、协商以及将理论和实践联系起来的机会。纪录,成了一种评估的工具,也可以被理解为"建构共享的意义"(the construction of shared meaning)的工具。

当然,纪录,或者说那些与可见和分享有关的概念,对于我们来说,也是一种重要的文化性和政治性的机会,它给了我们跨越边界和展开新的对话的勇气。纪录自身也揭示了,它是一种建构群体特性以及建构由很多人参与的历史和回忆的有效方式。

所有这些都要求有足够的时间。时间有助于表达。我们选择了它。我们设法给儿童时间,也给我们自己时间。我们对任何形式的早熟,对让儿童提早上小学或提前阅读和书写都说"不"。我们坚决守护零到六岁项目,保证给儿童一段没有压力的时间。

我们说到了参与这个概念。瑞吉欧·艾米利亚的学校是在一种真正的大众参与的过程中诞生的,和意大利其他地方的经验一样,是家庭参与的一个宣言,而家庭是构成学校特性的一部分。多年来,越来越明显的是,参与是儿童和成人的学习过程中以及他们的身份里必不可少的一部分;它是一个儿童、一个教育者、一个家长存在的一种方式。参与,因而,是一段共享的旅程,它让在一个社区中建构归属感成为了可能。

是时候围绕为什么参与型民主会在学校和其他地方会遭遇失败这一问题展开广泛讨论了。我们觉得我们有责任和其他人分享实现参与型民主过程中的困难,还要大声而明确地宣告,参与是学校、教育和民主这些概念的一个决定性特征——我们已经不能再走回头路了。

事实上,每个人都表达了一种独特的文化潜力,学校和教育机构必须认可和保护它,还要理解只有在不同的"独特品质"之间创设一个互动和交流的环境,学校和教育机构才能真正做到认可和保护每个人的独特文化潜力。独特性自身也表明了,只有通过交流,它才能被滋润。这个观点,让我们意识到,我们的学校扮演的是一个集会(agora)的角色或者是一个聚会的场所,在那里,很多意见和观点能保持它们的通俗性,"有教育性"又意味着让学校成为一个能够生产文化的场所。文化生产,不仅是产生一种童年文化,最重要的是由童年产生出来的一种文化。

参与围绕某些主题展开的辩论,如"语言和思想之间的关系"、"不同知识领域的关系"、"跨学科性"和"社区",可能是马拉古奇的一项最重要成果的起点,这个最重要的成果就是:一百种语言理论和艺术教室。我们的展览、录像资料和其他材料对此已经做了充分的表述。但是,我感觉还是有必要特别指出,儿童的一百种语言不仅仅是对儿童和成人拥有一百种、一千种创造性和沟通潜力的比喻。在我们看来,一百种语言代表的是一种建构概念和巩固认知的策略。不过,最重要的,它宣告了所有语言都有同等的尊严和重要性,不只是那些似乎对知识的建构越来越必要的书面语言、阅读和数数。

还有一个在多年的经验、反思和交流中形成的信念,那就是,每一种语言都有创造力和诗意,包括我们所说的科学性语言,它们还有一种强烈的艺术性元素(美),它是在不同概念内部和之间建立连接的元素。美,引导和吸引着我们。教学的任务(由纪录支持的)是支持各种语言的汇合。不同语言的交流不仅丰富了这种汇合,同时在交流中它们发现自身的局限、缄默和遗漏之处。巴特松(Bateson)会这样说,"'成为一部分'的吸引力",就是美,是知识的美学。

它①是一种语言生态。一种能让技术语言对它提供支持的语言生态。前提是,我们让电脑和其他形式的技术成为工具,成为能够带来多样化的媒介,而不是进行简单复制的工具,它就能创造出新的无法预见的东西。我们希望它们能够支持创造力的发展。

---

① 《儿童的一百种语言》。中译者注。

艺术教室,在学校里是一个提供比喻的空间,也是一种比喻。从整体来说,它的目标是支持沟通和发展一百种语言。我认为,在这里有必要进行一下区分:我觉得在艺术教室(atelier)和艺术工作室(studio workshops)之间是存在着差异的。这不只是一个语言上的区别,它在概念和教育学层面也是有差异的。

　　今日,学校内外的艺术工作室是一个被广泛讨论的话题:这个辩论是开放性的。我怀疑,对于很多人来说,艺术工作室是学校和学校学习以外的事物,同样的,创造性语言也没有被认为是知识的一部分。在瑞吉欧·艾米利亚,艺术教室越来越被发展成一种比喻,不是用来比喻创造性语言,而是用来比喻认知的一种策略,建构知识和组织学习的一种方式。我们这里没有那种把一百种语言当成"可有可无附属品"(removable appendage)的学校和艺术工作室。我们有的是"研究型的学校",从某种意义上说,如果研究是学校的精髓的话,艺术教室就是学校的一个主要成分。

　　我们在一起讨论儿童这个话题,不过,我们总是将儿童、男孩、女孩、青少年、男人和女人们放在一起。童年,启迪了很多思想,但是童年并不是人生或是人类身份的一个单独阶段。童年,是用来描述人类可能性的最美好的比喻,条件是我们认可它,让它存在,我们中止所有那些否认童年的速成的和模仿的过程,因为它们破坏的不是童年而是人。

　　我想总结一下。我的这些反思是有局限性和片面性的,对此,我表示歉意。是我选择了演讲的内容,我尝试着使用能让来自不同文化和教育背景的人们理解的语言。我把更深入地探究这些我谈到主题的任务交给了接下来的大家将要参与的参观我们市立学校的活动,以及明天进行的一些会议。在每一所学校里,你能发现一些所有学校共有的痕迹;发现整体中的一个片段在每一所学校里都有所体现。

　　这就是瑞吉欧·艾米利亚:一个反映世界并让我们在里面看到自己的万花筒(贝特森式的自我反映)。我衷心希望我的交流能够传递给大家我们对学术的诚实和态度,以及积极参与者们对这种实践的热情。马拉古奇从不隐藏他对老师们的热望、希望和期待。了解他的人还会记得他是多么激动、朴素和严格(首先是对他自己),但是她们也知道这些是他对教师深切尊敬和感谢的外在表象。马拉古奇总是将这种尊重转化成实际的形式——共同并肩战斗,势不可挡的激情,大方地向公众展示,以及日常生活中琐碎却重要的细节(信任儿童也意味着信任老师)。

因此,我们要尊重教师的才智、能力和可能性;真诚地邀请她们和儿童一起成为教育、文化、政治选择的主角。如同他对每个家庭的智慧都怀着巨大敬意那样,他对家庭也是充满希望的,乐观的。我希望我们也能像他那样,一起去尊重和信任,并能一直坚持下去,尽管我们面对的是一个更加困难和矛盾的未来。

这就是为什么我们说,在特别的一天向马拉古奇致敬,也就意味着在那一天向教师们和瑞吉欧·艾米利亚的学校致敬。

第15章

对话卡丽娜·里纳尔迪

卡丽娜·里纳尔迪、冈尼拉·达尔伯格、
彼得·莫斯之间的讨论

2004年3月28日,卡丽娜·里纳尔迪(卡丽娜)、冈尼拉·达尔伯格(冈尼拉)和彼得·莫斯(彼得)在瑞吉欧进行了一次对话,这一章的内容正是以这次对话的内容为基础的。这次对话给了冈尼拉和彼得向卡丽娜提出一些与瑞吉欧和它的教育经验有关的问题的机会。当事人对这次对话录了音,然后转成了书面记录,对话的三位参与者共同修改了书面记录。为了更详细地阐述对话中的部分内容,在后续的讨论中对话参与者们又增加了一些内容。

左翼政治和早期的妇女运动：瑞吉欧的历史背景

冈尼拉：正如我们所了解的，想要对教育经验有所理解，就必须将它们和所处的经济、社会和政治环境联系在一些。因此，我们想要听听你对于瑞吉欧教育经验历史的看法。你能不能特别谈一谈左翼政治以及意大利妇女工会(the Union of Italian Women / Unione Donne Italiane)在你们的教育经验中起的重要作用？[原著编者按：意大利妇女工会，1945年成立，它将多种政治背景的妇女们聚集在一起——从共产党到自由党——为妇女解放而携手并肩战斗，而当时的时代背景是，意大利妇女没有选举权或者没有产假，并面临着严重的就业歧视。意大利妇女工会是一个国家级的组织，但是它在地方上的工作也是特别重要的，因为它让许多妇女能有机会讨论她们的权利，儿童和家庭的权利，她们就这样成为了文明社会中更为活跃的主角。]

卡丽娜：我们的教育经验起源于十九世纪后期二十世纪初期影响了我们这个地区的社会主义思想。我们这个地区第一所为小孩子服务的学校，维拉盖达学校(the Villa Gaida)，于1912年成立，它受到了当时来自于社会主义政党的瑞吉欧市市长的影响。他想要办一所能明确表达出社会主义重要思想的学校——教育是一种工具，一种对抗贫穷、愚昧和傲慢的工具；教育是一种帮助我们追求自由的工具。从很多方面看，这些也是法国大革命的基本价值观——自由、平等、博爱。这些想法的巨大力量可以用以下事件来加以证明，在1920年代初期，我们这个省信奉法西斯主义的省长上任后做的第一件事就是关闭这所学校，以及其他类似的学校。

不过，想要理解左翼政治所扮演的角色和影响，就必须谈到妇女。因为，这些左翼思想也支持了妇女斗争。妇女一直是天生的主角，但是仅限于在家庭里的主角，而不是家庭外。由于十九世纪末期社会主义思想的影响越来越大，妇女也越来越意识到她们自己的权利，妇女的权利。妇女，在社会主义运动中扮演了重要的角色，这个运动也认可了妇女是权利的主体——至少在理论上是这样的，因为一些男性政客还是经常把妇女只当做妻子和母亲来对待。

妇女权利意识的增强，也是与儿童权利意识的增强相联系的。由于妇女越来越多地参与到社会活动中,她们也就越来越明确地认识到自己的权利,她们开始要求有一个适合孩子的地方,这样她们就可以出去工作了——但是,这必须是一个公共的场所,一个有品质的地方。正是这些妇女们最先确立了品质是一种权利这个观念。

因此我们可以说,是社会主义者——或者再往前,是法国大革命——打开了人们的思路,让人们看到了变化的可能,在这个过程中,妇女们建立了高品质的公共服务是一种权利这个观念。

尤其是在第二次世界大战之后,妇女运动发展了把为小孩子服务的学校界定为一个公共的场所这一观点。意大利妇女工会支持这个观点,它也给这个观点的进一步发展提供了空间,它是一种催化剂。而且,农夫们也支持这个观点,他们是受到了左翼政治影响的被剥削的群体。就是在这样活跃的氛围里,瑞吉欧市政府(成员中共产党占多数席位)决心要改革,并开办了第一所市立学校,也开启了一段历经40年的历史。

因此,认识到不仅仅是共产党才有改革的勇气是非常重要的。从许多方面讲,其实是认识到了自己权利的那些人们和市民们支持和参与了改革——他们是真正的主角。

彼得:为什么瑞吉欧的市立学校是在六十年代中期开始的,而不是更早的时候呢?

卡丽娜:这也许是由两个原因造成的。左翼政党和与学校有关的新思想相结合需要时间。一部分是因为——如同我已经说过的——他们对妇女的态度是矛盾的,对"即便不是每分每秒都和妈妈在一起,小孩子的生活也会是美好的"这个观点的态度也是摇摆不定的。还有一部分原因是,左翼政党、学校和教育之间的关系是一种会让人感到不安的关系,这是一种左翼政党并不是很有信心或者有能力把握的关系,几乎可以说他们有一种自卑感和从属感。这些都需要时间来克服,一直到,比方说,一个像瑞吉欧这样由左翼政党管理的市政府能有条件开办它自己的市立学校,并为支持教育改革和实验做好了准备为止。

另一个原因就是时代变了。从五十年代后期开始,意大利进入了一个经济和社会转型的阶段,我们称之为经济繁荣时期。人们从农村和南部地区移居到北部地区,到大城市。在北部和中部地区,更多妇女进入了劳务市场,包括那些家里有小孩子的妇女。再加上,正如我们在前面说过的,妇女之间对于品质服务的价值和权利的认识越来越清晰。你也可以看到,一直到1963年为止的那段时间也是新的要求和期待萌发的时段,这给当地行政管理部门带来发展服务机构的压力。

当像瑞吉欧这样的地方要发展教育幼儿的市立学校时,意大利妇女工会为它打下来一些基础,它从二战末期就已经在为小孩子组建学校,像维拉塞拉学校(Villa Cella)这样给马拉古奇留下深刻印象的学校。[原著编者按:更多关于维拉塞拉学校的内容请参阅130页。]这些经验,这些由妇女组建的学校,帮助人们打破了学校和宗教间历史性的也是根深蒂固的联系,那就是,学校必须是一个宗教性的机构,以及宗教为学校设定的位置,认为它们是为有需要的儿童和家庭提供的"帮助"(assistance)。马拉古奇的主张,儿童是权利的主体而不是需要的主体,可以被追溯到妇女运动的重要成就中,这些成就为我们在瑞吉欧的教育经验铺平了道路。

"我们的皮亚杰":理论,是工具,或是牢笼

冈尼拉:是谁和是什么给你们的工作带来了重大的影响,你是如何看待理论和实践之间存在的紧张感?

卡丽娜:你问这个问题的时候,我马上就想到了马拉古奇在《儿童的一百种语言》(Edwards, Gandini and Forman, 1993)一书中写的那些内容,他谈到了我们的皮亚杰,我们的维果斯基,我们的,我们的。我们说"我们的","我们的","我们的",为的是试着不让我们成为任何定义的囚徒——任何预先制定的定义——它们让你无法和儿童、教师、学校一起生活。我不知道我是否表达清楚了。我指的是一种告诉了你最后的结果应该怎么样的理论。

避免做出任何预测是很重要的。在"儿童的一百种语言"的展览中,劳瑞兹用的一些词语描述了一个关于"存在"的概念(a concept of being)。他说,这个展览反对任何旨在对结果进行预测的教育学,这种教育学是一种能预先决定结果的预测,它会变成一种禁锢儿童和教师甚至人类的牢笼。

彼得：那么，当你说"我们的维果斯基"，"我们的皮亚杰"，就是为了避免这种禁锢？

卡丽娜：是的，就是避免禁锢，完全正确。在我刚开始和劳瑞兹一起工作的时候，他也因为皮亚杰而挣扎。他感谢皮亚杰的指引，但又试图逃离他。我不知道他是否感受到了后皮亚杰思想的影响——社会实证主义，你知道吗？我不清楚，但是我想那是他正在体会与儿童之间的对话。在七十年代，儿童给我们带来了许多新的可能性。就皮亚杰而言，他们让我们有勇气去面对与发展阶段有关的重大危机。于是，纪录就出现了。它是用实践来挑战理论的一种工具，为的是实现可见性。因为，当你开始看到一个孩子还不会爬就开始走路的时候，你就会质疑理论。

冈尼拉：那么，当你说到"与发展阶段有关的重大危机"，你指的是皮亚杰的有关认知发展阶段的理论？

卡丽娜：是的。

冈尼拉：如果这样的话，理论就变成了一种标准化的东西。

卡丽娜：完全正确。

冈尼拉：或者是禁锢，它是一个很有意思的词。

卡丽娜：这就是为什么尽管瑞吉欧从理念上看可能是后现代主义的，但我们并不是为了后现代主义而存在的，因为"主义"是很危险的。因为，它们将事情简化了，并再一次将你禁锢在牢笼里。相反的，你的自由就是去挑战。

冈尼拉：是的，一直是这样的。

卡丽娜：你是后现代主义的。因为成为后现代主义意味着去挑战。

彼得：那么，你希望理论是一种工具。

卡丽娜：绝对是这样的，我希望每个学校能真正地用理论去阐释，而不是被理论所利用。[原著编者按：除了是特别指明了，在这一章里，"学校"一词指的是瑞吉欧的市立学前教育中心。]

冈尼拉：是的，我想这是一个非常恰当的回答，我非常喜欢"禁锢"这个想法，这个概念。在我们的书中（Dahlberg, Moss and Pence, 1999），在我任教的大学里，我们也因为发展心理学而挣扎，因为我们感到，老师们一直都牢记着皮亚杰的认知发展阶段理论，即便是在阅读纪录档案时。在我们的书中，我们谈到了，发展心理学是强势的主流思想的一部分和现代化的产物，它操纵了教师和我们所有人。在你们的工作中，你们也会经常讨论这些吗？

卡丽娜：绝对是这样的，我们经常讨论。尤其是现在，我在一所大学工作，我认识到这些理论是多么保守，尤其是在维护和赋予某些观点力量方面。我想，纪录，是真正的、最棒的让教师认识到她们自己理论的工具，她们从她们自己的背景中获得的知识，不仅仅是她们的学术背景，还有文化背景——一些存在于社会中、电视里和其他所有地方的东西。"这些理论是如何建构了儿童形象"是瑞吉欧理解得非常透彻的一件事情。纪录，曾经是，现在还是，唯一一个我能看到的，能在知识、专业发展、身份和其他任何事情方面制造危机的工具。

制造危机：意想不到和不确定的重要性

彼得：你能进一步谈一谈"制造危机"的意思吗？你是否把它看成重要且有价值的事情呢？

卡丽娜：我想我的第一个"个人危机"发生在我和劳瑞兹一起工作后的第二年——那时候，劳瑞兹和我是唯一的两个教学协调员。工作一年后，我觉得我已经学到了所有东西，在新的学年里我只要重复上一年做的事情就行了。于是，在第二年，当我终于对当时我们所使用的工具——教师撰写的日记——有了更深的理解的时候，一个大危机降临了。请教师写日记，是我们对记录进行的最初的尝试，我们邀请教师每天写一些东西，或者一周写两到三次，内容是关于她们意料之外的但推动了她们反思的一件事。因此，"危机"和"意料之外"绝对是密切相关的。

对我和老师们来说，一种"意料之外"和"不确定的"文化产生于当时我们所处的情景：一边是来自文化的刻板印象，另一边是具有对这些刻板思想提出挑战的自由。但是对作为妇女和教师的我们来说，从心理的角度我们还需要接受应对危机和出现差错这些问题。

一个教师面临的一个重大危机就是身处危机之中。前些日子，我和一群教师在另外一个国家里一起工作。她们开始和记录做斗争。一位老师说,她在这个过程中感觉到,让儿童知道她并不了解所有的事情,同时她也有怀疑和不确定的时候,这些都是符合道德和伦理的。

这与接受你自身知识体系存在危机有关。因为你对自身的认同和对你自己知识的认同之间是有一种关系存在的。我不知道我是否说清楚了。但是,纪录会帮助你重视这种危机,把它当做一次积极的会面,一种生成的元素。危机,就变成了一个相遇的场所。

彼得:那么,危机从某种程度上说就是意识到你还有不懂的,还有不能确定的事情,然而你又能够接受这些……

卡丽娜:是的,把允许这样的危机存在作为一个特质,而不是一种局限。这在人们会因为面临危机或犯错误而受到惩罚的那些文化里是行不通的。你必须真正改变你的存在方式,认可怀疑和不确定性,认识到你自身的局限也是一种资源,一个相遇的场所,一种品质。这意味着,你认可你是一个还没有完善的个体,你是在持续变化的,你的身份(identity)是在对话中建构的。我想,这就是在这个文化里对一个教师、一个人、任何人来说,个人的和专业上的危机。

对话、相互依赖和转变

冈尼拉:我想我们可以就这个主题继续深入地讨论,因为我认为这是非常重要的。我想,你现在所说的这些对教育提出了挑战,它是一种全然不同的教育概念。我还听到你说,你的身份是在对话中建构的。以前,我从来没有听你这么说过,那就是,身份这个概念也是关系性的。

卡丽娜:9月11日(911事件),在我的人生中是一个重大的时刻,一个教育者、一个人的危机。因为,在那个时刻,我意识到,也越来越意识到我作为一个普通人的责任。这也是因为,我看到了那个社会的危机,以及那个社会对这个事件的反应。这一切试图告诉他们和我,我们必须继续。它想传达的观点是任何事都没有改变,而我们必须继续,继续正常的生活。于是,我开始呐喊,有如大吼一声,对着学生们呐喊,正是这种所谓的正常生活,正是这种常态(指回避矛盾和对话而保持一种表面上的"常态")导致了这个现象(指911——中译者注)。作为一个教育者为什么就不能说这一事件给我们带来了挑战呢？这个事件给任何一个人都带来了挑战。成为一个人也就意味着成为一个教育者,(如果回避这样的事件)它对于今日教育又意味着什么呢？我想,我们唯一可做的,唯一的视角,就是真正地相信对话的力量并相互依赖。这可能是唯一的希望。对话——我在字典里找到了它的拉丁语和希腊语的词源——它被理解为有能力转变。

彼得:对话是你们的核心观点？

卡丽娜:对话,是至关重要的。对话,不是简单地交换看法,而是一个你可能对最后结果失去绝对控制的转变过程。对话,会天马行空,让人迷失。你知道吗,对现代人来说,特别是女性,"迷失"既是风险也是可能。

彼得:那么,对于你来说,对话不仅是语言上的交流。它与转变有关。用一种不同的方式来看待事物,理解事物。

卡丽娜:确实是这样的。这就是为什么在瑞吉欧我们把探讨一种不一样的共同体(社区)作为一种可能的解决方法。我们谈论"大都市",把它视为一个不同文化可以共存的地方——不过前提是,我们有勇气对不同文化的混合和转变保持开放的态度。我想,通过真正的对话,这样的未来是有可能实现的。

彼得:你会不会将教育定义为一种对话的过程？

卡丽娜:毫无疑问。我感到,必须在对话中保持你和儿童之间的界限。你必须感受到你们之间的联系,但同时对你来说,他们又是他人。

冈尼拉:看起来,这是一种比较激进的对话的概念,它建立在争论以及对他人看法持开放态度的基础上,它也没有一个固定的需要达到的目标。

卡丽娜:这就是为什么儿童是不可或缺的,他们是一种不可思议的资源。因为,如果你和他对话的话,儿童对于生活意义的探寻,会把你推向这个宇宙,因为这是无穷无尽的。这也是为什么我们相信未来还是有希望的。

彼得:在你谈论对话的时候,你说到了不确定性和风险。这是不是暗示着,你需要一定程度的信任才能让这些得以发生？因为,这听上去像是危险的事情。

卡丽娜:我不知道信任到底是对话的条件,还是对话的结果。对话,肯定是支持信任的,因为,没有信任,你无法对话。对话是一个伦理问题,也是生命的本质。

冈尼拉：你说它是生命的本质，这是不是你在用自己的方式阐释自然科学界现在讨论最多的一个课题，连接的重要性？

卡丽娜：当然，连接……连接是一种相互依赖。它的伦理性在于将连接定义为相互依赖。伦理就在这里体现——在相互依赖性里体现。对话，是连接的另一个定义，更可以把它想象成一种相互依赖。在911之后，我感到——前途只有一个，那就是，如果我们能进行更多地交谈，更多地感受，更多地体验：相互依赖和对话。这给我们提供了对矛盾、差异和不同视角表示欢迎的可能性。

彼得：对话、相互依赖和经济思维之间是否存在互相矛盾的价值观？

卡丽娜：经济语言中也一定会有对话和相互依赖——我们可把它也视为一百种语言中的一种！不过，我不知道经济语言是否欢迎我所理解的这些概念。我所用的有关对话的概念，是和那种预先确定和预设结果的经济思维相对立的。这种思维给对话带来局限。这让我感到窒息。

我们也许应该更多地质疑经济语言中的一个词，投资。因为现在它是一个关键词。我们的政府（在意大利）更多地把与儿童有关的话题看成是一种对未来的投资。但是，当儿童正在越来越成为投资对象时，我们也会很容易忘记，儿童是现在的公民，他们是人，童年是生命历程中最美好的时期之一。它不是某一事物的"前传"（pre）。它不是一种疾病。它不是一项投资。

权利和协商

冈尼拉：我们该怎样理解瑞吉欧幼儿教育里儿童的权利这一概念？因为我知道马拉古奇论述过三种权利：儿童的、家长的、教师的权利。

卡丽娜：是的。我们必须记得的是，当他在论述这些权利时，他参与的辩论是什么样的，因为，所有著作和演讲都是在与某些事情进行对话。我想，他所论述的这三种权利是与"需要"相比较而言的。这是很关键的。他在探究如果将一个人看成是主体的话，所有事情会随之发生什么样的变化。因此，主体性和主体间关系的概念就出现了，在当时，这既是文化性的也是政治性的辩论。就是在这样的环境中,权利这个概念就在与需要相比较中出现了。基于需要的公民权和基于权利的公民权是完全不同的概念。因而,人们的视角就完全改变了。但是,权利是从哪里来的呢?很明显,它们是通过协商得来的,也是在特定环境中产生的。

彼得:你说,权利是"协商"得来的;你能不能更深入地谈一谈这个话题?谁来协商,如何协商?

卡丽娜:关于权利和协商我们可以说些什么呢?我想再一次强调它们是相互依赖的。在与劳瑞兹和其他同事们的对话中,我试图去发现协商(negotiation)和拉丁语概念"中间点就是最好的"(in medio stat virtus / in the middle there lies the best)之间的区别,它是一个非常保守的定义。一方面,我试图理解它和这个定义之间的差异,另一方面,我还想发现协商、转变和激进的对话(如你所说的)之间的差异。

彼得:是的。那你找到差异了吗?

卡丽娜:协商,不是去寻找中间地带或者两者之间的地带。真正的协商,我认为就是对话。我们没有办法避开转变。在对话中,两个主体必须接受转变,至少是部分的,他们自己身份的转变。我不认为协商是简单的交易,就像是我得到这个,你得到那个那样。

冈尼拉:那么,对于你来说,协商不是妥协。

卡丽娜:完全不是。妥协,这种协商,更多的是基于经济理念的协商。

冈尼拉:那么,对于你来说,协商也不是交换,"我给你这个,你给我那个"?

卡丽娜:不是,不是。这过于简单化了,它可能对和平有益,但我说的绝对不是这种。

彼得:不过,当你说到协商,你的观点似乎是——和你在谈论对话时的观点是一样——当你开始协商时,你可能会得到你意想不到的东西。某些事情就突然发生了。

卡丽娜:是的,是的,完全正确。你进入的是一个未知的世界。

冈尼拉:当你说到权利时,你是如何将它和联合国的儿童权利公约(the UN Convention on the Rights of the Child)联系起来的呢?因为,通常,当人们谈到儿童的权利时,人们就会认为它是和儿童权利公约相关的。

卡丽娜：我很强烈地感受到,当我在谈论儿童的时候,我谈论的是人,同时,当我谈论人时,我谈论的是儿童。我知道,在一个从未把儿童包含在人的定义和文明权利的定义中的社会里,我这样说是有风险的。而且,从政治层面上说,现在我们必须继续讨论"儿童"和"童年"这两个话题也是不争的事实。但是,我想,当我们必须就权利这个话题展开讨论时,我们必须讨论的是人的权利。将儿童的权利分离出来,把它从我们有关人的权利的讨论中分离出来,我认为也是有风险的。

彼得：那么,你想说的是,儿童首先是人类。

卡丽娜：确实是这样的！因为人类需要儿童,而不是因为儿童应该被界定为人类。

彼得：我还是对权利这个话题非常感兴趣。也许,我能试着提出一种观点,然后听听你的想法。在我看来,你所说的在瑞吉欧有关权利的讨论是不是一个不断界定儿童在社会中地位的过程？儿童的地位与他们和社会的关系有关。

卡丽娜：与社会的关系。同时,它也不断界定成人。

冈尼拉：你不能将儿童和人类的概念分开。是不是这样呢？

卡丽娜：完全正确。我很小心地不去比照着成人来界定儿童,而是认识到他们都是人类的一部分。因为,我们只有创建了这样的连接,人类才会有希望。

个体、差异和相互依存

冈尼拉：如果我理解的没错的话,你在论述协商和对话的时候一直在强调相互依存这个概念,这在我们看来,是超越个人主义的新自由主义理念。

卡丽娜：一点没错。这是一种风险。我经常去美国,而我对美国这个朋友的感情很复杂。因为,它的文化是崇尚个人主义的,它浸润在每一件事物中。

冈尼拉：事实上,说到差异,很多人会说,差异已经成了今日社会的一个新的主导话语,它似乎也是非常个人主义的。那么,你是如何看待这个问题的呢？

卡丽娜：这正是因为你——要感谢你——才使我是不同的。我的意思是，我不是金发女郎，但是和你在一起（冈尼拉），我看上去就像金发女郎，因为你不是。我是女性，因为他（彼得）是男性。因为你的存在让我发现了自己的个性特性。谢谢你！正因如此，我们又是相互依存的。是你把我的与众不同置于可协商状态中，这样一种相互依存的协商。

彼得：我们谈到相互依存、对话和协商，你的意思是，正是通过它们，我们支持和发展了差异。也正是因为我们在交谈，我们可以理解到底在哪些地方我们是存在差异的。

卡丽娜：完全正确。对有些差异来说，我们需要有勇气对它们进行深刻的探讨。但是另外一些差异会在平常的讨论中显现出来。因此，在这次谈话之后，我可能会更强烈地感受到我自己的特性。

也许我们可以通过我们的团结来改善一些差异。我们一直谈到我们与世界各地伙伴们的联系，你们和其他伙伴为我们这些在瑞吉欧的人们所做的不仅是和我们团结在一起，还支持了我们的与众不同。在对话中，你不会成为瑞吉欧！你是彼得，你是冈尼拉，你们不是瑞吉欧。

这就是我所崇敬的。你们（冈尼拉和彼得）给予了我们那么多东西，因为你保持了你们自己的特性。这样，在团结的同时也保持了我们之间的差异。事实是，为了更深入地了解瑞吉欧，我需要访问更多的国家，对我来说这个需要越来越明确了。

越界行为的挑战

冈尼拉：在你的论述中，还没有提到性别、阶级和种族这些概念。这是为什么？

卡丽娜：曾经有一个时期，性别问题是我关心的主要问题之一，现在它也还是一个重要的问题。但是，我试着（也许最近是太过于关注了）把性别放在其他差异中一起思考。和其他一些差异相比，有一些差异更多地与权利相关。从历史上看，性别差异就是这样的，种族差异也是如此。当今的世界是由西方、白种人、男性统治的社会，它也是资本主义和帝国主义的世界。

说它是男性的社会,我指的是一种特定的关系,在我看来,这种关系摒弃了对话和协商,它把控制强加于其他关系之上。

冈尼拉:你会把这些问题带到你在瑞吉欧的日常工作中吗,比如说,当你在实践倾听教学的时候?当你在倾听儿童的声音的时候,你会讨论这些问题吗?你会不会在你和教师的讨论中解构性别和阶级的问题呢?

卡丽娜:是的。在瑞吉欧,我们的组织允许我们和他人一起挑战我们之间的差异,支持这些差异,这是一种组织环境,为了让大家在群体中工作的组织。因此,我再一次强调,对话是正视差异和讨论差异的基本方式。有时候,它会变得特别困难,例如当我们谈到宗教差异的时候。

当我们开始谈论学校,我们的学校,我们(在瑞吉欧)谈论的是学校里的多元化。现在(在意大利的小学里)我们讨论的更多的是学校之间的多元化,你发现了吗?那么,家庭就必须拥有为他们的孩子选择学校的权利。因此,不同的文化就很少有机会被挑战了。

彼得:你说,教育政策意味着让人们自由组合,这让不同家庭和群体之间的对话变得更加困难了?

卡丽娜:我们让我们的小镇变得更像大都市了,里面有犹太社区,基督教社区,穆斯林社区。我尊重不同的宗教,但是宗教真的会阻碍对话。从这个方面说,我感到,在某种程度上,儿童可以是一种资源,因为他们被允许,我们被允许去发展对话。不过,与此同时,它还没有被视为是一种文化价值观。我们的文化,似乎并不能真正地倾听儿童的声音,发现他们作为主角可以做出的巨大贡献。

在我看来,我们现在面临的危机之一,就是越界的挑战,能够坐在一起进行质疑的挑战。

理论、实践和研究

冈尼拉:我想问更多有关理论的问题,我尤其想听听你与杜威的关系,马拉古奇在《儿童的一百种语言》一书中谈到了杜威的很多思想。同时,我有一次听到你说,你觉得实用主义是有问题的。这个话题很合时宜,因为现在很多与相互依存和对话有关的有意思的讨论都与实用主义和社群主义有关系。

卡丽娜：约翰·杜威的一些著作，也包括蒙台梭利、维果斯基、弗雷内和布鲁纳等的著作，影响了瑞吉欧，这个毋庸置疑。也许我们需要讨论一下实用主义。我想再次回到洛克和英国哲学的起源，实用主义，以及它的丰富内涵——和与之相随的欠缺之处。因为，我不知道实用主义和理想主义之间的辩论是如何将理论和实践分离的。为什么会发生这样的分离？它的目的是什么？它表达了一种什么样的权利关系？

理论和实践应该相互对话，它们是两种表达了我们为理解生命的意义而付出努力的语言。当我们思考时，它是实践；当我们在实践时，它是理论。用"实践者"来界定教师并没有错。但是，不把教师当成理论家，这就是错误的。相反，大学里的学者总是被认为是做理论的，而教师则是……她们是第一个确信这一点的人。事实上，当你邀请她们去思考或者表达她们自己看法时，她们并没有被允许去拥有自己的看法。她们做理论的方式就是引用布鲁纳、杜威和皮亚杰的观点。

因此，理论和实践的分离会一直存在。但是，我想说的是，当你在实践时，是因为你拥有一套理论。当你拍一张照片时，你是有一定想法的。同时，当你在思考时，是因为有那么一种实践隐藏在你的思想背后。

冈尼拉：我不知道我的理解是否正确，你说的意思是，杜威的思想一直是被用一种简单的二元论的方式理解着。一种二元论的观点，因此，在实践中学习就变成只是实践了。

卡丽娜：太棒了，太棒了！就是这样的。对于杜威的理解是如此，对玛利亚·蒙台梭利也是如此。这就是为什么当一位（学者）跟我说"我是理论思考者"的时候，我快要疯了。

冈尼拉：这暗示着教师们是实践者。

卡丽娜：同时，教师们必须发现实践行为。

彼得：那么，关于实践者这个概念，至少存在两个问题。一个是，它暗示着一种等级，其中，"实践者"是在底层的。但是，另一个问题是，你又想不出有哪一种实践是脱离理论的。

卡丽娜：总结得真好。

冈尼拉：它也是流传了几百年的二元论传统的一部分。

卡丽娜：完全正确。它也是一个与权利有关的问题。

彼得：但是，那么——从你的视角看——理论就是无处不在的吗？我的意思是，这个世界充满了理论。它是无处不在的。我们的生活中不能没有理论。

卡丽娜：我们的生活中不能没有理论或者实践。我们需要成为理论型的实践者，并且成为思想者。也让儿童体会到成为思想者的重要价值，以及提供给他们能成为思想者的相关经验。

冈尼拉：这个非常重要，因为在大学里，我们有这样一种将理论和实践分离的传统，这是我们所处的主流语境。我们应该做的就是走到教师身边，传授给她们有关研究的知识，事实上，（在我所工作的部门），这是我们反对的做法并一直与之进行着斗争，因为教师们早就已经是理论家了。

卡丽娜：那就是为什么我经常会写一些教师是研究者之类的文章。正如我所写的，这并不意味着我们不认可你（学者）的研究，而是，我们想让我们的研究，作为教师所做的研究，得到认可。认识到研究是一种思维方式，探究生命的方式，协商的方式，记录的方式。这些都是研究。研究，也是一个允许对话发生的环境。对话，能生成研究，研究，也能生成对话。

冈尼拉：是的。这和我所理解的一样，不过我想很多人还没有理解到，你们拥有一整套的研究过程，因为你们将你们所发现的东西系统化了。

卡丽娜：完全正确。不过，你能找到一个向实践者学习的大学老师吗？非常少！这就是为什么马拉古奇从未被认为是一个研究人员，我觉得永远也不会。但是，要想很好的实践，就需要继续研究，继续某一种理论，这是他们（大学）不会去质疑的事情。不过，我们（在瑞吉欧），首先是研究者。

冈尼拉：我不知道我有没有告诉你这些，当我第二次来到这里（瑞吉欧）研究"纪录"这个课题的时候，我有机会接近马拉古奇。因此，我们在一起工作，在最后一天，他看着我说，"冈尼拉，我想，能和你一起进行一个项目的话，我会很高兴的"。我看着他，然后他说，"你知道，你是在大学里工作的，我想我们的经验能真正地和你在大学里所做的联系起来"。当时我的感觉是，他觉得我是另外一种研究者，他还看到了向大学敞开大门的可能性。

卡丽娜：他非常能感受到大学的重要性——但不是因为它现在的样子。而是因为它可以成为的样子。这整个话题是和民主密切相关的。

一百种语言：令人着迷的理论

卡丽娜：还有些东西也是充满了民主思想的，那就是儿童的一百种语言这个理论。它应该得到更深入的发展，因为它太了不起了。没有人已经理解了——可能马拉古奇也是——这个理论的能量。我正试着回到马拉古奇的研究，也可以说是我们的研究，并重新建构它，我还记得当他刚开始谈论"儿童的一百种语言"这个理论时的情景。它也是与某种辩论联系在一起的，辩论的主题就是口头和书面语言的重要性，它也和大脑的研究以及有关学习过程的理论相关，如杜威提出的在实践中学习。你们可以看到很多影响这个理论的元素，包括广泛的政治和文化辩论，例如，这两种语言是如何享有特权的，在某些层面它们是如何为权利提供支持的，不仅仅是某些知识的权利，还有某些阶层的权利。

我所理解的一百种语言，是一个有许多许多源泉流入的湖。我觉得选择一百这个数字是非常刺激的，它宣告了，所有这些语言不仅拥有同样的尊严，还有相同的表达的权利和彼此沟通的权利。

还让我感到着迷的，也是我正在尝试将它进一步发展的，就是多样性能够帮助我们进行对话这个观点，它通过不同语言之间的对话来实现。它意味着彼此连接，相互依存，这能帮助每一种语言更了解自己的特点，并支持其他语言的概念化以及维护它们的尊严。那么，举个例子来说，当你画画的时候，你不仅能够支持你的绘图语言，还有你的口头语言。因为，你在将一个概念进行深化。当一个概念得到深化的时候，相关的语言都更丰富了——你也拥有了这样一个永恒的过程。

在这个理论中还包括痕迹，通常是自传式的痕迹。马拉古奇是一个兴趣广泛的人。他的生活就诠释了跨学科这一概念。他对很多学科都很熟悉，他也会质疑它们，他能看到科学是如何与艺术相联系的，艺术又是如何与数学相联系的。权利，需要界限，因此，当你在挑战学科界限时，就像劳瑞兹所做的那样，你就挑战了权利。

冈尼拉:那就是说,他的跨学科理念并不是把各种学科累加在一起。你们是让不同学科相互对抗。在这个过程中,新的东西就有可能产生。

卡丽娜:是的,不仅仅是累加。它也是一种变革。

成为有能力的教师

冈尼拉:我们知道你现在在摩德纳和瑞吉欧大学里和师范生一起工作。结合你认为在你们的学校里成为一名有能力的教师所需要的,你能否评论一下你在大学里所做的工作?

卡丽娜:对学生们,我试着去做的事情就是去帮助她们发现她们自己眼里的儿童形象,对它进行反思,理解她们眼里的儿童形象给教育带来的影响——价值观、策略和儿童之间关系的品质等方面。同样重要的是支持她们去发现理论和实践之间的联系,让她们能感到,并感性地体验到她们的位置——她们理解的自己的位置是交点,理论和实践相会的那个点。我想这就是教学的意义。

事实上,我在大学的经验是,学生学习的是教育学的历史,不同的心理学理论,所有这些都是处在一个相当抽象的层次。因此,她们很难去探索作为与儿童对话的工具的教育学和心理学。她们也很难理解教学——教学实践——是一个相遇的场所,因为教学并没有在大学里得到重视——这是一个灰姑娘式的课题。

彼得:那记录起了什么作用?

卡丽娜:生成一种新行为的唯一方法就是记录。我想看到大学生们花更多的时间在学校里和儿童一些学习和反思,和幼儿园里的老师们以及大学教师们一起学习,能够一起研究某个儿童的同一个学习过程,不仅从心理学和教育学视角,还要像一个数学系教授能够接受每个儿童都可能对他提出质疑那样去学习和研究。这样的话,我就越来越能理解学校是一个论坛,一个相遇和对话的场所,一个固有的文化会被质疑的地方。那里也是大学教师可以进入、学习和教学的地方,当然还有幼儿园的老师们、大学生们和孩子们。这样的话,教学就能够在一个开放的、有挑战性的、能够接受危机的系统中发展。

因此我想,支持学生们理解纪录的基本作用以及它能给成为有能力的教师带来的伟大机会是很重要的。不过,在我看来,我们应该邀请她们更多地去反思教育和自由之间的关系,教育是一个机会,让我们有机会去更好地认识我们的差异以及我们表达差异的自由。对我来说,自由意味着相互依存,这意味着帮助学生们理解团队工作的伦理价值,它是对相互依存的一种表达,一种价值观。

成为一个有能力的教师也包括发现另一种价值的可能性,跨学科的价值。它也意味着能融入她们自己所在地方和所处时代的文化——成为当代的人。这意味着能意识到当地文化和世界文化,能更好地认识学校以及她们自己在学校里的位置,还有她们作为教师所扮演的更广泛的社会性和文化性的角色。作为教师,她们的角色不只是和学校有关,也不只局限在学校围墙之内,她们还和广阔的社会和文化环境相关。在学校外面,她们也必须经常思考,思考学校与外界的关系。

学生们需要了解更多当代语言,以及它们作为工具的用途。我也认为,有能力的儿童能够让教师也成为有能力的。儿童的一百种语言也必须成为教师的一百种语言。如果她或他能够通过倾听而不仅是讲述来发现自己的能力的话,教师也能拥有一百种语言。教师能够用一百种语言来表达和沟通,使用一百种媒介来帮助她或他连接——理论和实践,时间和空间,双手和头脑,学校和社会,梦想和热情,力量和喜悦。

纪录的能量

冈尼拉:现在,你再一次提到了纪录,以及纪录在这样一种论坛中的位置。你知道的,现在在国际上,围绕使用纪录或个人档案展开了广泛的讨论和实践。我们可以在瑞典发现这个现象,在瑞典的幼儿园课程中,她们甚至说教师应该使用教学纪录。我想知道你是怎么看待这种发展的,请结合针对教学纪录的一种评论来谈。这种评论我认为并不是直接来自于个人经验的知识,而是一种对教学纪录很肤浅的认知。这种评论的核心思想就是,能看到的能量就是能控制的能量。那么,如果你使用教学纪录的话,你就控制了儿童,你就能够看到儿童正在做的所有的事情。

卡丽娜：这是个很好的问题。我想从优质的教育以及控制和诱惑之间的关系谈起。因为，教育与这两者之间有很大的关系：控制和诱惑。在教育中存在着相互的控制——你控制儿童，儿童控制你。儿童必须控制我们，因为模仿的积极意义在于控制，它是从权利中获得权利。因此，我并不反感控制这个词。它是一个很好的词语，在教育中，控制是一个很好的词。问题是，你作为教师，拥有比儿童多得多的权利，问题是，你如何使用你拥有的权利。

不过，纪录中真正的问题，也是我正试着把它搞得更加清楚的问题，那就是，到底谁在观察，谁在被观察。我看到的是相互的。当你在拍一张照片或者你在制作一个文案时，事实是，你记录的不是儿童，而是你的知识，你的概念，你的想法。因此，它就变得越来越明显了——关于儿童的，你的缺点和你的愿景。你展示的不是儿童，而是你的思想。你展示的不是儿童，而是你与儿童的关系和这种关系的品质，以及你是如何看待他或她的。这就是为什么它那么具有戏剧性，因为这个皇帝穿的是他的新装，赤身裸体地站在你面前。

在一个小组（在另一个国家）里有一位老师，她们和我一起探究记录。我问她们在记录的过程中她们感到有哪些困难，好处和不足之处。然后这位老师说，"当我在阅读纪录时，我就好像在看着镜子里的自己，我感到很尴尬"。因此，在某种意义上，她告诉我们她能够看到的不是儿童，而是在与儿童的关系中、她自己的理论中和她自己的视角方面，她存在的缺点。所以对她来说纪录就像是在照镜子，她能够看到她自己是胖胖的。这是一种非常强有力的表达困难的方式。

这也是伦理性的，因为有了记录，儿童才能够了解教师的视角。它更诚实更显而易见，因为记录总是与期望和评价有关，所以我能够看到在学习过程中你重视什么。我看不到我做什么，因为这是我必须在我的学习过程中发展的。我看到的是在你的眼中我的所作所为和所思所想。

冈尼拉：我想这是一个很好的回答。进行教学记录的环境一定是非常关键的；它是一个个人主义和充满竞争的环境，还是一个重视对话、协商和相互依存的地方。

卡丽娜：完全正确。

受瑞吉欧启发是什么意思？

彼得：这一定是一个人们经常问你的问题。当其他地方的人们说她们所做的事情受到了瑞吉欧的启发时，你会怎么想？

卡丽娜：理解这个不可思议的现象（指瑞吉欧幼儿教育，中译者注），这是一个巨大的问题。瑞吉欧是一个有寓意的和象征性的地方。和瑞吉欧的联系让人们看到希望，相信改变是有可能的。它让你拥有梦想，而不是成为一个乌托邦。因为乌托邦是好的，但太完美，而梦想则是你可以拥有一个晚上的东西。它还给人带来一种归属于广义的教育领域的感觉，是人类的希望。瑞吉欧是一个相会和对话的地方，但不只是与瑞吉欧也是和许多有相似理想的主角们相会和对话。因此，瑞吉欧为人们的对话创造了空间，它为人们的对话提供了理由。

冈尼拉：那是一个借口，是的，我承认这种想法。

卡丽娜：对话就像友谊，对话就像是与你自己会面，对话就像是一个让你能承认你对自己的了解，但在家里你却不想承认的那个地方，它告诉你那些在家里你觉得你应该做而没有做的事情。当有一个团队来瑞吉欧参观时，我们能够成为一个让同事们有借口可以谈论一些在家里她们不被允许讨论的话题的地方。在这里，她们显然是在谈论瑞吉欧，但是事实上，她们谈论的是她们自己。来到这里，给她们提供了这个很好的谈论教育的借口，谈论作为公民和人的意义的借口。所有我们已经讨论过的话题。

彼得：那么，概括地说，它让人们加入了与瑞吉欧的对话中。你们需要某些条件吗？在进入这个对话前，有没有一些特定的事物是你们所要求具备的？在你和人们进行对话前，你们需要有共同的地方吗？

卡丽娜：我想到的是价值观。价值观之外就是对倾听的关注，以及对协商持开放态度。

彼得：那么，如果在另一个国家有一个幼儿园，它说她们用的是瑞吉欧的理念，在最理想的状态下，你会说她们和你们是有关系的，在对话。

卡丽娜：正如你了解的，她们不能"做"瑞吉欧。也许我们应该更加明确的是,瑞吉欧自身是对瑞吉欧的一种阐释！我们能和别人分享的,只是我们的价值观以及我们挑战自己的原因和方式。因此,这就是为什么我们有勇气,真正的勇气,去和来自南非、阿尔巴尼亚以及中国的人们交谈。我们没有可以教别人的东西。我们必须规避的风险就是用帝国主义的方式让我们和她们相信我们能点石成金,我们所做的是完美的。

彼得:所以,一个危险的状况就是进入一种帝国主义的关系,让你觉得你能帮助她们把事情变好,她们也相信你能这么做。

卡丽娜:是的,正是如此。这意味着你不去思考你是否知道什么是对什么是错。很明显,她们也不应该被孤立,她们需要感到她们是充满了希望、可能性和相互支持的网络中的一部分。也许,有时候她们也需要拥有真正切实的工具,但是这并不意味着从瑞吉欧购买家具和设备。

不过,与他人的对话是和我们内部的对话密不可分的,因为这是同一研究的一部分。但是同时,我们也很难找到足够的时间。因为,我们想要进行的是真正的对话。

彼得:你谈到分享价值观,我觉得它是与倾听和对话有关的。但是,她们是否需要跟你们共享某些认识呢,例如,关于学习的知识以及我们对于学习的理解?

卡丽娜:对不起,我可能犯了个错误,我仅提到了价值观这个概念,因为对于我来说这既是一个价值观,也是一种认识。在很多建构知识的方式中进行选择,或者选择用一种特定的方式来谈论学习,是一种价值观。它是一种价值观,因为你在选择,你在承担责任。

彼得:因此这是一个非常重要的观点,当你谈论价值观时,你所做的选择总是有价值的。

卡丽娜:承担责任,意味着去质疑你的选择。你需要去调研,去对峙[关键的问题]。这是我们应该更努力去做到的事情。举个例子说,我们在国际交流这方面还做得不够。我想举办更多的研讨会,让国外的朋友们能来到这里,我们可以展示我们的研究,我们可以评论,我们可以请她们把她们在自己国家里最好的经验带到这里来。同时,我们也想拥有更多的与来自其他学科的人们围绕某些课题进行对话的机会,例如,和一个神经学家讨论纪录的意义,或者同一个心理学家讨论和辩论身份特性的建构,或者与经济学家讨论儿童是如何与经济紧密联系在一起的。或者,举办小型的研讨会,讨论一些重要的问题,例如,关于今日的公民权,这样的话,我们就可以互相挑战各自的观点了。另一个可以与其他学科和其他国家的人们一起工作的领域可能是一百种语言这个理论对创造力、学习过程和民主进程的巨大支持。

这就是我所希望的瑞吉欧促进我们的联系网络进一步发展的方式。我希望,当我们的国际研究中心(Centre for International Research)成立之后,我们可以做更多的事情。

彼得:还有没有其他的方向是你希望瑞吉欧在未来几年里朝着它们努力的?新的想法,新的工作领域?

卡丽娜:新的方向意味着要有其他对话。正如我以前说过的,这是因为我希望瑞吉欧拥有更强大的在对话中不丢失自己特性的能力。与来自世界各地的政治家对话。探讨有关评价的问题。对评估进行探讨就是一个能体现了参与这种辩论有多困难的完美例子,因为我们是在用一种不太常用的语言表达我们的看法,我们不能被某些问题引诱从而被迫创造出另一种评估体系,被迫说出"我们可以加一点这个、这个和这个"。

同时,就像我曾经说过的那样,我们还要与其他学科以及其他人文知识领域的人们一起工作。还要在其他地方合作。例如,和医院里的人们一起工作,和儿科医生们,和所有人。

彼得:你能想象十年后瑞吉欧的医院也使用教学记录吗?

卡丽娜:为什么不能?是的,和病人一起。

对瑞吉欧的反应

彼得:我们谈到了如何能在世界的很多地方找到瑞吉欧。我发现一个似乎很有意思的事情,那就是,瑞吉欧在美国的影响非常大,而你说美国的大环境和意大利北部的环境是非常不同的。

卡丽娜:我有勇气说我们是在和美国进行对话。这里面包含着一种很强烈的相互依存关系。他们在改变我们,但是也许我们也在改变着一些东西。不过,他们还是一个帝国主义社会,他们制约着我们所有人。

彼得:你们与美国的亲密关系,还有与其他英语国家之间的关系,会不会给你们带来一些让你担心的变化?

卡丽娜:是的,被标准化。因为在为了理解我们是什么,什么是"瑞吉欧幼儿教育"的努力中,人们要给我们归类,他们让我们成为"生成性课程"或者把我们归入其他一些课程。不是的,我们不是这样的。这其中存在着想要找到某种秘诀这样的需要。因此,在某种意义上,他们指责我们没有能力把我们是什么,为什么我们是这样的,用一种明确的方式表述出来。因此,他们迫使我们去寻找一种更明确的语言——或者是一种他们认为明确的语言。

这可以是有利的,但是它也意味着(使瑞吉欧)变得更加循规蹈矩。我们不能以用语言来控制世界的方式被一种标签把我们归到某个类别。因此,从这一点上说,它给我们敲响了警钟。第二个警钟就是当他们开始让我们提供科学依据来证明我们的有效性——证据。第三是当他们试着将我们的工作方式标准化,变成一种流程:首先,你做这个,然后那个,然后其他事情。

冈尼拉:因此,当人们问你问题时,你常常回答,"这要看具体情况"。

卡丽娜:我们试着不从每一个问题都有一个明确的答案这种角度去思考。很多时候,你不得不说"这要看具体情况"。这是让大家考虑到环境因素,这也让许多人接受不了。

冈尼拉:这很有意思。因为当我将这个故事讲给瑞典的听众听时,就是你在回答问题时常常先说"这要看具体情况",然后再详细阐述,通常瑞典人很喜欢你这样说。她们说她们能够真正理解它。瑞典人能理解到你们的工作是情境化的,这真是非常美妙的事情。

彼得:你说的是欧洲的两个社会,他们实际上共享一种特定的范式,或是一种思维方式。

卡丽娜:还有英国人,不管怎样,他们在倾听我们的哲学解释和认同我们的理论方法方面更为敏感。不过,有一些来访者非常不认同我们的经验,她们感到很不安。她们感到不安是因为我们说"这要看具体情况",是因为我们介绍各种关系,她们不喜欢很长的答案。她们想要快,快！我想这一定是文化性的。

证据在哪里？

彼得:假设我是英国政府的一个部长,我来瑞吉欧参观一天,了解瑞吉欧,我对你说,"看,在英国我们非常关注教育服务机构能有良好的结果。你们的结果是什么？瑞吉欧工作的证据是什么"？你会如何回应这种问题？

卡丽娜:这样的话,我会问她:"你认为幼儿园教育的结果应该是什么？对于你来说,教育意味着什么？"

彼得:你会反问她？

卡丽娜:完全正确。首先,因为我真的认为从对话的意义上说,这样做是绝对正确和必要的。因为我觉得在意大利,在我们自己的语言里,在瑞吉欧也是这样,语言正在用一种令人惊叹的方式失去它的意义。因此,我真的想要理解这些问题背后的想法和概念。"教育"一词的意思是指成为一个好公民或是为进入小学做准备之类的吗？因而我想对这个问题进行协商,因为如果我就这个问题进行协商,我所协商的是这个问题背后的概念——隐藏在问题背后的答案。因为,一般说来,当你在提出一个问题的时候,你的头脑里已经有了一定的答案。

彼得:是的。不过,你是不是在说,从一定意义上说,有关"结果"的概念可以是重要的。

卡丽娜:是的,它可以是重要的。不过,实际上,我希望政治家们、经济学家们或者其他问我与结果有关的问题的人们,也拥有讨论他们看法的权利。我认为,一个社会,一个社区有权利去期待某些结果,因为这也是学校的意义所在。但是,我希望有一个圆桌会议,或者许多圆桌会议,人们定期开会,讨论有关结果的问题。

彼得:讨论我们应该如何理解这个词？

卡丽娜:确实是这样的。这个词,还有,当你们在决定结果的意义时,我拥有什么样的自由让我可以就此进行。

过程和结果,还是过程或者结果①

彼得:最吸引我的是,你谈了很多有关使学习过程看得见的话题——纪录。在这一点上你很坚定。你有没有看到过程和结果之间会存在的区别呢?

卡丽娜:没有!可能我是错的,但是我个人真的看不到它们之间有任何区别。因为,我认为,一个社会需要一个结果,但是结果对于我来说也是一个[学习]过程。这没得商量。因为我认为,在政治和社会层面存在的问题是,过程常常不被重视和不被支持。

彼得:那么,过程和结果之间是不是存在着一种二元化的和错误的区分?哪些过程能够成为一种结果呢?

卡丽娜:我的体会是,今日的社会是一个四分五裂的社会,这种分裂导致的是意义的丢失。我们在丢失反思的可能,丢失寻找意义的可能,丢失建构意义的可能。建构意义,才是正确的观点。每件事情都变成一个表演。每件事情都是一种娱乐。我并不反对这些片段或者事件。我反对的是一种文化,那种使片段或事件变得孤立存在的文化。它不给你时间去反思和理解,去建构你自己和他人人生的意义。这就是为什么让学习看得见可能会有风险,因为它可能被误解,它可能会成为一个表演。

彼得:那么,如果那个英国的部长在我们这次会谈之后来和我交流,我可能会说,我觉得在瑞吉欧,过程和结果之间是没有区别的,因为终点或者终极答案并不存在。我还想加入的是你说到的一种生活方式,那就是一种观察、思考和反思的方式。

卡丽娜:这是一个很好的问题。这又是和梦想有关了,梦想有一个不一样的社会。这也是一种希望。不是为了拥有一个不同的学校,而是为了一个不同的社会。但是,它不是一个最终的解决方法。这就是为什么它不是乌托邦。因为乌托邦是一个完美的地方。我们的乌托邦应该是在危机中的乌托邦!它应该有置身于危机之中的勇气。

---

① 这是西方幼教界长期争论的不同观点。有的认为学习过程和学习结果同等重要;有的或认为过程重要,或认为结果重要。各个观点来源于不同的教育价值观。中译者注。

彼得：如若不然，它可能会成为一种极权主义的模式？

卡丽娜：我想是的。你知道，我梦想的不是让人性有一个终点和目标，但是，我认为每一个时刻都可以被看做是我们迈出的一小步。还有一个与宗教有关的观点，那就是上帝随时可能邀请你总结你的人生。基督教中的上帝告诉你，你必须每时每刻都做好准备……

彼得：和造物主相会。

卡丽娜：是的。你应该随时都能汇报你自己的所思所想。在某种意义上，它是一种方式，让我们能视这个过程为一种结果，过程作为整体的一部分本身就是有价值的。因为，我们不仅是为了某些终极目标而努力，而是要在每一时刻都发现自己的重要性。你知道，这是一个不错的概念。我喜欢它。每个时刻都是丰富的。

冈尼拉：因为如果你在和儿童一起工作的时候，你是会有一个非常明确目标的——要么接受儿童，要么否定儿童。

卡丽娜：完全正确，完全正确。是这样的。与之相反的是我必须有权利就每一时刻进行协商，这就是过程的概念。因此，我们必须很清楚，那些事情给了我希望，使我为之奋斗，但是同时，它也不是完美的。有些事情需要不断被挑战。瑞吉欧，从这一点上看，是一个一直在被挑战的过程。因为，它是在与不断变化的环境进行对话。

评估和规章

彼得：如果那个部长来问我的话，我说，在瑞吉欧你需要自己承担评估你自己工作的责任，我这样说对吗？你必须对你自己的工作持一定的观点。

卡丽娜：绝对是这样。使用教学纪录，或是其他一些工具评估自己的工作。这就是为什么纪录是非常重要的另一个原因。它是一个持续的评估过程。如果我能够协商出一个结果，如果我能够将过程包含在内，纪录就会是一个很好的工具。但是我知道，在一个国家性的教育系统里，这样做是很难的。

彼得：这是一个非常有意思的观点。你能够谈论瑞吉欧和你们出色的工作，但是，对于整个意大利或是英国或是其他国家，你又能做什么呢，因为不是所有地方都像瑞吉欧这样？因此，是不是就会需要规章和控制或者课程呢，用此类东西让事情标准化？如果是在整个意大利这个层面，你对规章制度的作用有什么看法呢？

卡丽娜：你的问题是不是指，我是不是愿意将纪录和某些测试结合在一起？一个大问题就是，在今日，作为一个意大利人，一个欧洲人，与世界进行对话意味着什么？那么，在我看来，（儿童的）各种能力更多的是在社交技能的范围和我们的社会性行为：我想要更多地了解是如何让儿童能够在一个小组中学习和作为一个小组进行学习的方式。我想要更多地了解的是，他们如何能够围绕某个话题展开讨论和辩论的方式；他们是如何找到资源的以及他们发展自己公民权的方式。怎样才能测量这些呢？我必须信任。在我看来，关键词就是信任，以后也一直会是这个词。

彼得：如果是这样的话，要信任谁呢？

卡丽娜：信任教师，信任这个社区。

彼得：这是很难的。你的意思是，你认为应由每个社区来承担教育工作的责任吗？

卡丽娜：对，不仅，而且。

冈尼拉：那么，对于学校系统中的分级制度你是怎么看的呢？在今日，我们能看到，比方说在英国，为每个年龄段的儿童提出了具体的目标。这样做的目的是给儿童分级，保证不让他们落后。

卡丽娜：我认为这样做非常可怕。

冈尼拉：为什么你会这么想？因为支持着这种做法的理念与社会公正有关，这样的话，教师就能看到有没有儿童落后，如果有的话，这个儿童就会得到支持。

卡丽娜：它与电脑有关，与视儿童为可以进行程序输入和输出的电脑这个观点有关。我的意思是，我觉得这个很可怕。当我要对一个表现进行测试时，测试的主体并不重要，重要的是测试。这是什么样的一种公正呢？如果这个孩子没有你期待的表现，怎么办？首先，你怎么能够知道？如果我是一个好老师，我应该知道彼得不会画画。如果我和他一起生活，并做记录的话，我就不需要测试。或者，这只是一个为了确认你已经知道的事情而进行的测试。如果它解释了什么的话,它解释的事情与儿童无关,而与这个环境有关。真正的评估过程比这个要难得多。

冈尼拉:难度更大,更复杂。是的。

卡丽娜:教育,真的就是指大家能充满热情地生活在一起。一起感受。一些体验情绪。纪录,可以帮助你发现热情、感受和情绪。(最近,当我和一群老师在另一个国家一起工作时),她们说,对她们来说,最美好和闪亮的时刻就是当她们记录到一个孩子能第一次做某一件事的时候。她们体会到了热情,她们用的就是热情这一个词。

课程的问题

冈尼拉:卡丽娜,和这个相关的是一个我们在我们的国家经常听到的一个观点,也是你在前面提到的,就是认为你们在瑞吉欧所操作的是生成性课程。你是怎么把你们的工作和这个观点联系在一起的?

卡丽娜:为了要对那些将瑞吉欧幼儿教育归入生成性课程的人们做出一个回应,我一直在思考一个概念,或许可以称之为"情境中的课程"。我们对课程这一概念的阐释,始于一个假设,那就是儿童拥有惊人的掌握很多种语言的能力,并且认同一个观点,那就是"他人的头脑"可以反映出与自己不同的信念和理论。在人生的第一年里,对物理的、生物的和社会的世界,儿童发展了一套强有力的理论。这些理论可以被理解成儿童在建构和理解他们周围的世界过程中形成的阐释。在与他人的对话中,这些理论被丰富也被挑战。最重要的是,儿童收获了他们有能力去思考的意识,知道自己有能力拥有自己的看法和建构"理论"(就是去思考和阐释现实),知道与他人对话在建构他们自己的知识和身份特性过程中的重要性。

如果把课程想象成一条小路或一段旅程,在我看来,它将是一条能支持这些能力的小路或旅程,把它们作为知识和人生的基本价值观。它应该偏爱有助于学习的能力,通过反思和自我反思以及"一百种语言"来学习如何学习。这样的一种课程可以被界定为"情境中的",因为它是由儿童、教师和周围环境之间的对话决定的。它能从一个或多个儿童或教师提出的一个提案中产生,也可以从一个自然事件或者从在新闻中发现的一些事情中产生。但是，对情境的关注的同时，也需要重视参与型策略，以及不仅让家长还要让儿童所属的社区参与到课程中来的可能性。我在这里使用了"参与"这个概念，它意味着每个主体都有能力影响也正在影响着其他主体，因而，人们参与的是每个人和所有人的命运。

彼得：虽然你现在所说的是一个特定的课程的概念，我感觉，关于"课程"，你至少是矛盾的，也许它不是一个你或者瑞吉欧会选择的概念，因为它和你们的价值观及实践并不能很好地联系在一起。

卡丽娜：是的，你说得对。我试图发展的"情境中课程"是从我的希望中产生的，我希望那些使用课程语言以及相信课程重要性的人们能理解它。对我们在瑞吉欧的人们来说，持续性的项目设计式教学（progettazione）这个词更为确切，它是一种与课程不同的事物。持续性的项目设计式教学是一种策略，一种日常的观察—阐释—记录实践。当我说"情境中课程"的时候，我真正想要说的是持续性的项目式教学这一概念。

我们必须保证不把学习视为一种个别性的活动和可以用一个测验来记录的活动，它是一种集体活动。例如，在学校里一起长大的儿童，寻求他们的朋友的看法，并激发他们的朋友表达他们自己的观点。他们感受到其他人的思想，把它作为自己思想不可分割的一部分，追求它；看起来，如果没有机会分享思想的话，思想就很难被理解。儿童想要包容每个人，很快的，他们就学会用不同策略来实现它。不会说意大利语的儿童和残疾儿童也能很舒服地和很有意义地融入到活动中。

当你认为其他人是你的身份特性中的一部分时，他们的与众不同之处有时候与你自身是截然不同的，他们的理论和见解就会被视为一种资源。对这些差异的理解以及差异之间的对话也会随之增加。"一百种语言"既有助于理解他人，也有助于被他人理解。

教师和儿童使用一种她们满意的表征体系来记录她们每天的日常活动和学习，而不是很正式地教授一个预先制定的课程（书写、阅读和计算等）并用一些测试来评估。在这个研究的过程中，纪录（照片、录像、笔记、录音等）履行了它最基本的职能：支持对儿童和成人学习过程的反思和自我反思，以及教师的专业发展。

与家长和社会环境的交流和对话可以使这个过程更加丰富。最重要的也许是,教师、家长和儿童每天一起工作以建构他们想要生活的社区。

时间的问题

彼得:你们在你们的学校里所做的一切,你们整个关于学校和教育过程的理念,是否暗示了一种特定的对待时间的态度,这是一种努力不让时间来统治一切的态度。

卡丽娜:是的。今天,关于学校和时间的讨论太少了。对我来说,让学校成为一个生活的地方是很重要的,那这就需要生活的时间,生活的时间是不一样的,例如,它和生产的时间是不一样的。在制造业,最重要的元素是产品。但是,正如我们已经说过的,在一个学校,重要的是过程,是我们所发展的路径。教育的关系需要腾出时间,它需要减速,它需要空余时间。

"学校"一词的词源是与学校以及时间的概念有关的。让我进一步解释一下。拉丁语 schola(希腊语为 scholē)的意思是,闲暇,自由支配的时间,用于学习和反思的时间。时间和它是不能分割的。在任何有助于发展的关系中,时间是创造关系的必要因素。因此,一个塑造人的学校也是一个能给人时间的学校——给儿童时间,给教师时间,给他们让他们在一起的时间。在学校里,还需要各种可能性,任何种类的,任何群体中的可能性,以创造连接,并与差异和冲突共处。

在今天,当所有事物都在追求快速,甚至是追求极速时,欣赏缓慢、空余时间、暂停是合理的吗?这不是快速和缓慢之间的比拼,而是是否有勇气去重新探索人类的时间。儿童能够帮助我们,他或她能再一次帮助我们感受我们的内部时间,和作为时间的我们。我们是由时间制造的,我们又是时间的状态。问题是要能够倾听我们自己的时间,并把它当做一种权利,一种社会和文化价值观来讨论——一种儿童提供给我们的价值观。

社会对学校的公共责任

冈尼拉:我们很想听到你对瑞吉欧是一个公共的和市立的事业这一说法

的看法。你又是如何看待为儿童服务的公共机构和私人机构之间的关系的？

卡丽娜：今天，我们讨论的是一个福利国家的危机，虽然在我看来，从来就没有福利国家的危机这个问题，有的仅是支持福利国家的经济危机。还有就是自由主义概念的发展，它更多地关注私有化，这与社会主义社会的危机有关。但是我还是认为，创建学校是政府当局的责任，正如我已经说了很多次的，因为他们不仅是一种表达和建构某种童年文化的方式，更广义地说，还是一种文化的所在。

我个人认为教育必须是公共的。绝对是这样的，对此我没有一点怀疑，这样说的依据就是我们已经在前面的谈话中分享过的所有内容。这里公共的主要指的是钱（的来源）。同时，它也指的是学校是一个包容异同的地方，一个各种差异进行对话的地方。我很担心的是——我在前面告诉过你——学校是为不同的群体所设的这一观点：犹太人学校，天主教学校，阿拉伯学校，是为特定社会群体所设的学校，男子或女子学校。我们需要学校为对话提供实际和公共的场所。如果儿童在成长过程中只是与一个特定的群体一起反思他们自己的话，这会是一个大风险。

我认为学校是一个多元化的概念。我很坚定地认为多元化是不可缺少的。

彼得：你是不是说，"公共的"意味着资金来源是公共的？

卡丽娜：在瑞吉欧，（除此以外）我还能接受对学校的慈善款项。

彼得：作为财政拨款的补充？

卡丽娜：是的。如果慈善款项没有任何强加给我们的条件，比如那些，"我只想让这样的孩子入学。我只想让这些价值观实现"。因此，从某种意义上说，资金可以是中立的，如果学校自身有很明确的身份特征的话。

彼得：如果是由政府当局、市政府来管理和运作学校的话也没有关系吗？或者这不太重要？

卡丽娜：我相信我们在瑞吉欧建立的最基本的原则，也是马拉古奇非常支持的原则——那就是，社区必须为学校的质量负责。我很庆幸我能够生活在一个不仅能让社区融入学校，还允许社区在它的学校里表达自己价值观的地方。因此，这或许就是为什么我相信，学校，不仅是为小孩子服务的学校,也包括所有学校,必须是本土性的,也是全球性的。

我对评估的认识影响了我的这种想法。这就是为什么纪录,为什么研究,为什么评价的风险,是那么的重要。因为,如果你不在评估中承担风险,你就不能改变。评估,是过程的一部分,在一种团结一致的爱的氛围中,我们和儿童一起挑战我们自己。

对我来说,唯一的现实现在在梦想里,因为我认为,我们在这里交谈,既是因为外界的现实,也是因为我在这里拥有的梦想。我的梦想,你知道,它们是实在的,就像早上的报纸一样有具体内容,它们的具体性在于它们是生动的,有推动力的,它们带给我热情。那些可能会发生的,就是这个梦想中的一部分。

彼得:梦想,对于你所有的思考和工作都是非常重要的吗?

卡丽娜:是的,梦想。因为它们充满比喻,象征,它们欢迎未来。它们没有科学的傲慢,也不需要被证明。梦想,是一种冒险,就像纪录,就像与其他国家进行对话一样。或许,这是因为人生本身就是一种冒险。它们既是一种冒险,也是一种力量。

附录

瑞吉欧幼儿教育精选译丛
常用专业词汇解释[①]

婴幼园(Asilo Nido, or Nido)：为3个月到3岁儿童提供的全日制保育、教育中心。

评审员(Assessore)：市长下属的管理所有公立教育的市政官员。

瑞吉欧儿童之友国际组织协会(Associazione Internazionale Amici di Reggio Children)：是一个依靠志愿者支持运转的非营利组织。该组织与瑞吉欧儿童、瑞吉欧市属幼儿园和婴幼园合作、推动多个行动倡议。

艺术教室(Atelier)：源于法文的一个名称，历史上指艺术家的工作室。这个词由马拉古奇选用，特指包含各种材料资源、供所有儿童和成人使用的校内艺术工作室（或画室）。"微型艺术教室"是在课室内，或是和课室相连的小型空间。里面投放和中心艺术教室相似或不同的材料资源，同样向所有人开放。"微型艺术教室"使小组的儿童在无论有没有教师参与的时候都可以对材料进行探索。

[①] 本词汇表部分词汇和解释源自《儿童的一百种语言》第3版（Edwards, C.P., Gandini, L. & Forman, G, 2012）。为帮助中文读者较容易地理解丛书的内容，我们编写了这个词汇表。（主编注）

艺术教师(Atelierista, Studio teacher[美])：有视觉艺术或表达性艺术背景的负责艺术工作室的教师。通常为其他教师的课程开展和课程记录提供支持；也为儿童和成人在建构知识的复杂过程中发展各种表达性"语言"提供支持。

劳瑞兹·马拉古奇国际中心(Centro Internazionale Loris Malaguzzi)：劳瑞兹·马拉古奇国际中心位于瑞吉欧·艾米利亚市内。专为(来自世界各地的)专业人士以及儿童、青少年、家庭所用。可进行学习、培训、研究。设有报告厅、展览厅、档案和教育研究中心、艺术工作室、多个研究和创作空间、一所幼儿园和小学、自助餐厅、书店及瑞吉欧儿童中心的办公室。

幼儿委员会(Consigli Infanzia Citta)：这是由家长、市民和教育工作者选举产生的，为某个婴幼园或幼儿园服务的顾问委员会。这些顾问委员会向社区幼儿委员会协调组(the Intercouncil)选派代表。

合作幼儿机构(Cooperative Early Childhood Program)：这是得到法律认可的，由私人组织建立的正式地提供幼儿服务的机构。

总监(Direttore)：市立婴幼园和幼儿园总监。这是一个由专业人士担任的公务员职位。负责整个市立婴幼园和幼儿园系统，保证对儿童和家庭的市立教育服务的廉正和质量。

纪录或教学档案(Documentation)：这是瑞吉欧幼儿教育体系中一个重要和独特的组成部分。它由教师在课室中通过观察、笔录、录音、摄影、录像、收集儿童典型作品等手段记录儿童的学习过程。教师借此对儿童的学习过程进行分析、反思、分享、评估、设计，以进一步开展教学。它既是瑞吉欧幼儿教育中"持续性的项目设计式教学"不可或缺的过程，也是瑞吉欧教师的研究过程。在中文翻译文献中，有时针对某一个具体的教学过程也用记录以表示具体记录和用以表示统称的区别。

呼应课程(曾译为"生成课程"Emergent Curriculum)：此教学实践和概念源于美国(Jones, 1971; Nimmo & Jones, 1992)。指以与儿童经验相关的问题、兴趣为课程计划出发点的课程过程。它并不是一个具有预设内容或主题的"课程"，而是教师在对儿童在游戏和互动中所反映的经验、兴趣和想法不断观察并做出分析判断的基础上，实施教学计划，继而又以观察、分析判断为基础做出下一步的计划和实施,这样一个循环往复的、螺旋式的,与儿童所反映出的经验、问题、兴趣和认知相呼应的教学过程。它的内容紧扣具体班级的儿童和教师的生活经验和问题,可以涉及任何认知领域,而非来自概念化的某年龄阶段儿童的发展特点。它的理论基础是进步教育和社会建构主义,与瑞吉欧的理论基础极为接近。美国的幼教工作者常用此概念来解读瑞吉欧的幼儿教育实践,但两者的社会、文化来源是不同的。

幼儿园联合会(Federazione Italiana Scuole Materne,简称FISM):罗马天主教下辖的组织。

瑞吉欧·艾米利亚幼儿园和婴幼园学会(Istituzione Preschools and Infant-Toddler Centers of the Municipality of Reggio Emilia,常简称为学会):这是对市立幼儿园和婴幼园市属公共机构负有直接管理责任的组织。它同时也负责处理与其他类学校,如公私合作的学校、意大利天主教幼儿园协会的下属园所和国立幼儿园之间的协调关系。

教学协调员(Pedagogista):教学协调员对幼儿园和婴幼园的工作提供专业支持,发挥顾问、资源提供和课程协调的作用。丰富教师的专业成长,对他们和家庭的关系给予支持,并促进教师、管理者和其他(与幼儿教育)利益相关者之间的联系。

项目式学习(曾译为"方案教学",Project Approach):在西方教育中广泛应用的项目学习在西方教育史中有其长远的历史渊源。"项目式学习"则在北美的丽莲·凯兹教授(Lilian Katz)和西尔维亚·查德(Sylvia Chard)教授20世纪80年代末著述出版后在幼儿教育中流行起来。它为教师提供了一种在三个阶段的框架中支持儿童对他们热衷的学习问题做深入研究的教学方法。虽然教学的进程有一个框架,但是教师必须持续地关注儿童的学习过程和由此产生的新问题,并依此对教学的计划加以调整、跟进。由于英文"Project"一词用得极为广泛,在许多不同教学方式里对围绕某一问题、兴趣或主题持续进行的学习过程都可称为"项目",所以中文读者有时会产生困扰。瑞吉欧幼儿教育也把儿童进行的某一特定学习过程称作"项目"。但这和"项目式学习"(亦译作"方案教学")不可混为一谈。

持续性的项目设计式教学(Progettazione):这是来源于意文的词汇。

为了尽量保证瑞吉欧幼教界创造这个概念时所赋予的内涵,在英文著述中都保留了意文原文而不是简单地翻译成一个英文词汇。Progettare（动词）指在工程技术中设计、计划或预测。名词 Progettazione 用在教育的情境中指具有弹性的教学计划初始于对教学工作的假设（这包括教师的发展,和家长、社区的关系等因素）,但在实际开展教学的过程中服从于修改和方向的改变。在瑞吉欧教育中该概念是特别对立于那种重视预设的教学（Programmazione）提出的。预设教学意味着那些事先预设好的课程、内容和步骤。

瑞吉欧儿童(Reggio Children)：全称是瑞吉欧儿童：保卫和促进所有儿童的权利和潜能的国际中心因此亦译作**瑞吉欧儿童国际中心**。这个组织由劳瑞兹·马拉古奇设计并于1994年以公司形式合股成立。它由市政府和艾米利亚-罗马那地区政府多数控股,并有其他公共的机构和私人控股（包括家长和教师）。它的目标是通过讲座、会议、学习考察团、记录、出版、发行书刊和其他媒体产品,来促进对瑞吉欧·艾米利亚教育哲学的研究和学习,并以此和世界上的教育家、教研机构保持开放的交流渠道。

雷米达(ReMida)：这是由市政府支持,由瑞吉欧儿童之友国际协会的志愿者管理的一个创造性回收物品中心。该中心收集本地区工厂中那些丢弃的边角料,并为婴幼园、幼儿园、游戏中心、工作坊等等提供资源。它旨在使不同的力量之间产生一种联系——在文化、学校和工业界——并在协同的接触中产生新的资源。

市立幼儿园(Scuola dell' Infanzia Municipale)：向义务教育之前的3～6岁儿童提供全日制的教育和保育的幼儿园。

国立幼儿园(Scuola dell' Infanzia Statale)：向义务教育之前的2.5～6岁儿童提供教育和保育的幼儿园。

参考文献

Arnheim, R. (1954) *Art and Visual Perception: A Psychology of the Creative Eye*, Berkeley: University of California Press.

Arnheim, R. (1992) *To the Rescue of Art: Twenty-Six Essays.* Berkeley: University of California Press.

Ausubel, D.P. (1968) *Educational Psychology: A Cognitive View.* New York: Holt-Rinehart and Winston.

Balducci, E. (1990) *L'uomo planetario.* Firenze: Cultura della Pace.

Bateson, G. (1972) *Steps to an Ecology of Mind.* San Francisco: Chandler Publishing.

Bateson, G. (1979) *Mind and Nature: A Necessary Unit.* New York: E.P. Dutton.

Bateson, G. (1996) *Questo è un gioco.* Milano: Raffaello Cortina.

Bateson, G. and BATESON, M.C. (1987) *Angels Fear. Towards an Epistemology of the Sacred.* New York: Macmillan.

Bauman, Z. (1993) *Postmodern Ethics.* Oxford: Blackwell.

Bauman, Z. (1997) *Posmodernity and Its Discontents.* Cambridge: Polity Press.

Bauman, Z. (2001) *The Individualized Society.* Cambridge: Polity Press.

Bauman, Z. and Tester, K. (2001) *Conversations with Zygmunt Bauman.* Cambridge: Polity Press.

Becchi, E. (ed.) (1979) *Il bambino sociale: privatizzazione e deprivatizzazzione dell'infanzia.* Milano: Feltrinelli.

Becchi, E. (1982) 'Metafore d'infanzia', *Aut Aut*, pp.19f.

Becchi, E. (1994) *I bambini nella storia*. Bari: Laterza.

Becchi, E. (1994) 'Prima o dopo Kant nella ricerca empirica?', *Cadmo*, 4, pp.3-5.

Becchi, E. (ed.) (1999) *Manuale della scuola del bambino dai tre ai sei anni*. Milano: Franco Angeli.

Becchi, E. and Bondioli, A. (eds) (1992) *Gli asili nido in Italia: censimenti e valutazioni di qualità*. Bergamo: Juvenilia.

Becchi, E. and Bondioli, A. (eds.) (1997) *Valutare e valutarsi*. Bergamo: Junior.

Beck, U. (1986) *Risikogesellschaft. Auf dem Weg in eine andere Moderne*. Frankfurt: Suhrkamp.

Berandi, F. (1994) *Mutazione e cyberpunk: immaginario e tecnologia negli scenari di fine millennio*. Genova: Costa e Nolan.

Berger, P.L. and Luckmann, T. (1966) *The Social Construction of Reality: A Treatise in the Sociology of Knowledge*. Garden City, NY: Doubleday.

Bertin, G.M. (1951) *Introduzione al problematicismo pedagogico*. Milano: Marzorati.

Bertin, G.M. (1953) *Etica e pedagogia dell'impegno*. Milano: Marzorati.

Bertin, G.M. and Contini, M.G. (1983) *Costruire l'esistenza. Il riscatto della ragione educative*. Roma: Armando.

Bertoldi, F. and Serio, N. (eds) (1999) *Oltre la valutazione. Idee e ipotesi a confronto*. Roma: Armando.

Bertolini, P. (1988) *L'esistere Pedagogico. Ragioni e limiti di una pedagogia come scienza fenomenologicamente fondata*. Firenze: La Nuova Italia.

Bertolini, P. and Dallari, M. (eds) (1988) *Pedagogia al limite*. Firenze: La Nuova Italia.

Bocchi, G. et al. (1983) *L'altro Piaget. Strategie delle genesi*. Milano: Emme Edizione.

Bocchi, G. and Ceruti, M. (eds) (1985) *La sfida della complessità*. Milano: Feltrinelli.

Bocchi, G., Ceruti, M., Fabbri, D. and Munari, A. (1983) *Epistemologia genetica e teorie dell'evoluzione*. Bari: Dedalo.

Bondioli, A. (1996) *Gioco e educazione*. Milano: Franco Angeli.

Bondioli, A. (ed.) (2001) *AVSI. Auto Valutazione della Scuola dell'Infanzia*. Milano: Franjco Angeli.

Bondioli, A. (ed.) (2002) *Il progetto pedagogico del nido e la sua valutazione*. Bergamo: Junior.

Bondioli, A. (ed.) (2002) *La qualità negoziata. Gli indicatori per gli asili nido della Regione Emilia Romagna*. Bergamo: Junior.

Bondioli, A. (ed.) (2002) *Il tempo nella quotidianità infantile: prospettive di ricerca e studio di casi*. Bergamo: Junior.

Bondioli, A. and Ferrari, M. (eds) (2002) *Manuale di valutazione del contesto educativo*. Milano: Franco Angeli.

Bondioli, A. and Ferrari, M. (eds) (2004) *Verso un modello di valutazione formativa. Ragioni, strumenti e percorsi*. Bergamo: Junior.

Bondioli, A. and Ghedini, P.O. (eds) (2000) *La qualità negoziata*. Bergamo: Junior.

Bondioli, A. and Mantovani, S. (eds) (1987) *Manuale critico dell'asilo nido*. Milano: Franco Angeli.

Bondioli, A. and Savio, D. (eds) (1994) *Osservare il gioco di finzione: una scala delle abilità ludico-simboliche infantili (SVALSI)*. Bergamo: Junior.

Borges, J.L. (1956) *Ficciones*. Buenos Aires: Emece Editores.

Borghi, E., Canovi, A. and Lorenzi, O. (eds) (2001) *Una storia presente. L'esperienza delle scuole comunali dell'infanzia a Reggio Emilia*. Reggio Emilia: Edizioni RSLibri.

Boselli, G. (1998, 2nd edn) *Postprogrammazione*. Firenze: La Nuova Italia.

Branzi, A. (1996) *La crisi della qualità*. Milano: ArtBook.

Bronfenbrenner, U. (1979) *Ecology of Human Development: Experiments by Nature and Design.* Cambridge, MA: Harvard University Press.

Brown, A.L. (1997) 'Transforming Schools into Communities of Thinking and Learning about Serious Matters', *American Psychologist*, 52(4), pp.399–413.

Bruner, J.S. (1964) *On Knowing: Essays for the Left Hand.* Cambridge, MA: Harvard University Press.

Bruner, J.S. (1971) *The Relevance of Education.* New York: Norton.

Bruner, J.S. (1974) *Toward a Theory of Instruction.* Cambridge, MA: Harvard University Press.

Bruner, J.S. (1977) *The Process of Education.* Cambridge, MA: Harvard University Press.

Bruner, J.S. (1983) *Savoir faire, savoir dire: Le développement de l'enfant.* Paris: Presses Universitaires de France.

Bruner, J.S. (1983) *In Search of Mind: Essays in Autobiography*, New York: Harper & Row.

Bruner, J.S. (1986) *Actual Minds, Possible Worlds.* Cambridge, MA: Harvard University Press.

Bruner, J.S. (1990) *Acts of Meaning.* Cambridge, MA: Harvard University Press.

Bruner, J.S. (1996) *The Culture of Education.* Cambridge, MA: Harvard University Press.

Bruner, J.S. (1998) in G. Ceppi and M. Zini (eds), *Children, Spaces, Relations: Metaproject for an Environment for Young Children.* Reggio Emilia: Reggio Children.

Bruner, J.S. (2002) *La fabbrica delle storie. Diritto, letteratura, vita.* Roma: Laterza.

Bruner, J.S. (2004) 'Reggio: A City of Courtesy, Curiosity and Imagination', *Children in Europe*, 6, p.27.

Cagliari, P. (1994) *La partecipazione: valori, significati, problemi e strumenti.*

Reggio Emilia: Comune di Reggio Emilia.

Caillois, R. (1958) *Les jeux et les hommes: le masque et le vertige*. Paris: Gallimard.

Calvino, I. (1972) *Le città invisibili*. Torino: Einaudi.

Calvino, I. (1988) *Lezioni americane*. Torino: Einaudi.

Camaioni, L. (1980) *La prima infanzia*. Bologna: Il Mulino.

Camaioni, L. (ed.) (1993) *Manuale di psicologia dello sviluppo*. Bologna: Il Mulino.

Camaioni, L., Bascetta, C. and Aureli, T. (1988) *L'osservazione del bambino nel contesto educativo*. Bologna: Il Mulino.

Caronia, L. (1997) *Costruire la conoscenza*. Firenze: La Nuova Italia.

Ceccato, S. (1987) *La fabbrica del bello*. Milano: Rizzoli.

Ceppi, G. and Zini, M. (eds) (1998) *Children, Spaces, Relations-Metaproject for an Environment for Young Children*. Reggio Emilia: Reggio Children.

Ceruti, M. (1989) *La danza che crea*, Milano: Feltrinelli.

Ceruti, M. (1995) *Evoluzione senza fondamenta*. Bari: Laterza.

Chomsky, N. (1957) *Syntactic Structures*. Paris: Mouton.

Chomsky, N. (1968) *Language and Mind*. New York: Harcourt Brace and World.

Chomsky, N. (1980) *Rules and Representations*. New York: Columbia University Press.

Clark, M.S. and Fiske, S.T. (eds) (1982) *Affect and Cognition*. Hillsdale, NJ: Erlbaum.

Cornoldi, C. (1995) *Metacognizione e memoria*. Bologna: Il Mulino.

Dahlberg, G. and Moss, P. (2005) *Ethics and Politics in Early Childhood Education*. London: Routledge.

Dahlberg, G., Moss, P. and Pence, A. (1999) *Beyond Quality in Early Childhood Education and Care: Postmodern Perspectives*. London: Falmer Press.

Dal Lago, A. and Rovatti, P. A. (1993) *Per gioco: Piccolo manuale* dell'esperienza ludica. Milano: Raffaello Cortina.

Deleuze, G. and Guattari, F. (1999) *A Thousand Plateaus: Capitalism and Schizophrenia*. London: Athlone Press.

Deleuze, G. and Parnet, H. (1987) *Dialogues*. London: Athlone Press.

Derrida, J. (1999) *Adieu to Levinas*. Stanford, CA: Stanford University Press.

Dewey, J. (1916) *Democracy and Education*. New York: Macmillan.

Dewey, J. (1929, 2nd edn) *My Pedagogic Creed*. Washington: Progressive Education Association.

Dewey, J. (1933, 2nd edn) *How we Think: A Restatement of the Relation of Reflective Thinking to the Educative Process*. Boston, MA: Heath and Company.

Dewey, J. (1940) *Education Today*. New York: Putnam.

Dewey, J. (1959) *Experience and Education*. New York: Macmillan.

Dreyfus, H.L. and Dreyfus, S.E. (1986) *Mind over Machine*. New York: The Free Press.

Edelman, G.M. (1989) *The Remembered Present*. New York: Basic Books.

Edelman, G.M. (1992) *Bright Air, Brilliant Fire: on the Matter of the Mind*. New York: Basic Books-Harper Collins.

Edwards, C., Gandini, L. and Forman, G. (eds) (1993) *The Hundred Languages of Children*. Norwood, NJ: Ablex.

EUROSTAT (2003) *The Social Situation of the European Union: 2003*. Luxembourg: European Commission.

Fabbri, D. (1990) *La Memoria della Regina*. Milano: Guerini e Associati.

Fabbri, D. and Munari, A. (1984) *Strategie del sapere: Verso una psicologia culturale*. Bari: Dedalo.

Fodor, J.A. (1983) *The Modularity of Mind: An Essay on Faculty Psychology*. Cambridge, MA: MIT Press.

Fodor, J.A. (1987) *Psychosemantics: The Problem of Meaning in the Philosophy of Mind*. Cambridge, MA: MIT Press.

Foerster, H. von (1984) *Observing Systems*. Seaside, CA: Intersystems Publications.

Freinet, C. (1960) *Education through Work: A Model for Child Centered Learning.* Lewiston, NY: Edwin Mellen Press.

Freire, P. (1967) *Edução como prática da liberdade.* Rio de Janeiro: Paz e Terra.

Freire, P. (1996) *Pedagogia de autonomia. Saberes necessários à prática educative.* São Paulo: Paz e Terra.

Freire, P. (1998) *Pedagogia do oprimido.* São Paulo: Paz e Terra.

Fullan, M. (1991) *The New Meaning of Educational Change.* New York: Teachers College Press.

Gadamer, H.G. (1972, 2nd edn) *Wahrheit und Methode: Grundzüge e. philos. Hermeneutik.* Tübingen: Mohr.

Galimberti, U. (1997) *Il corpo.* Milano: Feltrinelli.

Galimberti, U. (1999) *Psiche e techne. L'uomo nell'età della tecnica.* Milano: Feltrinelli.

Gandini, L., Mantovani, S. and Pope Edwards, C. (eds) (2003) *Il nido per una cultura dell'infanzia.* Bergamo: Junior.

Gardner, H. (1985) *Frames of Mind: The Theory of Multiple Intelligences.* New York: Basic Books.

Gardner, H. (1985) *The Mind's New Science.* New York: Basic Books.

Gardner, H. (1985) *To Open Minds.* New York: Basic Books.

Gardner, H. (1994) 'Foreword: complementary perspectives on Reggio Emilia'. In C. Edwards, L. Gandini, and G. Forman (eds), *The Hundred Languages of Children: The Reggio Approach to Early Childhood Education.* Norwood, NJ: Ablex.

Gardner, H. (1999) *The Disciplined Mind. What All Students Should Understand.* New York: Simon and Schuster.

Geertz, C. (1973) *The Interpretation of Cultures: Selected Essays.* New York: Basic Books.

Gergen, K.J. (1985) 'The Social Constructionist Movement in Modern Psychology', *American Psychologist*, 40(3), pp.266 – 75.

Gergen, K.J. (1991) *The Saturated Self: Dilemmas of Identity in Contemporary Life*. New York: Basic Books.

Gergen, K.J. (1992) *Towards a Postmodern Psychology*. In S. Kvale (ed.) *Psychology and Postmodernism*. London: Sage.

Gergen, K.J. (1994) *Reality and Relationships: Soundings in Social Construction*. Cambridge, MA: Harvard University Press.

Gergen, K.J. (1995) *Social Construction and the Educational Process*. In L.P. Steffe and E.J. Gale (eds) *Constructivism in Education*. Hillsdale, NJ: Erlbaum.

Gergen, K.J. (2000) 'Verso un vocabolario del dialogo trasformativo', *Pluriverso*, 5(2), pp. 100 – 13.

Giddens, A. (1990) *The Consequences of Modernity*. Cambridge: Polity Press.

Giudici, C., Krechevsky, M. and Rinaldi, C. (eds) (2001) *Making Learning Visible: Children as Individual and Group Learners*. Reggio Emilia: Reggio Children.

Goleman, D. (1995) *Emotional Intelligence*. New York: Bantam Books.

Gombrich, E.H. (1966) *The Story of Art*. London: Phaidon Press.

Hall, E.T. (1966) *The Hidden Dimension*. Garden City, NY: Doubleday.

Harris, J. (1998) *The Nurture Assumption*. New York: The Free Press.

Hawkins, D. (1974) *The Infomed Vision: Essays on Learning and Human Nature*. New York: Agathon Press.

Heshusius, L. (1994) 'Freeing Ourselves from Objectivity: Managing Subjectivity or Turning toward a Participatory Mode of Consciousness?', *Educational Researcher*, 3, pp, 15 – 22.

Huizinga, J. (1939) *Homo ludens: versuch einer bestimmung des spielelementest der Kultur*. Amsterdam: Pantheon akademische verlagsanstalt.

Johnson, G. (1991) *In the palaces of Memory*. New York: Alfred A. Knopf.

Kant, I. (1945) *Pedagogia, a cura di N. Abbagnano*. Turino: Paravia.

Katz, L. and Cesarone, B. (eds) (1994) *Reflections on the Reggio Emilia Approach*. Urbana, IL: ERIC/EECE.

Katz, L. and Chard, S. (1989) *Engaging Children's Minds: The Project Approach*. Norwood, NJ: Ablex.

Kellog, R. (1969) *Analyzing Children's Art*. Mountain View, CA: Mayfield Publishing.

Kumar, K. (1995) *From Post-Industrial to Post-Modern Society: New Theories of the Contemporary World*. Cambridge, MA: Blackwell Publishers.

Lanzi, D. and Soncini, I. (1999) 'I significati dell'educare oggi'. Lecture presented at the International Symposium *Learning About Learning*, Reggio Emilia, 16–18 June 1999.

Levy, P. (1994) *L'intelligence collective: pour une anthropologie du cyberspace*. Paris: Découvert.

Luria, A.R. (1976) *Cognitive Development. Its Cultural and Social Foundations*. Cambridge, MA: Harvard University Press.

Lussu, G.(1999) *La lettera uccide*. Roma: Stampa Alternativa e Graffiti.

Lyotard, J.F. (1979) *La condition postmoderne: rapport sur le savoir*. Paris: Éditions de Minuit.

Malaguzzi, L. (ed.) (1971) 'Esperienze per una nuova scuola dell'infanzia'. In *Atti del seminario di studio tenuto a Reggio Emilia il 18 – 19 – 20 marzo 1971*. Roma: Editori Riuniti.

Malaguzzi, L. (1975) 'Il ruolo dell'ambiente nel processo educativo', In *Arredo Scuola 75-per la scuola che cambia*. Como: Luigi Massoni Editore.

Malaguzzi, L. (1993) 'For an Education Based on Relationships', *Young Children*, November, 1993, pp.9–13.

Malaguzzi, L. (1994) 'History, Ideas and Basic Philosophy'. In C. Edwards, L. Gandini and G. Forman (eds) *The Hundred Languages of Children: The Reggio Approach to Early Childhood Education*. Norwood, NJ: Ablex Publishing.

Malaguzzi, L. (1995) *Una carta per tre diritti*. Reggio Emilia: Comune di Reggio Emilia.

Malaguzzi, L. (1996) *The Hundred Languages of Children: Catalogue of the Exhibition*. Reggio Emilia: Reggio Children.

Malaguzzi, L. (2004) 'Walking on Threads of Silk: Interview with Loris Malaguzzi by Carlo Barsotti', *Children in Europe*, 6, pp.10 – 15.

Manghi, S. (ed.) (1998) *Attraverso Bateson. Ecologia della mente e relazioni sociali*. Milano: Raffaello Cortina.

Mantovani, S. (1975) *Asili Nido: psicologia e pedagogia*. Milano: Franco Angeli.

Mantovani, S. (1983) *La ricerca in Asilo Nido*. Bergamo: Juvenilia.

Mantovani, S. (ed.) (1997) *Nostalgia del futuro: Liberare speranze per una nuova cultura dell'infanzia*. Bergamo: Junior.

Mantovani, S. and Musatti, T. (eds) (1983) *Adulti e bambini: educare e comunicare*, Bergamo: Juvenilia.

Mantovani, S., Restuccia Saitta, L. and Bove, C.(2000) *Attaccamento e inserimento: stili e storie delle relazioni al nido*. Milano: Franco Angeli.

Maturana, H. (1991) 'Science and Daily Life: The Ontology of Scientific Explanations'. In F. Steier (ed.) *Research and Reflexivity*. London: Sage.

Maturana. H.R. and Varela, F.J. (1980) *Autopoiesis and Cognition: The Realization of the Living*. Dordrecht: D. Reidel Publishing Company.

Maturana, H.R. and Varela, F.J. (1992) *The Tree of Knowledge*. Boston: Shambala, New Science Library.

Melucci, A. (1989) *Nomads of the Present: Social Movements and Individual Needs in Contemporary Society*. Philadelphia, PA: Temple University Press.

Montessori, M. (1950) *La scoperta del bambino*. Milano: Garzanti.

Morin, E. (1977) *La Méthode: La nature de la nature*. Paris: Editions du Seuil.

Morin, E. (1982) *Science avec conscience*. Paris: Editions du Seuil.

Morin, E. (1999) *Les sept savoirs nécessaires à l'éducation du future*. Paris: UNESCO-Seuil.

Morin, E. (1999) *La tête bien faite: repenser la réforme, réformer la pensée*. Paris: Editions du Seuil.

Munari, A. (1993) *Il Sapere Ritrovato: Conoscenza, Apprendimento, Formazione*. Milano: Guerini e Associati.

Munari, B. (1977) *Fantasia*. Bari: Laterza.

Munari, B. (1981) *Da cosa nasce cosa*. Bari: Laterza.

Musatti, T. (1986) *Early Peer Relations: The Perspectives of Piaget and Vygotskij*. In E. Mueller and C. Cooper (eds) *Process and Outcome in Peer Relationships*. New York: Academic Press.

Musatti, T. (1987) *Modalità e problemi del processo di socializzazione tra bambini in asilo nido*. In A. Bondioli and S. Mantovani (eds) *Manuale critico dell'asilo nido*. Milano: Franco Angeli.

Musatti, T. (1993) 'Meaning between Peers: The Meaning of the Peer', *Cognition and Instruction*, 2, pp.241–50.

Musatti, T. and Mantovani, S. (eds) (1983) *Bambini al nido: gioco, comunicazione e rapporti affettivi*. Bergamo: Juvenilia.

Musatti, T. and Mantovani, S. (eds) (1986) *Stare insieme al nido: relazioni sociali e interventi educative*. Bergamo: Juvenilia.

Musatti, T. and Mayer, S. (1990) *Les jeux de fiction dans la cour: transmission et propagation de thémes de jeu dans une collectivité de jeunes enfants*. In H. Sinclair and M. Stambak (eds) *Les jeux de fiction entre enfants de trois ans*. Paris: Presses Universitaires de France.

Musatti, T. and Mayer, S. (eds) (2003) *Il coordinamento dei servizi educativi per l'infanzia. Una funzione emergente in Italia e in Europa*. Bergamo: Junior.

Musatti, T. and Picchio, M. (2003) *Il monitoraggio della qualità dei servizi integrativi per bambini piccolo*. Roma: Istituto di Scienze e Tecnologie della Cognizione, Consiglio Nazionale delle Ricerche.

Neisser, U. (1967) *Cognitive Psychology*. Englewood Cliffs, NJ: Prentice Hall.

Piaget, J. (1951) *Play, Dreams and Imitation in Childhood*. London: Routledge.

Piaget, J. (1964) *Six études de Psychologie*. Paris: Editions Gouthier.

Piaget, J. (1970) *Psychologie et epistemologie*. Paris: Denoël.

Piaget, J. (1970) *La situation des sciences de l'homme dans le système des sciences-Psycholo-gie-problèmes généreaux de la recherche entredisciplinaire et mécanism communs*, Paris: Mouton.

Piaget, J. (1975) *L'équilibration des structures cognitives*. Paris: Presses Universitaires de France.

Piaget, J. (1977) *Naissance de l'intelligence chez l'enfant*. Neuchâtel: Delachaux et Niestlè.

Piaget, J. (1977) *Construction du reel chez l'enfant*. Neuchâtel: Delachaux et Niestlè.

Piccinni, S. (2004) 'A Transforming City: Interview with Sandra Piccinini by Amelia Gambetti', *Children in Europe*, 6, pp.4 – 5.

Pierantoni, R. (1998) *Verità a bassissima definizione. Critica e percezione del quotidiano*. Torino: Einaudi.

Plato (1986) *Lettere, a cura di P. Innocenti*. Milano: BUR.

Plato (2000) *Tutti gli scritti, a cura di G. Reale*. Milano: Bompiani.

Polanyi, M. (1958) *Personal Knowledge: Towards a Post-Critical Philosophy*. Chicago, IL: University of Chicago Press.

Pontecorvo, C. (ed.) (1993) *La condivisione della conoscenza*. Firenze: La Nuova Italia.

Pontecorvo, C., Ajello, A.M. and Zucchermaglio, C. (eds) (1995) *I contesti sociali dell'apprendimento*. Milano: Ambrosiana-LED.

Popper, K.R. (1969) *Conjectures and Refutations*. London: Routledge.

Popper, K.R. (1972) *Objective Knowledge: An Evolutionary Approach*. Oxford: Clarendon Press.

Popper, K.R. (1994) *Alles Leben ist Problemlösen: Über Erkenntnis, Geschichte und Politik*. Munchen: R. Piper.

Popper, K.R. (1994) *Knowledge and the Body-Mind Problem: In Defence of Interaction*. London: Routledge.

Putnam, R. (1993) *Making Democracy Work: Civic Traditions in Modern Italy*. Princeton, NJ: Princeton University Press.

Rabitti, G. (1994) *Alla scoperta della dimensione perduta. L'etnografia dell'educazione in una scuola dell'infanzia di Reggio Emilia*. Bologna: CLUEB.

Read, H. (1943) *Education through Art*. London: Faber and Faber.

Readings, B. (1996) *The University in Ruins*. Cambridge, MA: Harvard University Press.

Rinaldi, C. (1994) *I pensieri che sostengono l'azione educative*. Reggio Emilia: Comune di Reggio Emilia.

Rinaldi, C. (1999a) *L'ascolto visibile*. Reggio Emilia: Comune di Reggio Emilia.

Rinaldi, C. (1999b) *Le domande dell'educare oggi*. Reggio Emilia: Comune di Reggio Emilia.

Rinaldi, C. (1999c) *I processi di conoscenza dei bambini tra soggettività ed intersoggettività*. Reggio Emilia: Comune di Reggio Emilia.

Rinaldi, C. (2000) 'Organization as a Value', *Innovations*, Fall 2000, pp.2–7.

Rinaldi, C. and Cagliari, P. (1994) *Educazione e creatività*. Reggio Emilia: Comune di Reggio Emilia.

Rinaldi, C., Giudici, C. and Krechevsky, M. (eds) (2001) *Making Learning Visible: Children as Individual and Group Learners*. Reggio Emilia: Reggio Children.

Rodari, G. (1973) *Grammatica della fantasia*. Torino: Einaudi.

Rogers, C.R. (1951) *Client-Centered Therapy: Its Current Practice, Implications and Theory*. Boston, MA: Houghton Mifflin Company.

Rogers, C. R. (1969) *Person to Person: The Problem of Being Human.* Lafayette, CA: Real People Press.

Rorty, R. (1989) *Contingency, Irony and Solidarity.* Cambridge, MA: Cambridge University Press.

Rose, N. (1999) *Powers of Freedom: Reframing Political Thought.* Cambridge: Cambridge University Press.

Rousseau, J.J. (1969) *Emile.* Paris: Gallimard.

Shaffer, M.R. (1990) *Il Bambino e I Suoi Partner* (The Child and his Partners). Milano: Franco Angeli.

Schaffer, H.R. (1996) *Social Development.* Oxford: Blackwell.

Schneider, M. (1951) 'Die historischen Grundlagen der musikalischen Symbolik', *Musikforschung*, 4, pp.113–28.

Schön, D.A. (1983) *The Reflexive Practitioner.* New York: Basic Books.

Sclavi, M. (1989) *A una spanna da terra.* Milano: Feltrinelli.

Sclavi, M. (2003) *Arte di ascoltare e mondi possibili.* Milano: Bruno Mondadori.

Scuola di Barbiana (1967) *Lettera a una professoressa.* Firenze: Libreria Editrice Fiorentina.

Stein, E. (1980) *Zum Problem der Einfühlung.* Munchen: Kaffke.

Süskind, P. (1994) *Das Parfum.* Zurich: Diogenes.

Tanizaki, J. (1998) *In Praise of Shadows.* New Haven, CT: Leete's Island Books.

Tyler, R.W. (1949) *Basic Principles of Curriculum and Instruction.* Chicago, IL: University of Chicago Press.

Usher, R. and Edwards, R. (1994) *Postmodernism and Education.* London: Routledge.

Varela, F.J., Thompson, E., Rosch, E. and Blum, I.C. (1991) *The Embodied Mind: Cognitive Science and Human Experience.* Cambridge, MA: MIT Press.

Vattimo, G. and Rovatti, A. (eds) (1983) *Il pensiero debole.* Milano: Feltrinelli.

Vecchi, V. (1993) 'The Role of Atelierista'. In C. Edwards, L. Gandini and G. Forman (eds), *The Hundred Languages of Children.* Norwood, NJ: Ablex.

Vygotskij, L.S. (1960a) *Istorijarazvitija vyssih psihiceskih funktcij.* Mosca.

Vygotskij, L.S. (1960b) *Razvitie vysich psichiceskick funkcij.* Mosca.

Vygotskij, L.S. (1970) *Izbrannja psichologicakia issledovaya.* Mosca.

Vygotskij, L.S. (1978) *Mind in Society.* Cambridge, MA: Harvard University Press.

Vygotskij, L.S. (1986) *Thought and Language.* Cambridge, MA: MIT Press.

Watzlawick, P., Beavin, J.H. and Jackson, D.D. (1968) *Pragmatics of Human Communication: A Study of Interactional Patterns, Pathologies and Paradoxes.* London: Faber and Faber.

Weick, K. (1969) *The Social Psychology of Organizing.* Reading, MA: Addison-Wesley.

Zolla, E. (1994) *Lo stupore infantile.* Milano: Adelphi.